走进日本

盛衰

日本经济再生的秘密

[日] 岛田晴雄 著　章慧南 译

上海遠東出版社

图书在版编目(CIP)数据

盛衰：日本经济再生的秘密/(日)岛田晴雄著；章慧南译. —上海：上海远东出版社，2017
(走进日本)
ISBN 978-7-5476-1270-5

Ⅰ. ①盛… Ⅱ. ①岛…②章… Ⅲ. ①经济—研究—日本
Ⅳ. ①F131.3

中国版本图书馆CIP数据核字(2017)第086504号

上海市版权局著作权合同登记 图字：09-2016-720
SEISUI by Haruo Shimada

First original Japanese edition published by TOYO KEIZAI INC.
Chinese (in simplified character only) translation rights arranged with TOYO KEIZAI INC.
through CREEK & RIVER Co., Ltd. and CREEK & RIVER SHANGHAI Co., Ltd.

盛衰
——日本经济再生的秘密
【日】岛田晴雄 著 章慧南 译
责任编辑/黄诗韵 装帧设计/张晶灵

出版：上海世纪出版股份有限公司远东出版社
地址：中国上海市钦州南路81号
邮编：200235
网址：www.ydbook.com
发行：新华书店 上海远东出版社
上海世纪出版股份有限公司发行中心
制版：南京前锦排版服务有限公司
印刷：昆山市亭林印刷有限责任公司
装订：昆山市亭林印刷有限责任公司

开本：890×1240 1/32 印张：10.25 字数：220千字
2017年6月第1版 2018年1月第2次印刷
印数：3101—5116册

ISBN 978-7-5476-1270-5/F·602
定价：45.00元

总　序

关注日本，研究日本

卢明明

打开世界地图，在中国的东北方向有个由一连串大小迥异的岛屿构成状如鲸鳄的国家，它就是我们两千余载的近邻，又是我们一百来年的宿敌。

一、中国如何看日本

倘若有兴趣上网搜索一下古今中外要人对日本的评价，赫然呈现如下信息：

> 大清康熙皇帝曰："倭子国，最是反复无常之国。其人，甚卑贱，不知世上有恩谊，只一味慑于武威……"
>
> 法国孟德斯鸠云："日本人的性格是非常变态的。在欧洲人看来，日本是一个血腥变态、嗜杀成性的民族。日本人顽固不化、任性作为、刚愎自用、愚昧无知，对上级奴颜卑膝，对下

级凶狠残暴。日本人动不动就杀人，动不动就自杀。不把自己的生命放在心上，更不把别人的生命放在心上。所以，日本充满了混乱和仇杀。”

戴高乐总统谓：“日本，这是一个阴险与狡诈的残忍民族，这个民族非常势利，其疯狂嗜血程度类似于欧洲中世纪的吸血鬼德库拉，你一旦被他看到弱点，喉管立即会被它咬破，毫无生还可能。”

美国富兰克林·罗斯福总统称：“日本人是有史以来我见过的最卑鄙、最无耻的民族。”

巨富约翰·D.洛克菲勒说：“日本人除了复制别国科技外一事无成，它何曾独立为世界文明作过贡献，充其量只是个工匠型的二流民族而已。”

据日本《朝日新闻》2016 年 5 月 3 日报道，公益财团法人的新闻通信调查会“于近日”对外公布其在美国、中国、韩国、英国、法国及泰国共 6 个国家所实施的“有关日本媒体舆论调查”，结果显示，中国受访者对日本的负面和正面看法分别为 90%和 5%。

至于每逢“九一八”“七七”等中日战争主要国耻日、纪念日，尤其是中日两国一旦因钓鱼岛问题勾起纠纷，大批中国民众就会异常激愤地在网上对日本政府和大和民族口诛笔伐；更有甚者涌上街头打砸日企门店，损毁日本产品，突显其对“一衣带水”邻邦的积恶之深、怀恨之烈。

不言而喻，国人所有的怨愤都源自 19 世纪末至 20 世纪三四十年代发生的两场中日鏖战。中国人民在炽烈战火中备受戕害。

可是,这两段历史如今已分别过去了一百多年和七十多年。中日两国在20世纪70年代恢复邦交后曾一度建立起相当密切的交往合作关系。遗憾的是,两国的外交关系在近年却发生逆转,疾趋低迷。

从我们的历史记忆里和现实视野中,对于这个国土窄小、能量超凡的国家,似应注意到这样两个侧面:

一面,因为与清、俄两回格斗,自战胜而狂:悍然撕咬亚洲各国,并在整个世界恣肆掀动腥风血雨,四邻皆成深仇大恨冤家。

一面,由于吞虎吞象一朝摧折,缘战败而强:决然革新体制结构,乃激励全体国民迅捷复兴社会经济,一跃而为拔山扛鼎强国。

对于这个长久的近邻和曾经的宿敌,我们理应格外关注和深入研究。日本绝不是能用唾沫淹之、狂言灭之的“蕞尔小国”“等闲之辈”!

知己知彼不仅是战场、商场争斗的必要条件,也是人际、国际交往的基本前提。

事实上,迄今为止,我们对这个国家和民族的认知似可以一言蔽之曰:眼中茫昧,梦里依稀。

众所周知,中国知有日本,乃始于《山海经》。以后历代正史大多设有日本传记;至明清,叙述稍详。但所有这些著录都不免停滞在浅表层面。恰如陈舜臣先生所言:“过去中国人了解日本,主要是从旅行者、九州古代政权的使者等那里听来的。不论是关于理论,还是关于现实,都很遥远,是朴素的传闻。”

直至近现代,自黄遵宪的《日本国志》、戴季陶的《日本论》、王芸生的《六十年来中国与日本》、蒋百里的《日本人:一个外国人的研究》等寥若晨星的专著问世，才开始改变“知其一不知其二，见其外不识其内”的粗略认知。

作为戊戌变法重要参与者的黄遵宪，堪称高度关注、系统研究日本的中华第一人。

在他就任驻日参赞官期间，亲见明治维新通过一系列制度改革而致神速富强的事实，“乃信其改从西法，革故取新，卓然能自树立”。因此，花费八九年时间，精心编写了以介绍制度为主的《日本国志》，以“质之当世士夫之留心时务者”，纠正国人对日本的模糊和错谬的观感。

他所写的《日本国志》共 40 卷、50 余万字，分“国统”“邻交”“天文”“地理”“职官”“食货”“兵”“刑法”“学术”“礼俗”“物产”“工艺”等十二志。书中对明治维新相关内容记述颇详。全书除“国统”“职官”“邻交”“学术”等志略述古代内容外，其余八志全部记载明治维新历史。书中以“外史氏曰”方式来阐述自己对这场变革的研判，且推论及中国。

但因清廷高层颟顸，黄遵宪《日本国治》一书出版竟搁置十年之久，迨至甲午战败才得问世。梁启超因之甚为痛惜，倘《日本国志》能及时出版，就不至“令中国人寡知日本，不鉴，不备，不患，不悚，以至今日也”。

此书甫一出版，洛阳纸贵，广受热捧，在戊戌变法时期对光绪皇帝及朝野维新人士影响甚巨，一时间引发了学习强敌日本的思潮；不少人甚至倡言聘用伊藤博文担任朝廷改革顾问，贵州举人傅夔干脆奏请“留伊藤为相，以行新政”。

后来，尽管发生戊戌政变，以慈禧为核心的清朝统治集团对于明治维新的兴致却不稍衰减。1905年,为缓解统治危机,效仿君主立宪,清廷派出两个高级代表团,分别前往欧美和日本等国考察政治。立宪派重要代表、镇国公爱新觉罗·载泽乃率团亲赴日本考察立宪制度。直到清朝解体,这波高潮才渐消退。

十几年后,留学、旅居日本多年的戴季陶鉴于“中国人对于日本,总抱着一个‘我们是文化的先进国’的历史心理”,“对于日本的社会,观察错误和判断错误,很普遍的”。他警醒国人:“你们试跑到日本书店里去看,日本所做关于中国的书籍有多少?哲学、文学、艺术、政治、经济、社会、地理、历史各种方面,分门别类的,有几千种。每一个月杂志上所登载讲‘中国问题’的文章,有几百篇。参谋部、陆军省、海军军令部、海军省、农商务省、外务省,各团体、各公司,派来中国长住调查或是旅行视察的人员,每年有几千个。单是近年出版的丛书,每册在五百页以上,每部在十册以上的,总有好几种,一千页以上的大著,也有百余卷。‘中国’这个题目,日本人也不晓得放在解剖台上,解剖了几千百次,装在试验管里化验了几千百次。”他认为“实在日本这一个民族,他的自信心和向上心,都算是十分可敬。”并且嗟吁:“我们中国人却只是一味地排斥反对,再不肯做研究工夫。”为此奋笔撰成《日本论》,从宏观角度揭示日本的文化传统与社会性格,并从具体的神学理论、军政大佬个性、外交关系事件等微观角度剖析。

1937年8月,民国著名军事学家蒋百里撰写了《日本人:一个外国人的研究》,严厉批判日本民族是“一个原来缺少内省能力缺少临时应用能力的急性的民族”,“原是崇拜外国人的”,但也认可其“很能研究外国情形。有许多秘密的知识,比外国人自己还丰富”,最后引用一位德国长者的告诫“胜也罢,败也罢,就是不要同他讲和”。

由此以降,斗转星移,相似成果,不复见矣。

近年来,虽有学者文人撰写若干介绍、研究日本的著述,但仍显管窥蠡测之陋、凤毛麟角之稀。

二、其他国家如何看日本

至今,对日本研究最为透彻的国家当首推美国。其中,两位专家影响最大,即露丝·本尼迪克特和埃德温·赖肖尔。

第二次世界大战临近尾声时,为制定对日最后决策,美国政府动员各方专家研究日本,提供资料和意见,其中包括人类学家本尼迪克特。

她根据文化类型理论,运用文化人类学方法,把战时拘禁在美国的日本人作为调查对象;同时大量参阅书刊和日本的文学、电影,完成报告。其结论是:日本政府会投降;美国不能直接统治日本;要保存并利用日本原有行政机构。1946 年,她将自己的研究成果整理出版,取名《菊与刀》,向世界全方位介绍日本的历史、文化、民俗、宗教和制度,旨在“为了对付敌人的行动,我们必须要理解敌人的行为”,“我们必须努力弄清日本人思想、感情的脉络,以及纵贯这些脉络之中的特点和规律,了解他们在思维和行动的背后所隐藏的强制力”。

接着,长期批评美国政府对亚洲文化,特别是对日本文化陷于无知泥淖的学者赖肖尔连续出版学术著作,不时举办教育讲座,以促进美国对日本文化的了解。后来，约翰·肯尼迪总统任命他为驻日大使。赖氏在任期获得巨大成功，有效增进了美日两国的关系。

赖肖尔在这方面的研究成果有同费正清合著的《东亚：伟大的传统》(1960年)、《日本：一个民族的故事》(1970年)、《日本人》(1977年)和《1907～1982年的日本社会》(1982年)等。

在这些研究者眼中，日本人和日本文化具有相当的独特性。

一方面，"日本人围绕着禅宗形成了一整套系统的审美观点，这些思想观念成为日本文化的永恒因素。日本人认为纤细、简单、自然乃至畸形怪状，比庞大、壮观、造作和整齐划一珍贵"；另一方面，"日本人生性极其好斗而又非常温和；黩武而又爱美；倨傲自尊而又彬彬有礼；顽梗不化而又柔弱善变；驯服而又不愿受人摆布；忠贞而又易于叛变；勇敢而又懦怯；保守而又十分欢迎新的生活方式。他们十分介意别人对自己的行为的观感，但当别人对其劣迹毫无所知时，又会被罪恶所征服。他们的军队受到彻底的训练，却又具有反抗性"。

具体而言，表现在这样几个方面。

1. 文化素质方面

(1) 善于学习

"他们保留了自己的文化特性，而且还显示出他们确实是一个具有非凡创造能力的民族"；"一贯重视非物质资源"，"善于吸取别国的先进技术和文化"。

(2) 崇尚教育

日本人从一开始就非常重视基础教育，从而确立了牢固的民族国家和高等教育的基础;“是世界上受到最优秀教育的民族,任何国家都无法与之相提并论”。

(3) 遵从集体

日本人具有酷爱成群结队的天性;“集团主义是日本民族的性格特征”;“建立了对于小团体和整个国家都是非常珍贵的团结。日本企业的成功,极为依赖这种团结,而集体意识是日本民族力量的核心”。

为了使他们的团体制度成功地运转,日本人认为应该明智地避免公开对抗,为了避免冲突并维护集体的团结,日本人广泛运用中间调停的办法;“尽量减少直接竞争的做法,贯穿于日本人的全部生活”,所以他们不喜欢打官司,宁愿接受仲裁和妥协,“诉诸法庭是走投无路的办法”。

(4) 重视等级

日本人认为等级制度是天经地义的,身份地位举足轻重,但是阶级意识和实际的阶级差别极其单薄和微弱,对等级制的信赖是基于对个人与他人以及个人与国家之间的关系所持的整体观念。但是他们并非无条件地承认等级制的优越,习惯运用一些明确的手段以调节制度,使之不致破坏公认的常规。

在家庭以及人际关系中,年龄、辈分、性别、阶级决定着适当的行为。在政治、宗教、军队、产业等各个领域中,都有十分周到的等级划分,无论是上层还是下层,一逾越其特权范围,必将招致惩罚,充分体现了“各得其所,各安其分”的信条。

同样,日本人在看待国际关系的全部问题时也都带着等级制的观念。

(5) 讲求修养

日本式的教养要求任何动作都要文静,每一句言辞都要符合礼貌。自我修养的概念大致可分为两类:一类是培养能力;另一类则不仅培养能力,而且要求更高,通常称之为"圆熟",是指在意志与行动之间"毫无障碍,纤发悉除"的体验,它使人们能够最有效地应付任何局面,用力不多不少,恰如其分,能使人控制恣意妄为的自我,不躁不乱,无论遇到外来的人身危险或内心的激动,都不会失去镇定。

在日本,要在家里学习礼仪并细致地观察礼仪。母亲背着婴儿时就应当用手摁下婴儿的头,教其懂礼节。幼儿摇摇晃晃会走时,要学的第一课就是学习尊敬父兄。妻子要给丈夫鞠躬,孩子要给父亲鞠躬,弟弟要给哥哥鞠躬;女孩子则不论年龄大小,要向哥哥和弟弟鞠躬。

(6) 通达应变

"日本人已经证明自己是一个生机勃勃、充满活力、能适应快速的有目的变化的民族";对于变化着的外部局势的反应极其敏锐,能迅疾判断形势,把握时机,迎接挑战,"一旦他们选择了一条路就会全力以赴,如果失败了,就顺理成章地选择另一条路",他们认为采取了某个行动方针却未能实现目标,就会把它当作失败的主张加以抛弃。

2. 道德素质方面

日本人的人生观表现在他们的"忠、孝、情义、仁、人情"等德行规定之中。他们认为,"人的义务的整体"像在地图上划分势力范围一样分成若干领域。用他们的话来说,人生是由"忠的世界""孝的世界”“情义的世界”“仁的世界”“人情的世界”及其他许多“世界”组成的。

（1）忠君守法

他们“忠”的对象转向具体的人并且特指天皇本人。从丧葬到纳税，税吏、警察、地方征兵官员都是臣民尽忠的中介。按照日本人的观点，遵守法律就是对他们的最高恩情——“皇恩”的回报。

当1945年8月14日日本投降时，日本人的“忠”在全世界显示了难以置信的威力。在天皇的“玉音”尚未广播之前，顽强的反对者们围住皇宫，试图阻止停战诏书的宣布。但一旦宣布，他们就全都服从了。

（2）行孝敬祖

日本的“孝道”只是局限于家庭内部，充其量只包括父亲、祖父，以及伯父、伯祖父及其后裔，其含义就是在这个集团中，每个人应当确定与自己的辈分、性别、年龄相适应的地位。孝道是必须履行的义务，甚至包括宽待父母的恶行或失德。

其祖先崇拜只限于记忆中的祖先。祖先墓碑上的文字，每年都要见新，若是已无记忆的祖先，其墓碑就无人过问，家里佛龛上也没有他们的灵位。他们注重的是现时现地。

（3）重义推诚

“在日本，‘义’是靠承认一个人在互欠恩情这张巨网中的适当地位来维持的，这张网既包括其祖先，也包括其同代人。”

日本人对老师、主人负有特殊之恩。他们都是帮助自己成长起来的人，对自己有恩，将来也可能在他们有困难时要答应他们的请求，或对他们身后的亲属给予特别照顾。人们必须不遗余力地履行这种义务，而且这种恩情并不随着时间而减轻，甚至时间越久，恩情越重，形成一种“利息”。所以他们不喜欢随便受恩而背上人情债。

在日本，自尊心则是与报答施恩者联系在一起的；把不能报恩的人视为“人格破产”。

在道德方面强调“诚”，“是指热诚地遵循日本道德律和日本精神所指示的人生道路”；“诚”这个词经常用来赞扬不追逐私利的人，也经常被用来颂扬不感情用事。

(4) 知耻自律

日本人把羞耻感纳入道德体系。不遵守明确规定的各种善行标志，不能平衡各种义务或者不能预见偶然性的失误，都是耻辱。他们认为，知耻为德行之本。任何人都十分注意社会对自己行动的评价。他们须推测别人会作出何种判断，并针对别人的判断来调整行为，其“共同特点是以操行毫无缺陷而自傲”。

他们热衷于自律和磨练毅力；“没有任何民族比日本人更重视自律”；日本人说“自重”，意思是自我慎重，自重常常意味着克制。

再有，面对无法完成的复仇目标，他们往往会倾向于毁灭自己，以“保证尊严和荣誉不被践踏”。

(5) 适情享乐

他们追求享乐，尊重享乐，但享乐又必须恰如其分，不能侵入“人生重大事务”，规定不能把享乐当作严肃的生活方式而纵情沉溺。他们把属于妻子的范围和属于性享乐的范围划得泾渭分明，两个范围都很公开、坦率。

3. 心理素质方面

(1) 感情深沉

他们尽可能地掩藏自己的感情，无论喜怒哀乐，都尽量对人笑脸相迎。

(2) 坚韧不拔

日本人既有一种宿命论的思想，承认自然界可怕的威慑力量，也有一种坚强的毅力，在灾难发生后重振旗鼓、发愤图强。一个由自制自律而又意志坚强的个人组成的社会能产生一种动力。据此可以解释这个民族所展现出的奋斗精神和雄心壮志。

(3) 冒险挑战

他们崇尚武力，热情洋溢，激动好斗，骨子里带有天然的侵略性。

(4) 谨小慎微

日本文化反复向心灵深处灌输谨小慎微，轻易不结交新朋友。但一旦成为朋友，友谊也能牢固地保持下去。

他们的精神高度紧张，唯恐失败，唯恐自己付出巨大牺牲后从事的工作仍不免遭人轻视。有时会爆发积愤，表现为极端的攻击行动。

4. 劳动素质方面

他们勤奋工作，能充分地利用每一平方英尺的可耕地，绝不浪费一点点土地。

5. 身体素质方面

他们很重视锻炼，其传统包括最严酷的冷水浴。这种习惯往往被称作“寒稽古”(冬炼)或称“水垢离”(冷水洗身锻炼)。

至20世纪80年代，日本已成为世界上平均寿命最长的国家。

综上所述，大和民族实在是个具有诸多优长之处的民族。

正如弗朗西斯·培根所告诫的："尤其有害的还不仅是那种浮夸一时的谬见，而是那种根深蒂固、盘踞人心深处的谬误。"时至今日，我们绝大多数人对于日本国与大和民族的了解、观感仍非常肤浅、相当荒诞！

三、研究、学习和超越

多数国人也许并不知道，在戊戌政变期间、辛亥革命前后，日本政要及民间人士曾经大力救助过维新派与革命派志士！

1898年9月21日，慈禧太后重新"临朝训政"，立即下令逮捕康氏兄弟等维新派官员。梁启超前往日本使馆请求避难。日本公使林权助请示伊藤首相，伊藤指示："那么就救他吧！救他逃往日本，如至日本，由我来照顾他。梁这位青年，对中国来说，实在是宝贵的人物。"林于是将梁秘密送往日本。不久，康有为、黄遵宪等亦在伊藤等人帮助下，先后到日本避难。之后，伊藤还应英国公使要求，亲往李鸿章宅邸，为已经被捕的维新派官员张荫桓求情。

孙中山在日本期间，也多次受到日本方面援手。1913年8月，孙中山等革命党避难日本，袁世凯曾向日本方面提出过驱逐孙的要求，却遭婉拒。正是在日本政府着意庇护之下，孙才得以同日本各大财团、民间人士、大陆浪人组织，以及军部、参谋本部人士进行广泛联络，以筹措资金、组织人员、整合力量。于是乎，日本一度成了"中土"革命派培养、酝酿革命力量的温床和基地。

这是在近代中日关系历史演进中两段不应忽略或抹去的记录。由此当省：在中日两国之间，并非只存仇恨怨恶。

悲辛的过去，固然不能忘却，但绝不应当成为我们观察、了解对方的翳障！

前人有谓："其知弥精，其所取弥精；其知弥粗，其所取弥粗。"

审察日本近一个半世纪来的发展历程，不能不认识到，正是明治维新为这个国家和民族走向近代化和现代化、自立称雄于世界奠定了厚实的路基，提供了巨大的动能，并造就了优异的禀赋。

从这场改变日本国运的改革浪潮中，我们应能发现这个国家和民族所拥有的瑰宝。

第一，奋迅灵动的学习素质。

正如赖肖尔所言，日本人"对于中国，对于其他民族，从未丧失过研究的兴趣，也从未停滞过研究、思索的步伐。他们的作法是：研究、学习，然后超越他们"。他们尊奉"不耻效人，不轻舍己"的学习观，既勤于模仿别人，又善于在学习、吸收外国文化的同时仍保持自己的文化个性，亦即"能合欧化汉学熔铸而成日本之特色"。

戴季陶指出，日本明治维新的建设"并不是靠日本人的智识能力去充实起来，而是靠客卿充实起来的。军队是德国人替他练的，军制是德国人替他定的。一切法律制度，在最初一个时代，差不多是法国的波阿索那德顾问替他一手造起的。然而指挥、统制、选择、运用，都是在日本人自己"。

相反，几乎在同一国际背景下，而且先于日本启动的、以学习和引进西方长技为中心内容的大清洋务运动，则继承了中国历代大一统专制王朝枯僵的文化、政治基因，"畏天命，畏大人，畏圣人之言”,“法先王”,“遵守祖宗旧制”,束缚于“中学为体,西学为用”的桎梏中,“一切政教风俗皆不敢言变更”。李鸿章等重臣褊狭肤浅地以为:“中国文武制度,事事远出西人之上,独火器万不能及。……中国欲自强,则莫如学习外国利器,欲学习外国利器,则莫如觅制器之器,师其法而不必尽用其人”。倒是通商大臣张树声看得比较透彻,他认为西方国家“育才于学堂,论政于议院,君民一体,上下同心,务实而戒虚,谋定而后动,此其体也。轮船火炮,洋枪水雷,铁路电线,此其用也。中国遗其体而求其用,无论竭蹶步趋,常不相及。就令铁舰成行,铁路四达,果足恃欤”。

光从西方引入“战舰之精”“机器之利”等细枝末节,忙活了三十来年的“同光新政”,终于免不了“掘井九仞而不及泉,犹为弃井也”的结局。

第二,通达务实的体制素质。

胡汉民在为戴氏《日本论》所写的序中曾这样评议:“日本之一大飞跃,只是指导者策划得宜,地球上任何邦国,没有像日本指导员和民众两者间智力教育、思想、伎俩悬隔之大的,而能使治者与被治者之间无何等嫉视,不缺乏同情,就是指导者策划实施一切得宜,他们遂能成就此之当世任何大政治家毫无逊色的大事业。”

明治时期建立了国会。从那时起,日本政府就已形成了“由集团而非个人进行领导的优秀传统”;“从来没有出现过独裁者,也从来没有人企图攫取这种权力”,“对独裁权力乃至领袖权威的反感和对群体合作的强烈偏爱,构成了日本政治遗产的特征”。领导人“总是组成一个集体,轮流负责各种行政事务”;“日本人不是在高层由个人决策,而是同部属进行广泛的非正式协商,产生一致意见”;“他们也明白，国家不能只局限于政府少数人的专制”。吉田茂高度赞赏“明治时期的领导者们，以天皇为中心，从自己强烈的责任感出发保存了决定权，尤其关心如何来吸取国民的活力并且怎样加以运用”。

1868年，明治天皇颁布了“五条誓文”：“一、广兴会议，万机决于公论；二、上下一心，盛行经纶；三、文武一途以至庶民，各遂其志，人心不倦；四、破旧有之陋习，基于天地之公道；五、求知于世界，大振皇基。”明确宣示了整个国家管理的准则。

回看居傲鲜腆的中国专制政权，其任何关键决策，必须恭请圣谕、圣旨，惟蛰居深宫大院的最高统治者马首是瞻。这种决策体制的荒唐在于：因“天泽极严，君臣远隔”，“自内而公卿台谏，外而督抚，数百十人以外，不能递折”，故“虽有四万万人实数十资格老人支柱掩塞之而已”。身处控制中心的最高决策者凭借这样的信息通道，根本无法及时、准确地了解国家真情实况，以致“民之所欲，上未必知之而与之也；民之所恶，上未必察之而勿之施也”。企盼“英明”决策，无异缘木求鱼！而且，因群臣百姓不敢“妄议朝政”，在决策实施过程中，对目标的偏离，不仅得不到迅速纠正，而且反而会不断加强，直至出现重大失误，才有可能被最高决策者感知；随之作出剧烈反应，于是引起社会振荡。

如赖肖尔所见，日本人从过去遗产中得到的“重要的政治财富，是政府具备伦理道德基础的强烈意识”。

应当承认，日本统治集团的抱负从不拘囿于政权利益，而是始终放眼于民族利益和国家利益。他们的战略目标是“看见必定要造成新的生命，然后旧的生命才可以继续；必定要能够接受世界的新文明，才能够在新世界中求生存。在国内的政治上，他更看得见一代的革命必定要完全为民众的幸福着力，必定要普遍地解放民众，才可以创出新的国家”，旨在创造“为‘人民的生活，社会的生存，国民的生计，群众的生命’而努力的历史”。

并且，这种统治理念和施政行为已被广大国民所理解和接受，从而实现“上下同欲”。正因如此，在一百多年中，无论经济、政治或军事如何跌宕起伏，整个国家总能体现“上下一心”、全力以赴。

反观顾盼自雄的大清，其所有重大举措从来罔顾民族、民生休戚，始终只为大清专制统治。

在甲午战争中，清廷一方面通过加征税赋维持军费，一方面却不惜动用国库，耗费巨额银两为慈禧太后修园祝寿；另一方面，参战清军治疗伤病的费用和营养费则要个人承担，战地医疗无法保障。专制政权这种视百姓为草芥，长期奉行的愚民、殃民政策，怎么可能获取战场对决的胜券？

第三，睿智忠谨的精英素质。

首先是政治精英。据戴季陶考察，日本的改革“并不是由大多数农民或者工商业者的思想行动而起，完全是由武士一个阶级发动出来的事业。开国进取的思想固不用说，就是‘民权’主义，也是由武士这一个阶级里面鼓吹出来的”。

明治时期，一大批年轻的政治家、军事家和实业家得以进入政府决策集团。当16岁的睦仁登基时，木户孝允、大久保利通、西乡隆盛等“明治三杰”的年龄分别为35岁、38岁、41岁，这四位核心人物的平均年龄仅为32.5岁；其余骨干人物，如板垣退助、三条实美、岩仓具视、井上馨、山县有朋、大隈重信、大村益次郎、伊藤博文和陆奥宗光等，合计平均年龄为 32.6 岁。可以毫不夸张地称，整个国家的领导是个“青年团”！联系古今中外列国历代改革案例，统治集团的年轻化乃是不可或缺的成功条件。

道理很浅显。社会改革说到底是思维方式与行动方式的更新。虽说年龄层次较低者难免在经验上有缺陷；但其感觉、知觉相对敏锐，富于想象和创新，思维和行动能力强盛。在社会发生巨大变动、传统经验价值明显衰减的条件下，与年龄层次较高者相比，他们更能适应社会运动的快速节奏，所以，在一切改革或革命中，成为运动主力和核心完全顺理成章。

明治政治精英“细心地在政治方面划清国家职能的领域，并在宗教方面划清国家神道的领域。他们把其他领域留给国民去自由行事。但是，那些他们认为直接同国家事务有关的统治权，作为新的等级制度的最高官员，他们是牢牢掌握在自己手中的”；“在每一个活动领域中，无论是政治的，抑或是宗教的、经济的领域，明治政治家们都在国家和人民之间定下了各自所属的‘适当位置’的义务”。而日本官僚群体的忠谨、效率和诚实精神则充分保障了国家机器平稳、高速地运转。

其次是知识精英。吉田茂特别指出“改革的顺利推进，不仅仅依靠完成明治维新的领导者们，还有一部分人也发挥了重要的作用，他们就是其后出现的知识分子”，这些知识分子生活在德川时代末期，曾在幕府翻译部门担任职务或者在各藩研究西方情况。他们没有参加过明治维新的工作，但是，他们当中有像福泽谕吉那样从事近代化人才培养的事业，也有像大隈重信那样担任着官职，还有些像涩泽荣一样进入了产业界。他们虽然从事着不同的工作，但是他们有着一致的主张，那就是大胆引进西方的技术和学习西方制度。

对比大清，在政治精英和知识精英中能“放眼看世界”者凤毛麟角，像伊藤博文那样有治理行动力、福泽谕吉那样有思想辐射力的人几乎没有，即便有，也难成气候。

再次是实业精英。赖肖尔十分感慨，“许多发展中国家面临着日本曾经经历过的危机和灾难，但它们的领导人却以牺牲国民的利益为代价，在国外积累了大量的个人财富。但是从来没有一个日本人这样干过。无论是合法获得的，还是非法掠取的利润，都没有被隐藏到国外安全的地方，也没有挥霍在摆阔气的浪费中。这些金钱被重新投资于日本或其他地区的有益的民族事业中”。

相比之下，我们却不能不痛惜地反思，与大和民族奔逸绝尘的前进步伐背道而驰的是，中华民族自元朝以来七百多年间，由于几代低文化统治者野蛮执政所铸就的严酷体制，导致了中国精英及整个民族素质的急剧退化、变异。

进入21世纪，人类世界在日趋激烈的全面竞争中疾速发展。中国要复兴和驰骋，就必须像日本那样敢于、善于向对手和敌人学习、借鉴，彻底改良和提升体制、精英和国民素质。

现在，一批20世纪80年代去日本留学的有识之士正在为我们全面了解、深入研究日本这个近邻而系统地选择一批反映日本社会、经济、文化的书籍，编成《走进日本》丛书。出版有关日本政治、经济、文化、科技等译著，这正是我们民族亟需的有关宏旨的当紧事业。

戴季陶先生八十多年前留言：“要切切实实地下一个研究日本

的工夫。他们的性格怎么样？他们的思想怎么样？他们风俗习惯怎么样？他们国家和社会的基础在哪里？他们生活根据在哪里？都要切实做过研究的工夫。要晓得他的过去如何，方才晓得他的现在是从哪里来的。晓得他现在的真相，方才能够推测他将来的趋向是怎样的。……总而言之，非晓得他不可。”

而今这一期盼终于得到了强实践行，这是善举，也是盛举，更是壮举。我们拭目以待！

自 序

日本的未来究竟会怎么样呢？随着人口老龄化的加剧，人口不断减少，日本经济是会持续衰退下去还是可以找到一条通向繁华的新路呢？这对于现在以及未来的日本来说，对于我们每个人来说，无疑是最关心的问题。为了寻求这个问题的答案，我按照自己的理解写下了这本书。

由于日本经济持续低迷，从 20 世纪 90 年代到现在为止的 20 年被称为日本“失去的 20 年”。日本长期陷入通货紧缩，经济活力锐减，这在世界史范围内都很少见。在 20 年前，日本是世界上人均 GDP 最高的国家之一，繁荣一时，但是也是从那之后，日本经济一落千丈，世界地位也与日俱下。日本政府累积的财政债务达到了其 GDP 的两倍以上，日本国债随时面临暴跌的风险，日本的财政危机日渐加剧。在经济低成长的过程中，日本的就业机会逐渐减少，整个社会分化为拥有安定工作的人群和工作极不安定的人群。并且，在未来的三四十年里，日本的人口老龄化问题将更加严重，现有的劳动人口将无法支撑老年人的生活。

日本经济十分依赖世界经济，而世界经济近年来也逐渐呈现出不安定的趋势。欧元区的财政债务危机通过金融等形式加剧了世界经济下滑的风险。

2008 年美国发生雷曼经济危机以来，曾是世界经济支柱的美国的经济逐渐恶化，同时，在世界其他国家和地区，各新兴经济体日渐抬头，加快了世界经济多元化的速度。长期来看，实行资本主义市场经济的国家和地区，不管是从地理位置来看，还是从能源和金融等角度来看，都在逐渐丧失扩张的余地。在这样的大环境下，我们必须探寻出新的繁荣之路。

2009 年，日本国民进行了一次很大的政治选择。在那之前，日本的自民党统治日本政权长达半个世纪之久，而在 2009 年的选举中日本国民选择了民主党。

日本国民期待民主党可以实行顺应新时代潮流的政策，但是，这样的期待随着鸠山和菅政权的失败而幻灭，期待随即成了失望。随后的野田政权力图通过提高消费税来恢复国家的财政规律，但是由于民主党内部的异议，其国民支持率较为低迷。由于国会中众议院和参议院的执政党人数未过半数，法案的通过会受到影响，所以这段时期的日本国会被称为“扭曲国会”，同时由于民主党内部的势力争斗，使国民对于这样的“迟迟难以作出决策的政权”极度失望，从而出现了国民通过极端的主张将希望寄托在地方的政治势力上的异常状况。

大众媒体只是一味地批判政治，犹如仰天而唾，自作自受。所谓的民主主义就是国民通过选举来自己选择政治家。在这样的体制中，政治不可能逾越民众。那么，如今我们面临的问题就是我们能否承担起自己的责任而不是一味地依赖政治家的决策，我们是否具备将这个国家托付给自己选择的政治家的觉悟。只有国民具备这样的责任感和觉悟,国家才能够拥有与之相匹配的政治。

透过这些复杂并且不透明的现象,我们可以发现很多问题和阻碍,但是同时也可以发现很多潜在的可能性。日本经济之所以陷入低迷和衰退,我认为其根本原因在于半个世纪之前日本经历了曾经被世界视为奇迹的高速成长的时代,并且确立了为世界所称赞和羡慕的"日本体制",但是这体制并未与时俱进,现在反而成了日本发展的绊脚石。不论是政治、行政、教育、企业模式还是雇佣制度、产业结构、年金、能源政策、农业和医疗,所有这些附属体制在半个世纪中都几乎没有任何进化。

另一方面,在这半个世纪中,世界发生了翻天覆地的变化:信息化和全球化不断加深,环境问题和人口爆炸等日益突出。日本社会在这段时间中老龄化、少子化现象不断加剧,人口逐渐减少,财政困难日益加重。在巨大的内外环境变化的背景下,如果不改进自身的体制,那么衰退也就在所难免了。

但是,反过来说,如果可以适应潮流的变化,充分理解新的环境条件,下定决心改变落后的体制,采取适应新环境的新体制的话,日本仍然具有极大的发展潜力。

2011 年 3 月,日本经历了东日本大地震。这场地震给日本列岛带来了巨大的创伤,使我不得不认真思考日本所面临的严峻现实。在这样的心情下,我撰写了《歧路——3・11 和日本的再生》(NTT 出版,2011 年)这本书,希望这本书能帮助缓解日本现在的紧迫局势和衰退的状况,变悲剧为机遇。

东日本大地震后,日本全体国民万众一心。如果不能把这样的能量转化为促使日本再生的机会，如果不能出现具有凝聚力的政治领导，那将是日本的不幸，但日本现在的政治局势确实没有把这份能量转化为动力。

错过了这样的机遇，日本又重新回到了以前的状态，这使日本再生的情况变得更加严峻。但是，可能性仍然存在。把这些潜在的可能性变为现实是我们这一代人对下一代人的历史重任。虽然日本政府也在为日本的再生而进行战略构筑和政策展开，但是由于不能从根本上对那些较为容易取得预算的项目进行彻底的改革，所以改革得较为肤浅。我试着对日本经济的复杂病状进行诊断，以创造国民值得信赖的、对未来充满希望的工作环境和生活环境为基础，探讨如何才能使日本在新的环境条件下发挥其巨大的潜力。针对上述问题，我对每个附属体制进行了探讨，并给出了自己的解决方案。

本书是在 5 月的小长假中完成的，而出版社正式出版此书是在 7 月。在此期间，日本社会又发生了些事情，如大饭核电站再度启动，民主党、自民党和公民党关于提高消费税达成了三党协议，希腊大选以及民主党内部分裂等。此外，日本政坛也出现了选举等重要的举动。如果读者可以结合这些事件的话，将会更有助于对本书的理解。

由于本书的分析对象较为复杂，并且具有多层次性和流动性，我在执笔过程中花费了较多的时间和精力。在这一过程中，我得到了各方面的支持和帮助，如果没有大家的支持，很难想象我可以完成这项工作。帮助我的人包括各个领域的专家、政策制定相关人士、各个相关问题的政府机关负责人、政治家以及从事经营活动的实业家等。借此机会，感谢给予我热心帮助的人，特别是给我极大帮助的户田淳仁先生和我研究所的稻生尚子秘书，感谢你们在数据收集、整理和分析方面所做的贡献。另外，我还要感谢从编辑到出版一直给予我帮助的东洋经济新报社的川岛睦保出版局长以及井坂康志先生。

本书若能给那些为打破日本目前的混沌状况而不懈努力的各界人士有些参考的话，那将是我的荣幸。

写于紫阳花开的季节。

岛田晴雄

目 录

1

第一章

内外巨变的经济环境

1. 波及欧洲的经济危机

希腊债务危机

希腊引发的欧洲货币经济危机给世界经济投下了阴影。目前事态已得到稳定，但仍看不到解决出路在哪儿。此时若采取错误的应对措施则可能引发世界经济危机。首先来回顾一下危机的经过。

危机源自帕潘德里欧政府于 2009 年 10 月上台之际发现了上届政府公布的 2008 年财政赤字的错误并对此进行了大幅修正。上届政府公布的财政赤字占 GDP 比率是 5.0%，但是帕潘德里欧政府的修正值是 9.8%。2009 年的预计财政赤字也由 5%被修正到 15%。希腊政府的掩人耳目之举暴露无遗。

受此影响，希腊国债陷入信任危机，利率急剧攀升。政府进行了紧急财政重组，然而2010年的财政赤字比依然高达141%。国际评级机构标准普尔（S&P）将希腊国债的信贷评级从A^-大幅下调到BB^+。BB^+意味着存在没有能力偿还债务的风险。

欧洲和IMF所采取的应对措施

欧洲各国和IMF为了救助希腊采取了强有力的措施。2010年5月，欧元区各国出资800亿欧元，IMF出资300亿欧元，总共1 100亿欧元资金，为时三年，来支援希腊。同时还开展了欧洲金融稳定化的举措。这场由希腊点燃的债务危机甚至火烧到了冰岛、葡萄牙、西班牙、意大利，殃及欧洲全体。受市场波动的影响，冰岛、葡萄牙、西班牙、意大利的国债价格也大幅下跌。

2010年5月，EU制定了欧洲政府债务危机应对措施，其中之一是设立欧洲稳定机制（ESM），提供5 000亿欧元作为基金。这5 000亿欧元包括欧洲金融稳定机制（EFSM）和欧洲金融稳定基金（EFSF），以此对冰岛和葡萄牙等国进行融资。

在2011年7月举行的欧洲首脑会议上，欧洲各国首脑共同达成了扩充欧洲金融稳定基金功能的意见。同时，欧洲中央银行（ECB）表示了通过大量购买希腊、冰岛、葡萄牙等国国债的方式来支撑价格的意愿。

希腊的财政重组计划

希腊年度财政支出中，政府服务所占的比重一向很高。这次重组计划规定将公务员薪酬在GDP中所占的比例由原来的13%下调至9%。这意味着削减公务员职位、薪水、养老金等。工薪阶层强烈反对此重组案，举行了多次示威和游行。

这一连串的社会反抗运动使国际社会开始质疑希腊财政紧缩的执行能力并对希腊国民能否经受住财政紧缩的考验表示担忧。如此一来，关于希腊无法履行债务的不安情绪高涨，蔓延至欧洲乃至世界。

债务危机升级至金融危机

此次无法履行债务的风险高涨反映在欧元贬值上。具体的经过如下。

首先，对希腊无法履行债务的忧虑情绪高涨导致欧元结算国债的风险溢价随之增加。这样，国际资本开始向风险小且相对安全的日本和美国等国债流动。欧元贬值的同时，日元、美元开始升值。另外，亚洲货币对日元、美元的汇率开始走低。这是由于亚洲和新兴国家的投资者同样趋向于低风险投资，因此将资产转而投向了日元和美元。

持有大量希腊国债的银行等金融机构，其资产价值开始缩水。此外，紧缩财政导致经济形势恶化，其结果是银行的不良债权如滚雪球般越积越多。金融机构破产的风险也由此增高。

进一步说，资产价值的减少导致金融机构的损失扩大，净资产减少，于是存款流出，导致破产风险增加。为了维持净资产比率，金融机构减少放贷，产生信用紧缩。

持有资产持续缩水的话，资金周转将陷入困境，导致流动性危机、支付能力危机加大。在各个银行之间的相互依存关系中，流动性不足则资金周转愈发困难，从而引起系统风险。

德克夏银行曾是一家合并了法国和比利时金融机构的大型金融集团，它也在此次事件中陷入危机。为了保护储户，相关国的政府出面担保其银行储蓄，即便如此德克夏银行还是走到了解体的那一步，由此可见流动性危机的严重程度。

强化债务危机应对措施

这种情况下急需加强债务危机的应对措施，包括以下三步：第一，扩大中央银行的援助政策，即增加买入危机国的国债；第二，强化欧元区安全网，扩充各类稳定基金；第三，强化金融监管，对进行所谓“压力测试”的金融机构进行实况调查。“压力测试”意在考察在最糟糕的情况下净资产比率能否维持在6%以上。然而测试的结果是，欧洲91家主要银行中仅有7家为不合格。

问题是，之后解体的德克夏银行也被测出是合格的。这一结果已说明“压力测试”本身并不全面。实际上，坊间一直怀疑欧洲银行仍然身陷巨额净资本不足的泥沼。

2011年10月，欧盟签署了全面战略协议：第一步是将持有希腊国债的投资者的债务负担比例由二成上调至五成；第二步是欧洲银行大幅增强净资产；第三步是将欧洲金融稳定基金的实际规模扩大到1兆欧元。但是，这些内容能否得以实行尚有不可预测的因素。

2012年4月20日在华盛顿召开了G20峰会。会上通过了将IMF的资金基础扩大到4 300亿美元的决议。此外，日本同意捐款600亿美元，仅次于欧元区各国的2 000亿美元。

至此，欧洲稳定机制重新准备了5 000亿欧元，加上欧洲金融稳定基金，总共 7 000 亿欧元，用于救助此次债务危机。再加上之前希腊融资基金和欧洲金融稳定机制的资金，总计 8 000 亿欧元，相当于 1 兆 600 亿美元。

综合华盛顿会议上达成的强化 IMF 资金基础的决议，总计 1 兆 5 000 亿美元的资金规模，即使规模较大的西班牙陷入严重的债务危机，也能进行一定程度上的救助。（《金融时报》，2012 年 4 月3 日）

不过，今后欧洲仍然困难重重。其一，预计欧洲银行部门的净资产会进一步大量缩小。（《金融时报》，2012 年 4 月 19 日）

其二，欧元区预计会出现负增长。世界银行发表的估算为 2012 年实际经济增长率会跌至－0.3％。世界整体经济与 2011 年相比也会下降 1.1％，并停滞在 2.5％。（《日本经济新闻》，2012 年 1 月 8 日）

其三，为了摆脱债务危机，欧洲整体推行财政紧缩政策，但这反而导致了欧洲经济的低迷和不景气，削弱了财政重建的基础。

其四，意大利的蒙蒂政府推行目前的增长战略来重建财政，获得了国民的广泛支持，于是进行了一系列的改革，但进入 4 月后提出改革劳动法（为吸引外资而放宽禁止解雇的规定）遭到了劳动工会的强烈抗议。意大利的禁止解雇法规定了严格的雇佣条例，这让想直接投资意大利的外国企业望而却步。蒙蒂政府的战略正是想通过放宽政策来引入外资，增加就业机会。然而从现在来看，蒙蒂政府的改革之路遭遇瓶颈，命途多舛。

欧盟与货币一体化的矛盾

欧元区债务危机问题的根本在于欧盟联合体与欧元这一统一货币组合之间的基本设计错误：一方面使用统一货币，一方面欧洲各国保留各自的财政主权。货币一体化就意味着货币、利率等金融政策的一体化。但是，财政主权由各国把持着，这给劳动力和物质资本的跨国流动，以及区域内财政支援设置了一定障碍。

在这种情况下，内在机制使得区域内的差距逐渐扩大。在生产率增长缓慢的希腊等南欧国家，导入欧元这一统一货币，实行与生产率不符的过高价值货币以及过低利率，结果导致投资过剩。在希腊这样政府投资比重高的国家，就会出现政府支出过大的问题，容易陷入债务危机甚至财政危机。而另一方面，对于德国等生产率高的国家来说，通货的价值低于其经济实力，德国商品销路飞涨。实际上，实行统一货币后，德国在欧元区域内出口激增，十年间增加了 2.2 倍。通过这样的内在机制，生产率低的南欧国家和生产率高的德国等国家之间的差距越来越大。不得不承认，在欧盟和统一货币欧元的设计最初阶段，错误就已经存在了。

在推行统一货币方面，有一个理论叫“最优货币区”，指在劳动力、资本等生产要素流动成本低的地区内实行共同货币更为有利。欧盟有 27 个国家，欧元区有 17 个国家。要说最优货币区的话，恐怕当属德国、法国、荷兰、比利时、卢森堡这五国比较合适。以欧盟的 27 个国家作为共同货币区未免结构矛盾太大。这也是一开始就被指出的问题。

财政条约还有可能分化欧洲。2012 年 3 月 2 日，欧盟理事会签署了旨在维系欧元区财政稳定的“财政条约”，计划于2013年1月生效。欧盟理事会的出发点是严格统一欧元区各国财政规则，计划缔结相当于欧盟宪法的基本条约，然而英国动用了否决权，条约没有通过，只能改为强制力较弱的财政条约，除去英国和捷克，在剩下的25个国家中作为政府间协定来签署。虽然财政条约的约束力较弱，但随着财政条约缔结国经济、财政一体化的推进，非缔结国有可能在事实上很难在欧元区内获得生存发展的空间。所以不能否认欧盟内部实际上会存在分化的可能性。（庄司克宏：《财政条约将加盟国一分为二》，载《日本经济新闻》，2012年4月5日）

2012年5月5日在法国总统大选决选投票中，社会党首领弗朗索瓦·奥朗德击败时任总统萨科齐，成为继密特朗之后的第二位左派总统，结束右派长达17年的执政。奥朗德在竞选中始终强调增长政策的重要性，批判萨科齐的紧缩财政主义。同时，批判的矛头也指向了萨科齐的盟友德国首相默克尔推进的财政条约。奥朗德还指责欧元区的财政规则，例如年财政赤字要控制在GDP的3%以内。主张通过紧缩财政政策来重建财政的欧元区财政保守主义今后是否会受到冷落，欧元区是否会出现混乱，这都有待继续观察。

全球经济下行风险

2008年金融危机时，欧美政府债务占国内生产总值比较低，因此各国还有余地通过发行国债来增加财政支出。但在金融危机爆发后，民间债务因为信用收缩而减少，政府债务急速膨胀，起到了支撑经济的作用。但随着政府债务陷入危机，民间信用再次大幅收缩，新一轮的政府债务危机在全球范围内掀起波澜。如今，欧洲的政府债务危机发展成了银行危机，已无法通过发行国债来增加财政支出。这是在2008年金融危机前所没有过的严重状况。

欧洲全体奏起了紧缩财政的“大合唱”，但是紧缩财政反而加剧了债务危机和银行危机。实际上，各国2011年的政府债务余额为西班牙74.1%、法国98.6%、德国86.9%、希腊165.1%、冰岛112.6%、意大利127.7%、葡萄牙111.9%（OECD，“经济展望2011”）。为削减累积的债务，紧缩财政被统一推行，但却导致经济不景气、税收减少，这又加剧了债务危机，甚至引起信用危机、流动性危机，陷入银行危机风险升高的境地。

经济学者岩田规久男提出，在这种情况下，不应该实行紧缩财政一边倒的政策，而应该放缓金融，提高通货膨胀率。通货膨胀率提高，名义GDP就能增加，这样税收就能增加，只要能超过利率负担就有财政重建的希望。欧洲中央银行主张在此情况下应改变方针，积极地从量上缓和金融。

对日本的教训

日本的财政债务远远高出希腊。希腊的累计债务为160%，而日本超过210%。如果日本描绘不出自己财政重建的远景，那么极有可能陷入和希腊同样的危机。现在正是考验日本的财政重建战略能否获得国际信用的时候。野田政权不惜将其政权命运的赌注押在消费税增值上。毫不夸张地说，这是能否获得国际信用的试金石。

欧洲债务危机发生的大背景包括2008年爆发的以雷曼危机为首的全球金融危机、这之后的全球经济萧条和为了克服这一危机世界各国展开的大规模财政投资。为了抑制大规模财政投资所带来的政府债务急剧膨胀，以欧洲各国为首的多数国家急切地推进财政紧缩政策（出口战略），但这反而让他们陷入了经济危机加深的矛盾之中。

引起世界经济严重停滞和混乱的雷曼危机、全球金融危机以及由此带来的全球经济萧条究竟是怎么一回事？我们就来回顾一下来龙去脉。

2. 雷曼危机和其后的世界经济体系蜕化变质

雷曼危机和次贷危机

以雷曼危机为代表的世界经济危机给世界经济体系来带了历史性的变化。

2008年全球金融危机发端于美国次级房贷市场的崩溃。次级房贷是为信用评级较差的人所提供的住房贷款。大约自2005年起，次级房贷本息支付的滞纳情况开始增加，仅数年时间滞纳率高达30%。美国的住房价格自2006年起徘徊不前，2007年比上年负增长，2008年更是下跌了10%。其结果导致购房者难以将房屋出售或通过抵押获得融资，本息支付的拖欠越积越多。实际上，自2006年末起，作为贷款方的住宅金融公司的破产案就开始增多了。

次级房贷的运作颇为复杂。第一步，将数以千计的房贷组合成证券。第二步，将不同类别的证券组合成担保证券。第三步，用新的分类制成新的证券产品。通过多层次组合包装，形成一个分红和滞纳率关系复杂而难以让投资者看懂的产品。尽管滞纳情况在累积增加，还会影响投资者的分红，但是到底通过什么样的途径来影响、哪一种证券会受到影响、会受到怎样的影响这些问题都因为过于复杂的组成而让人摸不着头脑。这就好比是被蒙着眼睛进行投资一样。

在这样的情况下，投资者只能依赖评级来做判断。实际上，穆迪评级公司在2007年对198类次级房贷的信用评级由第7级下降至第10级。各大评级公司不断地对次级房贷商品的信用评级进行下调，从而导致投资者争先恐后地抛售手中的证券。

为什么事态会发展到一发不可收拾的地步？原因之一是资金杠杆过高。贷款设计债券商品时，如果杠杆作用设为20倍，则投资者的纯投资收益率高达10.5倍。杠杆作用越大，纯投资收益率就越高。用借贷的资金扩大杠杆作用，是以总投资收益率高于借贷利率为其大前提的。如果利率高出收益率，那么就形成“反向杠杆效应”。在实际中，这一效果加速了企业亏损及资金缺口。

2006年左右，对冲基金的杠杆比率甚至达到了70倍。雷曼危机中的雷曼兄弟的杠杆比率据说为31倍。

2008年5月，美国第五大投资银行贝尔斯登濒临破产，摩根大通银行对其进行收购。看上去事态似乎得以稳定，但仅仅4个月后，被称为世界最强投资银行的雷曼兄弟宣布申请破产保护。

为什么会演变为全球金融危机？

上述一系列事件是如何发展成全球金融危机的呢？其背景是全球的投资者购买了大量次级房贷的相关产品。次级房贷虽然风险高，但收益率高，由此获得了高评级；又因为利息低，所以总收益率高。通过借贷资金扩大杠杆作用组成债券商品，预期能得到较高纯收益率，所以全球的投资者都认为增加次级房贷相关证券的投资可以为自己带来更多的收益。

那些没有购买次级房贷的国家也因为资金链中断而卷入此次金融危机。因次级房贷相关证券蒙受巨大损失的机构停止向这些国家贷款，转而抛售股票，导致这些国家的金融机构和企业陷入资金困境。由此，金融危机波及至全世界范围。

金融危机又引发了流动性危机。金融机构因为次级房贷相关证券暴跌而损失巨大，使银行间的融资变得困难。资金流动性不足导致个人和企业资金周转困难，中央银行不得不紧急拿出大量资金来救援。对于资产损失严重的金融机构，政府通过购买银行股票的形式为其注入大量资金。

金融危机如多米诺骨牌效应般越传越广，流动性危机、信用危机一旦加剧，就会导致投资减少、生产减少、雇佣减少、消费减少，随之需求减少，投资也相继减少。所谓的负循环波及至全球。

日本购买次级房贷等金融商品的个人和企业相对比较少。一方面是经历过泡沫经济崩溃和金融危机后，银行和企业着力于经济重建，无暇出手高风险商品；另一方面，在全球蓬勃发展的金融工程学领域，日本落在了其他国家后头。

日本虽然没有购买大量的高风险次级房贷相关证券，但于2009年第四季度至2010年第一季度，GDP年增长率分别下降12%和14%，成为主要国家中最大受害者。

日本的国际大企业丰田在2008年的收益为3兆日元，但在雷曼危机后的2009年却损失了8 000亿日元——仅一个季度即损失了四成的全球市场。这是由于丰田在国际上展开的生产、销售网络不可避免地受到了全球经济收缩的冲击。不仅丰田，日本其他主要企业也遭遇了同样的情况。

篡夺金融情报空间的美国金融资本主义

20世纪90年代，以美国为中心的金融工程学迅速崛起，各大投资银行竞相开发金融衍生产品。也有人称美国的这一时期为“贪欲资本主义”。每个季度，金融机构会进行会计汇报，为银行带来收益的负责人即可拿到其中一成的奖金。如果负责人为银行赚得500亿日元的收益，那么他可将其中50亿日元收入囊中。

金融工程学以华尔街为中心在21世纪初加速发展。其中，金融衍生产品急剧膨胀。至雷曼危机爆发前，金融衍生产品的余额达到传统货币(M1＋M2)的数倍之多。雷曼危机中，负循环产生连锁反应，迅速波及世界各地，资产价值大打折扣，发展成全球金融危机。同时，信用收缩、流动性危机又加剧了全球经济不景气。

金融衍生产品是金融工程学开发的产物，可以说是一种情报金融空间商品。美国金融资本主义任意篡夺情报金融空间的后果，不仅使自身遭受挫败，还对全球经济产生了大规模的严重打击。

美式和平的蜕变

以雷曼危机为代表的金融危机，其历史意义就在于它动摇了美式和平的主导地位。第二次世界大战后，世界在以美国为首的霸权主义之下运转。美国取代战后疲敝的英国一跃成为基轴货币国，其一国的 GDP 占到了世界 GDP 的一半以上。全世界采用以美元为基准货币的固定汇率，也就是美元金本位制。在这一坚实体制下，美国支撑起世界的战后复兴。因战争而疲敝的世界各国着力于经济建设生产，依靠对美国的出口实现了经济复苏。同时，美国的技术援助和生产率运动不仅使整个世界经济得以复苏，也创造了更好的发展。

1971 年，美国开始实行浮动汇率制。笔者在这一年的暑假赴芝加哥大学留学。8 月 15 日，尼克松总统发表特别演说，大家都聚集在电视机前观看。尼克松突然宣布“日本等国的出口造成了美国的贸易赤字，从本日起即刻废除固定汇率制，改为实行浮动汇率制”。

虽然没有了固定汇率制的稳定性，但从理论上说，浮动汇率能反映各国的国际竞争力(劳动生产率)从而起到制衡的作用。然而事实并非如此。美国实行浮动汇率后依然在军事、情报、金融、生产、教育的各个领域继续保持着最强国的势头。

美国在 20 世纪 90 年代依靠 IT 和金融业实现了巡航速度 4%的经济增长。在 20 世纪 90 年代后半期至 2008 年金融危机期间，进口占 GDP 比从 12%继续扩大到 18%。正是由于美国的大量进口，世界经济才享受到了高速增长的繁荣。

然而美国篡夺情报金融空间的恶果导致过度膨胀的金融部门陷入崩溃。美国经济进入低迷状态。经历了金融危机、生产缩小、消费萎缩后，美国已经丧失了领导世界的能力。由于国内经济恢复不尽人意，美国开始将经济增长的触角伸向亚洲地区。

2009 年 11 月，奥巴马总统首次访问日本，在东京的三得利大厅进行了著名的“亚洲演说”。笔者在以三得利大厅为主场的日本爱乐交响乐团任理事长一职，借此机缘有幸亲闻“奥巴马演说”。让笔者印象深刻的是，奥巴马总统讲到美国是太平洋国家，而其本人是美国首位历访亚洲主要首脑的总统。此外，他主张中国不是美国的敌人，中美是共存共荣的互惠关系，要扩大双方贸易。此次演说意义重大，标志着美国已经回归到普通国家的一员。

世界多极化、流动化，风险加剧

美国无力再继续扮演一手撑天的角色，而另一方面，巴西、俄罗斯、印度、中国等新兴国家开始抬头。尽管金融衍生工具制造的全球金融危机所遗留的创痛还未痊愈，金融衍生产品却依然活跃在世界资本市场。风险资本呈现出一天数十兆日元的交易规模。风险资本流向各类资源投资领域，引起价格体系剧烈变化。规范情报金融产业的明确框架还未确立。其中，财政膨胀和金融不安加大，与大规模的风险和复杂紧密关联。这一切把我们推向多极化、流动化、漫无边际的风险的深渊。

3. 近代资本主义终结了吗?

如何看待近年来的混沌局面？对此问题，日本国内展开了众多的讨论，以下介绍四种围绕长远基本问题展开的观点，帮助我们思考现在所面临的问题。

水野和夫的设问

近年来，接二连三发生的大规模危机日渐常态化。如何看待其本质，笔者想先介绍水野和夫的观点。

近代资本主义市场经济体制本身的矛盾是不是已经达到了极限？水野和夫试图就此进行立足于长远视野的考察（《没有尽头的危机——全球化的真相》，2011 年；《世界经济的大潮流——颠覆经济学常识的资本主义大转换》，2012 年）。

现实中，不仅日本，美国、英国的 10 年国债利润率均低于 2.0%。其背后的大环境是发达国家日益成熟，投资机会大量减少。不得不承认，发达国家一旦走出泡沫经济就很难再获得经济增长。欧债危机问题意味着“殖民”他国、他民族的帝国的终结。占领华尔街集会活动则向我们揭示了中产阶级危机，即财富聚集在少数权贵手中，而大部分的民众却日益贫困。

这样的危机自 20 世纪 70 年代中期开始显现，表现为利息率走低。换句话说，也就是资本的收益率日趋下降。近年来，日、美、英等国的利息率走低，10 年国债利润率低于 2%，这是自 17 世纪意大利热那亚持续 11 年跌破 2.0%以来创造的历史新低。

石油危机、越南战争之后，资本主义开始将经济增长的目光从“地理、物质空间”（实物投资空间）投向“电子金融空间”（虚拟空间）。但是金融危机宣告了这一成长模式的崩溃。近代资本主义内在的经济增长欲求导致了泡沫经济和通货紧缩的连锁反应。中产阶级缔造的近代自身产生了反近代抵抗，从而使中产阶级没落。

17世纪到20世纪，以近代资本主义市场经济为代表的时代同时也是海洋时代。虽然率先崛起的是西班牙，但西班牙时代象征的是陆地时代。在西班牙，无敌舰队虽被称为世界上最强舰队并载入史册，但实际上与其说是海战舰队，还不如说是陆上帝国西班牙的陆军运输部队。通过海战使国力大幅提升的英国、荷兰最终取而代之，成为海上强权。水野提出，海洋时代所代表的近代资本主义市场经济的内在矛盾最终激化，达到资本主义的极限，又或者资本主义自身达到临界点，这就意味着资本主义开始崩溃，那么接下来等待我们的又将是什么？

中谷严的设问

接下来介绍中谷严的设问（《资本主义以后的世界——日本能否主导“文明转换”》，2012年）。中谷受到水野的立论的启发，首先从边境的消失开始阐述。人类追求的三大边境包括地理上的边境、情报金融空间以及能源空间的边境。而我们正面临着边境的消失。

他进一步指出近代资本主义市场经济原理本身内含自我否定的矛盾。也就是说，市场竞争本身背负着不得不扩大掠夺的宿命，因此有必要重新构建新的社会经济原理。

比如，中国有效抵制了金融危机对全球经济的破坏性影响。虽然是社会主义，但灵活地运用了市场的操作。而日本则过度地被美式自由市场资本主义所蚕食。其实，日本本来也有自己的共通价值传统，即强调共同体。在企业中，日式资本主义价值观表现为重视、维护和现场的一体感。他呼吁日本应重新审视这一传统价值观。

那么，取代市场竞争的新原理究竟是什么？是“giving”（赠与）吗？中谷有感于他访问中国最西端的喀什时受到当地人热情款待的经历，从中悟出了新的启发。

小宫山宏的设问

下面是小宫山宏的设问（《日本“再创造”——面向“白金社会”的实现》，2011 年；《白金构想手册——老龄化改变世界》，小宫山宏、松岛克守编审，2012 年）。

世界汽车保有量在美国、日本等国已达到饱和。在新兴国家，其规模正在迅速壮大，但也会逐渐趋于饱和。届时，资本主义经济所需要的增长源头就会消失，接下来增长的矛头要指向何方？即便是开发余地较大的中国，不久的将来也将达到饱和。

但是汽车行业开启了新的可能性，即开发混合动力车、电动车等高效能源车来超越饱和难题。并且随着人类对自然能源关注度的提高，从中再开发出第二个可能性也指日可待。

又如，日本乃至全世界正加速走向老龄化，迫切需要增加健康人口比率。随着亚洲的崛起，我们更要密切关注亚洲科技的振兴。

纵观历史边境的消失、新兴能源的开发，资源匮乏而又处于老龄化加剧难关的日本是不是可以采取以“解决问题先进国家”的姿态重整旗鼓呢？小宫山将这一愿景命名为“白金社会”，取代“世界第二大经济国”，成为日本今后应努力塑造的新形象。这一构想包括五个层面：第一，维持能源资源可持续发展的强大社会；第二，老龄化率即使高达40%也依然充满活力的社会；第三，能够经受得住大规模危机和结构调整的弹性社会；第四，能有效利用庞大复杂信息的智慧社会；第五，在多民族和知识的潮流，乃至日益崛起的亚洲中彰显存在感的社会。

白金社会的实现还需要满足以下四个条件：第一，克服公害问题；第二，能源自给率达到70%(有效利用国内自然能源)；第三，实现资源自给自足(能源70%，矿物资源70%，粮食70%，木材和水资源100%)；第四，解决老龄化问题，构建一个能延长健康寿命、育儿环境优良的社会。

小宫山认为通过以上的努力，深受各种问题困扰的日本将可以向世界展示一个全新社会的可能性。

来自《金融时报》的询问——何谓资本主义危机？

再介绍一个极富启发的见解。

以雷曼危机为代表的全球金融危机和由此引发的世界经济不景气，再加上最近欧元区债务危机所暗含的全球金融危机和经济危机担忧，这一系列的事件中，资本主义市场经济仿佛被一团不明真面目的乌云所吞噬。为揭开其面纱，《金融时报》于2012年春推出了“资本主义的危机——处在危机之中的资本主义”这一特辑，刊载了世界各权威人士的论点。

大部分的论点尝试从多种角度重新考察资本主义，唯有曾长期担任美联储议长的艾伦·格林斯潘的见地力压群芳。

格林斯潘是这样说的：

“东西德国虽为同一个民族，但由于政治、经济制度的差异各自走上了不同的发展道路，他们用如此巨大的社会实验向我们展示了资本主义市场经济相比共产主义计划经济是如何的优越。后来，全球化浪潮席卷世界，社会差距、金融危机等诸多问题涌现。这时的议论纷纷指出资本主义有着本质上的先天缺陷。的确，资本主义信奉的是自然界丛林法则一样的自然淘汰机制，尽管它并不完美，产生了各种问题，但迄今人类通过完善制度和改革渡过了这些难关。我不认为目前的方案中有任何能够取代资本主义的社会经济制度。”

的确不愧为老练的格林斯潘。

4. 落后于时代的日本经济与大地震

日本经济的长期低迷乃至衰退

综上所述，我们梳理一下现在所面临的问题。

日本经济陷入长期低迷，甚至被称作“失去的 20 年”，意指这二十年来持续通货紧缩，人均 GDP 相对世界水平在下降，经济、社会、政治全面退步，呈现出明显的衰退迹象。

我们作为同时代人亲眼见证了这一衰退现代史。

停滞不前的日本制度

衰退的最大原因在于日本体制的停滞。从战败的废墟中重建起来的日本用了25年的时间一跃成为世界第二大经济强国，然而从这之后无论经济、社会还是政治，日本大部分附属体制开始止步不前。

另一方面，日本面临的国内外环境在这40年间发生了巨大的变化。在日本国内，人口减少和老龄化加剧，在世界上信息化、全球化、新兴国家崛起等变化日新月异。

面对如此快速变化的环境，无法调整步伐跟上节奏的日本当然会陷入衰退的困境。

东日本大地震带来的打击

此时，日本遭遇了百年一遇的大地震，日本国民的危机感和民族认同感骤然提升。

这可谓是衰退中的日本浴火重生、深化改革、获得发展活力的天赐良机。众人期待一个强有力并富有洞见的政治领导者挑起此重任。然而，日本陷入了政治的迷失，最终错失良机。

虽然灾后重建会产生新的需求拉动经济，但已失去的生命、财富、基础设施是我们无法挽回的巨大创痛。

5. 日本复兴的课题

日本能否复兴

那么，停滞衰退、背负灾后创伤的日本还能否重振旗鼓？日本政府绘制了“增长战略”“复兴战略”蓝图，又为规范财政运营，拟定以“社会保障和税收一体化改革”为名增值消费税。

依靠这些举措能否成功扭转局面？问题和课题都过于复杂。无论“增长战略”还是“复兴战略”，抑或是税改政策都没有准确把握住问题的关键。相关信息也不全面，民众也还没来得及进行应对。

巨大的潜力和可能性

但是，即便如此，我们还是相信日本经济本身依然蕴藏着巨大的潜力和可能性。另一方面，在日本国内，人们对未来的不安、对国家的不安正在加速蔓延。特别是年轻人缺少雇佣和职业训练的机会。人们只有感受到安心和希望才能发挥出内在的巨大潜力。

企业也面临同样的困境。虽然拥有出色的技术，但却得不到发挥。农业、医疗、住宅、教育等领域也因为受到旧体制的制约而无法发挥出应有的潜力。

企业和大多数产业如果具备使潜力于内于外都能充分发挥的条件，那么通往巨大可能性的大门就已经为我们打开了。

战略和执行力的要求

因此我们需要做到全面把握事态，构建正确的战略方针，然后根据它们的相互关系，确定先后顺序，迅速地付诸行动。

从下一章起笔者想就各个课题阐述己见。

2 第二章

复兴日本——政府的措施

1. 财政危机和财政健全化

日本内阁府的财政中期展望

日本内阁府于2012年1月24日发表了《日本中长期经济财政预算》报告。这篇报告以健康的经济自然体为前提计算了2012年度国家及地方的基础财政收支平衡(Primary Balance)。截至2012年,日本的基础财政收支为－6.9％,也就是账面亏损2.3兆日元。

顺便提一下,何谓基础财政收支平衡(Primary Balance)呢?简单来说就是除公共国债收入以外的年度收入与债务利息以外的年度支出的总和。如果一个基础财政收支平衡的国家,国家每年的支出应当可以通过每年的收入来实现收支平衡。在这种情况下,国家当年增加的债务仅为支付债务的利息,而该利息的利率应当和国家的经济增长率相同,公共国债与GDP的比值也应当保持在一定的平稳水平上。

如今日本政府提倡的“社会保障与税制一体化”政策如果推行的话，基础财政收支平衡的赤字幅度与该政策不推行相比，GDP 比值约减少 1.5 个百分点。

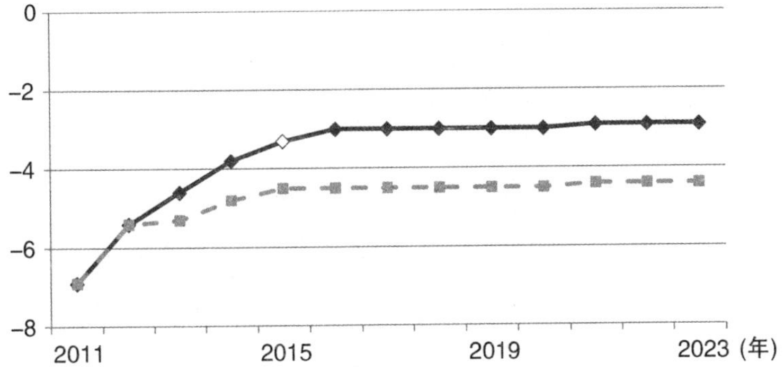

图 2－1　达成财政健全化的措施

出处：日本财务省资料

注：1. 本图以日本内阁府于 2012 年 1 月 24 日发表的《日本中长期经济财政预算》为基础，针对“社会保障与税制一体化”政策的实施（实线）或不实施（虚线），时至 2023 年基础财政收支平衡变化进行了推测。

2. 就经济成长而言，该推测是基于自然发展情况为前提的。自然发展情况就是不以“成长战略”而以“慎重原则”为前提的发展情况，简而言之就是保守估计。

3. 本图中的“基础财政收支平衡”是日本国家及地方的总和。

4. 日本政府的财政健全化计划中，中期点 2015 年的基础财政收支赤字额与 GDP 的比值目标为－3.2％，但是在本图表的计算中该比值为－3.3％，未能达到目标值。另外，财政健全化计划中，即便 2020 年实现基础财政收支黑字化的目标，赤字幅度也将在 3.0％左右。

即便如此，到 2015 年为止（平成 27 年），日本的基础财政收支平衡仍然为－3.3％，存在 16.8 兆日元的亏损。该数字与“2020 彻底实现黑字，2015 实现赤字减半”的初始计划相比，仍然有 0.1 个百分点的距离。

也就是说，“社会保障与税制一体化改革”即便已经实施，从消费税中获得的税收增收仍然无法实现财政健全化计划中所设定的基础财政收支平衡。如果消费税不能实现提升至 10%的话，如图 2-1 所显示，基础财政收支平衡将停滞在-4.8%的水平，无法得到进一步的改善。

穆迪公司曾警告，如果日本政府无法按照计划实现财政赤字减少的话，日本的国债评级将会被下调，这将有可能引发又一个“希腊财政危机”。人们应当时刻谨记日本的财政状况将可能和希腊财政危机，甚至 2008 年金融危机，以同样的路径发展至破产。

另一方面，日本财务省在 2012 年 1 月 29 日发表的《后年度财政负担》中罗列了关于中期财政框架的论述。该框架于 2012 年 8 月 12 日营直人内阁时期决议，并考虑了东日本大地震复兴要素，重新计划了 2012 年至 2014 年的财政规划。该报告中提及，以名义增长率 1.5%的保守原则为前提，一体化改革得以执行的话，2015 年基础财政收支平衡将为-18.2 兆日元。与此相对，如果以名义增长率 3%的增长战略为前提，一体化改革得以执行的话，2015 年的基础财政收支为-16.2 兆日元。也就是说，基础财政收支可以实现 2 兆日元的减少。

一体化改革中，仅仅依靠增加消费税这一措施是远远不够实现财政健全化的。如果基础财政收支持续赤字的话，财政债务累积增多，从中期角度来看，日本将陷入财政危机，甚至恶化成经济危机。因此，日本政府要想实现基础财政收支黑字化，消费税的大幅度提升是无法避免的。

最重要的是，在之后的章节中还会详细提到“增长战略”。以

“增长战略”成功为前提的“增长战略情况”中，截至 2015 年，基础财政收支平衡将改善至－2.6%。也就是说，如果成功实现增长，将进一步实现半数的改善。2020 年度的健全目标为－1.4%，也就是 8.9 兆日元的不足，具体如图表 2－2 中所示。因此，能否实现增长是重点。

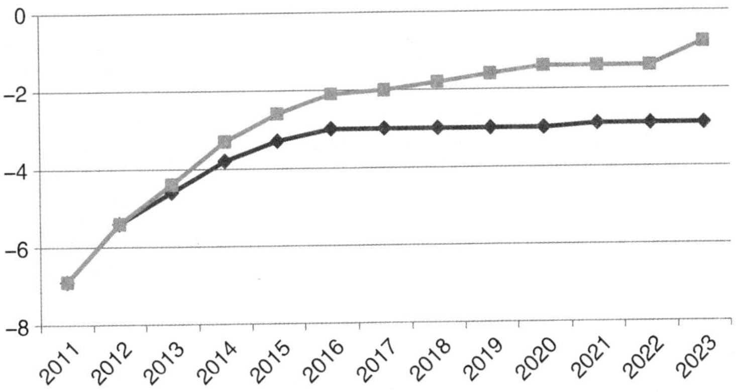

图 2－2　增长战略情况下的基础财政收支平衡改善的预期效果

出处：日本内阁府于 2012 年 1 月 24 日发表的《日本中长期经济财政预算》

注：1. 本图是以日本政府主导的“增长战略”效果为前提的增长状况和不以“增长战略”效果为前提的谨慎状况来进行国家地方合计的基础财政收支的 GDP 比值的差异比较推算。

2. 与图 2－1 相同，谨慎状况为深灰色，政府主导的“增长战略”为前提的增长状况为浅灰色。增长状况下，2015 年度的基础财政收支平衡的赤字幅度减少至－2.6%，2020 年度的赤字幅度减少至－1.4%。但即便如此，－1.4%仍然是一个巨大的赤字水平。要想彻底实现黑字，除既定的“一体化改革”和“增长战略”以外的其他对策和措施也必不可少。

但是，不得不指出的是，以现在的情况推算，即便“一体化战略”的消费税提升至 10%，增长战略顺利实现，到 2020 年日本政府仍然无法彻底实现财政健全化。这也暗示了要实现 2020 年的目标，消费税要进一步提升，增长速度要进一步加快。

欧债危机的教训

在欧债危机过程中，国家财政平衡被破坏，国债价格持续贬值。经济陷入利率上涨、国家财政危机加剧的恶性循环中。如果日本的财政状况继续恶化下去的话，就会重蹈欧债危机的覆辙。

那么，持有巨额财政赤字的日本为何没有出现国债暴跌的问题？其背后的原因是国际市场认为目前的消费税率偏低，今后随着消费税率的逐渐提高，日本的偿债能力将有所提升。

换言之，日本的消费税率如果不能顺利提升，那国际市场对日本国债的不稳定性的担忧就会提升，这会引起日本国债的大幅度贬值，加剧财政危机的发生。

经济危机的担忧

日本政府的累积债务究竟是如何形成的？

政府的总债务一般是由国债、贷款、地方政府债务、政府短期债券、社会保险基金债务以及其他一些债务构成。日本政府在2010年末所持有的1 036兆日元总债务（与GDP比261.1%）中，国债为605兆日元，地方政府债务185兆日元，政府短期债券150兆日元，社会保障基金债务11兆日元以及其他33兆日元。2011年的预算中还有特例国债44兆日元。针对震后复兴政策，2011年度的预算曾三次进行修正，最终总共追加了18兆日元。

另一方面，截至2010年度，日本家庭持有的金融总资产达到约1 481兆日元，其中300兆日元为生命保险和家庭住房贷款。因此家庭持有的纯金融资产(债券投资资产)大约为 1 115 兆日元。

不难看出,日本政府的总债务十分接近家庭持有的纯金融资产额。

如果将 2012 年度预算中追加的 44 兆日元计算入内的话,日本政府的总债务额在 2012 年末将达到 1 124 兆日元。需要指出的是,2012 年中日本政府进行了关于复兴债的第四次修正,追加了 2.7 兆日元的复兴债,同时追加了 2.6 兆日元的退休金交付国债。这些大部分都为国家公债,累积接近 20 兆日元。因此,截至 2012 年末,日本的政府债务接近 1 140 兆日元。这意味着日本政府在 2012 年末就有可能沦为纯债务国。

有人认为应该将纯债务与纯金融资产进行对比。总债务中取出金融资产后的差值才为纯债务。金融资产包括社会保障基金资产、地方政府债务、中央政府资产(财政投资基金和外汇基金)。这样来看,2010 年度日本的纯债务为 528 兆日元,社会保障基金资产为 208 兆日元,地方政府资产为 77 兆日元,中央政府资产为 223 兆日元。

问题就在于这些金融资产是否可以转换成为市场中出售的普通债券。只有社会保障以及其他一些资产由于使用方向是固定的,所以受到一定的限制。因此,现实中对纯债务国的评价把政府总债务与家庭持有纯金融资产来进行对比,其判断是妥当的。

一个国家成为纯债务国也就意味着这个国家有发生经济危机的风险。该国家将处于国债暴跌、利息剧增的恐慌状态。即便不出现暴跌,也会出现国债的逐渐下跌,利率的逐渐上涨,造成投资不能如期落实,实体经济的生产性无法提升,最终演变成整体经济

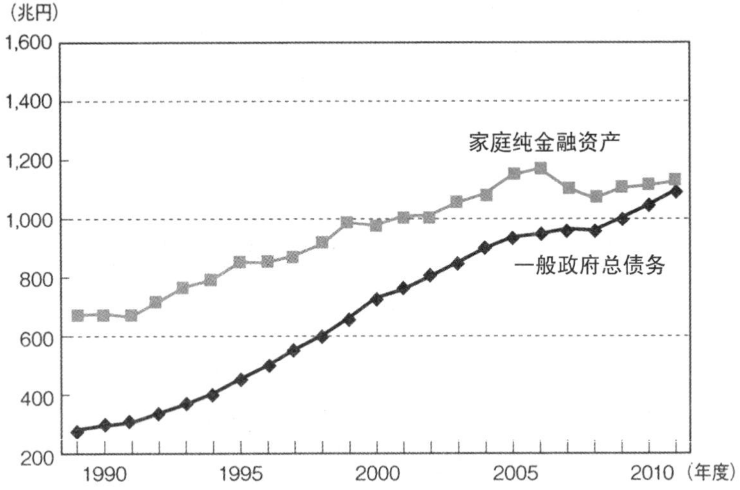

图 2－3　普通政府的长期债务余额和家庭纯金融资产的推移

出处：日本财务省资料

注：1. 2011 年度末为 2011 年 12 月的数据。

2. 从图中可以看出，2011 年度末一般政府总债务和家庭纯金融资产（家庭纯金融资产为除去家庭住房贷款后的金融资产总额）的差几乎已经完全消失。

恶化的问题。这样的经济危机是否可以避免？大幅增税是否可行？扩大经济增长是否可能？这几点都是纯债务国是否会最终演变成经济危机的几个重要因素。

日本政府的财政健全化努力

图 2－4 显示，近年来，日本的政府债务正在加速累积之中。日本在第二次世界大战后的经济发展过程中，政府一直严格遵守财政循环。根据日本《财政法》的规定，赤字国债是不被允许发行的。但是在 1975 年石油危机的不景气状况下，日本政府制定了特例法

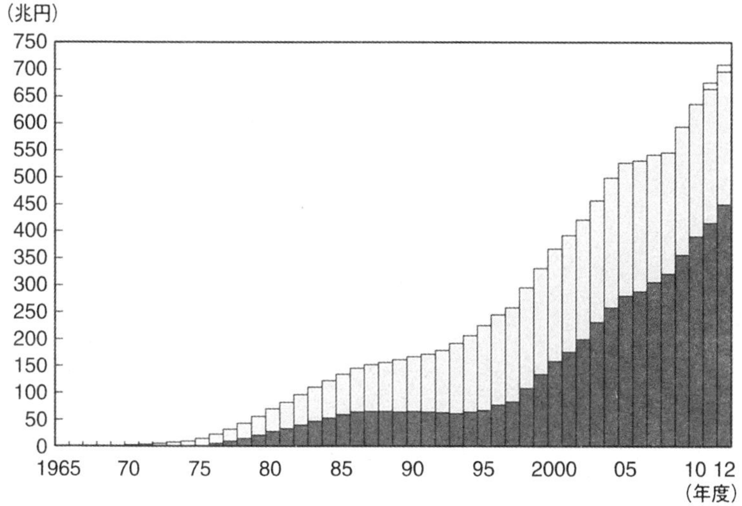

图 2－4　日本公共国债的累增

出处：日本财务省资料

注：1. 该图中包括了各年度基于特例法发行的特例公共国债(深灰色)，基于财政法第 4 条发行的建设公共国债(浅灰色)以及 2011 年和 2012 年发行的复兴债(白色)。

2. 2012 年为预期数字，2012 年以前为该年度年末的实际数据。

案，第一次允许国家发行赤字国债。1990 年，泡沫经济破灭，特例(赤字)国债进一步发行。这两次的特例国债成了日本政府累积债务的开端。

在这样的状况下，小泉内阁开始推行国家财政健全化计划。2006 年 7 月，小泉内阁制定了《经济财政运营及构造改革基本方针 2006》，明确提出 2011 年为止日本政府将实现国家以及地方层面的基础财政收支平衡的黑字化目标。达成黑字化之后，余留债务与 GDP 的比值将停止扩大，逐渐稳定并向减少发展。另一方面，在野的民主党提出了《冈田政权 500 日计划》。该国家财政健全化对策比自民党所制定的还要激进些，计划在三年内减少一半的财政赤字额度。

但是，为恢复财政规律所作出的计划和努力由于 2008 年金融危机的影响而大大推后。麻生政权更是大幅延期了财政健全化目标。《2009 经济财政改革的基本方针》中，今后十年内基础财政收支平衡将朝着黑字的方向持续努力，而具体的目标数字却没有被罗列出来。

民主党曾在小沢代表时期的 2009 年出台了《民主党政策集 2009》，但是其中也只是罗列了“以政治为主导的预算重新组合”等抽象的口号，取消了具体的财政目标。有人认为这是小沢派选举策略的一种表现。

菅直人内阁时期，于 2010 年 6 月再次设定了健全化的年度目标。该目标称为《财政运营战略》，2010 年 6 月 22 日通过内阁决议。该目标中，即便延迟也要在 2015 年度实现国家及地方的基础财政收支平衡对 GDP 比的赤字额度减少至 2010 年的一半，到 2020 年度实现彻底的黑字化。2021 年以后向健全化持续努力，实现国家及地方的公债余额的 GDP 比的稳定减少。

2. 社会保障与税制的一体化改革

在本节中，具体总结《社会保障与税制一体化改革》的进程。

(1) 2010 年 12 月 14 日《关于推进社会保障改革》

在 2010 年 12 月 14 日内阁决议通过的《关于推进社会保障改

革》明确了在为社会保障的安定而强化所需要的具体制度改革以及必须资金支持的同时为实现必须资金支持的稳定确保以及财政健全化的税制改革进行了具体讨论。实现该改革目标的计划日程也制定出来了，在 2011 年前半年中敲定方案，并且获得国民同意。这份计划已示意了消费税增税的方向。

(2) 2011 年 7 月 1 日《关于社会保障与税制一体化改革的成案》内阁决议

2011 年 7 月 1 日内阁决议的《关于社会保障与税制一体化改革的成案》，从交付及负担两方面进行，不仅重视世代间的公平，也重视世代内的公平。在改革的过程中，需要时刻留意社会保障、财政、经济的相互作用，社会保障改革和财政健全化的目标要同时达成，社会保障改革和经济增长要实现良好的循环。

具体的内容有：①支援儿童及儿童教育和年轻群体的雇佣政策；②医疗及看护等服务；③退休金改革；④对贫困及贫富差距、低收入人群的补助等诸多对策的通力协作课题。

(3) 2012 年 1 月 6 日《社会保障与税制一体化改革草案》

2012 年 1 月 6 日的：《社会保障与税制一体化改革草案》将社会保障改制为《全社会适用型》。之所以叫“全社会适用型”，就是从儿童到老人全部成为支援对象的意思。

具体有：①强化对儿童及儿童抚养的支援（对未来的投资）；②强化对医疗以及看护服务的支援，强化社会保障的安全网机能；③强化对贫困、贫富差距的改革（构建多层安全网）；④构建支持多样工作方式的社会保障制度（退休金/医疗）；⑤实现全员参加型社会/体面劳动；⑥确保社会保障制度的安定资金源，尤其是消费税的使用领域应扩大到能支持现民众的医疗以及儿童抚养，同时国库负担的基础退休金的二分之一作为安定资金源。也就是说，规定全民众共同承担社会保障的负担。

作为草案的定量目标，在 2011 年度国家以及地方层面的社会保障经费为 32 兆日元，消费税率为 5％的税收为 12.8 兆日元。与此相对，2015 年度社会保障经费的四经费总额扩大到 37 兆日元，老人的三经费增加到 26.8 兆日元。以现行的消费税率 5％来计算税收的话为 13.5 兆日元。消费税追加 5％的收入为 12.8 兆日元，该 5％的增税额度将被分摊运用在伴随消费税增加而造成的社会保障支出增加（1％）、各类社会机能强化，即制度改革和高龄化等带来的支出增加以及年金二分之一作为安定资金源的保障（3％）和各类社会机能维持（1％）。

（4）2012 年 1 月《消费税提升方案提交》

2012 年 1 月的《消费税提升方案》中，消费税将以如下内容进行提升：①2014 年 4 月 1 日，6.3％（计入地方税总共为 8％）；②2015年 10 月 1 日，7.8％（计入地方消费税总共为 10％）。

但是，在野党并不认同这次提税政策，执政党内部也有不同的意见。民主党政调会谈联合会议中，从 3 月 21 日到 28 日进行了为期 8 天的马拉松式事前协商工作，最终以“经济弹性条约”为条件，而不是以消费税增税为前提，记录名义增长率 3％。另外，取消追加税收条款，修正为《法律公布后五年后修正》。

2012 年 3 月 30 日，《一体改革案》虽然在执政党内阁会议会上得以决议，但并没有得到在野党的回应，在野党在国会上对此改革方案始终保持拒绝态度。最终，在当年的 5 月连休之后，执政党在野党共同委员会协调执政党和在野党开始进行实质的协商活动。但是由于改革方案关联到11法案的审查，因此改革方案要最终获得通过，在日程上已经十分紧张。

(5) 退休金改革不明确。

在新的退休金制度下，全日本民众将加入“所得比例退休金”和“最低保障退休金”的组合式公共退休金制度。这一新的退休金制度需要获得全日本国民的同意方可实行。

收入比例退休金（社会保险方式）指的是，无论职业，全国民众都加入同样的制度，支付同样的保险金，获得同样额度的退休金。保险金额大约在15%左右。支付的保险金额不断累积，以利息作为收入。在退休金支付首年，这笔最终支付额将除以平均寿命年数来每年发放。

最低保障退休金（税收来源）指的是，满额支付为现在的7万日元。以一生中平均年收入为基础（保险金缴纳额），到一定水平为止满额支付，超过这一水平则将逐渐减少支付额度，到一定收入水平后该支付额度变为零。总之，收入较低的人群将获得较多的最低保障退休金补贴，收入较高的人群将获得较少的最低保障退休金补贴。若是相当富裕的人的话，最低保障退休金将为零。

对于所有获得退休金的人来说，收入比例退休金与最低保障退休金总共大约在7万日元而已。

虽说这种退休金制度的想法可以理解，但具体将如何实施尚待观察。

3. 增长战略与日本再生战略

(1)《新增长战略》(2010 年 6 月 18 日内阁决议)

新增长战略是在菅直人内阁时期制定的，曾被标榜为“第三条道路”。“第一条道路”是以公共事业为中心的扩大战略。“第一条道路”的战略在日本高度增长时期确实有效，不过随着投资效率下降，这条道路已经被证明是行不通的。“第二条道路”是市场原理主义道路，也就是偏重供给。这条道路由于会造成贫富差距而被证明失败。

“第三条道路”则是以“强大经济”“强大财政”“强大社会保障”为一体来实现增长战略，也就是通过充实社会保障这一最大国家财政支出项目来创造整个经济的需求。在确保国民安心的基础上强化劳动力供给等的供给力，从而实现促进供需共同增长。

在新增长战略中，在 2011 年到 2020 年的 11 年间，第一阶段通过扩大需求来改善通货紧缩，第二阶段通过促进增长加速来实现国家财政健全化。同时推进七个战略领域的方针(环保创新、生活创新、亚洲经济战略、观光立国、科学与技术、雇佣、金融)，到 2020 年实现名义 GDP3％和实际 GDP2％以上的经济增长目标。现今的许多战略方针也都是以这些为基础的。

(2) 以日本复兴为目标的 21 个国家项目

《新增长战略》中的七个战略领域中，有 21 个措施对经济增长有着高度贡献，被作为国家战略项目重点推行。这 21 个国家项目有：①可再生能源的固定价格回收制度；②未来环保都市；③森林·林业；④医疗；⑤国际医疗交流；⑥组合型基础建设；⑦法人税；⑧全球化人才；⑨知识产权；⑩亚太自由贸易圈；⑪综合特区；⑫访日外国人三千万人项目；⑬中古住宅；⑭公共设施；⑮创领型研究生院；⑯情报通信；⑰研究开发；⑱幼保一体化；⑲职业生涯；⑳新型公共；㉑综合交易所。为了实现这21个项目，国家给予政府拨款。

(3) 内阁府：《新增长战略实现2011》(2011年1月25日)

在《新增长战略》发表、实施以后，内阁府发表了《新增长战略实现2011》来总结增长战略的成果以及今后的基本方针。

《新增长战略实现2011》的主要内容总的来说就是所有计划都在按原定日程表推进，如经济协同的基本方针、开拓未来的措施、三层面的经济措施、新增长战略为基础的宏观经济实施、法人税向5%削减等。

2011年的课题有：①环境（导入并促进固定价格回收的全面回收制度等）；②健康（促进医疗的实用化的医疗机构选定制度等）；③亚洲（促进EPA/ETA的签订）；④观光和地域（综合特区的创建等）；⑤科学/技术/情报通信（促进研究开发投资等）；⑥雇佣和人才（幼保一体化的促进等）；⑦金融（促进综合交易所的创立等）。

但是，该报告发表不久后发生了东日本大地震。

(4)《日本再生战略》(2011年8月5日)

为应对东日本大地震之后的环境变化，进行了战略再设计、再强化。其修改后的战略如下：①新的能源和环境战略；②防止空洞化和海外市场开拓；③强化日本与其他国家的纽带（推进统括经济协同)；④农林业再生；⑤增长型长寿社会和地域再生。

无论以上的哪一点都是对新增长战略的验证。具体措施有：①环境和能源大国(绿色创新)，减少核能发电依存度和提前绿色创新战略；②健康大国(生活创新)目标工程的坚持；③关于亚洲经济战略，组合型基础建设的海外拓展计划的修改，维持并促进国内投资目标及内容强化；④亚洲地区集中化的目标及过程修改；⑤30万外国留学生计划的强化；⑥通过观光立国及地域振兴等促进农林水产物的1兆日币出口目标；⑦科学/技术/情报通信立国战略的目标及修正；⑧雇佣及人才战略中儿童及儿童教育的新体系修正；⑨金融战略目标及修正。

(5)《日本再生的基本战略——危机克服及前沿挑战》(2011年12月22日)

2011年12月，《日本再生的基本战略》发布，涵盖了迄今的增长战略和东日本大地震的振兴战略，是一项综合计划。基本认识是，日本在面对前所未有的人口减少社会时将陷入"两个危机"当中：一是危机本身所带来的危机，即社会经济构造转换延迟，造成日本"失去的20年"的现状危机——这是笔者曾经就警示过的；另一个是"危机中的危机"。不用说便可以想象得到，随东日本大地震而来的是核电站事故、历史性的日币升值等。

该《日本再生的基本战略》的内容如下：① 从震灾和核电站事故中的恢复(东日本大地震的复兴——从复兴到复原；能源和环境政策的再设计——新能源的可能性)；② 经济增长和国家财政健全化的平衡(经济增长——政策努力目标是2011～2020年的平均名义GDP增长3%，实质增长2%；财政健康化——社会保障与税制一体化改革);③ 三个先进(经济的先进化——进一步强化经济增长;社会的先进化——中间社会层的富裕化;国际的先进化——强化日本在国际社会的出现率);④ 新先进领域的挑战(国际化拓展的同时追求日本地域的有价值的行为)。

4. 疑问与课题——不作为在作怪?

上一节详细回顾了日本政府的战略,下面阐述一下笔者对这些战略的想法。

(1) 政府债务的累积和经济危机的危险是否可以避免?

日本政府的财政债务累积在现阶段仍然没有停止。这种累积如果无法停止的话,势必会诱发前面所提到的严重的经济危机。

为了能避免严重的经济危机,大幅增税、财政节制、加速增长是必不可缺的。最终能朝这样的方向转舵吗?

(2) 消费税的提升能否实现? 实现后问题能否得到解决?

眼下最重要的政策课题无疑是二阶段式的提升消费税是否真的能实现。现阶段,执政党与在野党尚未达成协议,执政党内部也尚存异议。要达到最终目标,目前党内调整也尚需时间。

《一体化改革案》好不容易在 2012 年 3 月 30 日通过内阁决议,虽说执政党与在野党开始协商了,但政局的稳定性尚不明朗。

为实现基础财政收支平衡的黑字化,大幅度的增税是必不可少的。即使是相当程度的增税,仍然给人无法达到避免经济危机和退休金改革的效果的印象。依靠国债的 2.6 兆日元来充实退休金(基于消费税增税为前提的国债)是否可行？经济低迷却要增加消费税是否合适？消费税增加后经济是否会进一步减速而造成经济危机？更重要的是，这是否会影响增长战略的实现？

(3) 在政府的《增长战略》下能否实现经济增长？

在此，笔者打算探讨一下《增长战略》的内容。《增长战略》的措施中似乎尚存无法实现经济增长的风险。如上所述，《增长战略》的构想制定历时两年，其理念、目标均无可挑剔，具体进程表等执行计划也都表述出来了，但笔者对其可行性或政策效果仍抱有疑问。日本各领域中均有其本质问题、基本的构造缺陷，回避本质问题的政策恐怕无法发挥其理想的效果吧。另外，要正式推行《增长战略》的话，现今的预算措施尚不充分是不争的事实。

看一下实际案例吧。

① 绿色创新(2020 年的目标)

到 2020 年为止，在绿色创新领域的目标包括兴建超过 50 兆日币的新兴环境市场、创造环境领域中 140 万人的新岗位、利用日本民间技术减少世界温室气体排放量 13 亿吨(日本的总排放量)。

在绿色创新领域，不排放二氧化碳且没有放射性污染危险的太阳能发电的开发及普及是一个重要切入口。过去，日本在这一领域也拥有较多的技术储备，只是现在大大落后于世界水平了。下文会详细解释可再生能源法案第五条颇有欠考虑之处，因而不宜期待过高。简而言之，正式推进政策所需的具体措施尚不清晰。

② 生活创新(2020 年的目标)

到 2020 年为止，在生活创新领域的目标是“与医疗、看护、健康相关的产业培养以及创造雇佣，即兴建 50 兆日元的新市场和创造284万人的新岗位”。确实,日本曾经是一个医疗技术发达的国家,但是现在无论是药物还是医疗设备都大大落后。虽说提倡推行医疗研发,但如何推进呢? 现实问题是,临床与治疗试验的迟延、审查和评估的基础体系的薄弱、混合诊疗禁止等对自由诊疗发展的阻碍以及信息化滞后等。本质问题皆未涉及,措施的可行性实在令人担忧。

③ 亚洲经济战略(2020年的目标)

到2020年为止,亚洲经济战略的目标包括太自由贸易圈(FTAAP)的构建、针对亚洲增长的国内改革、通过亚洲地区收入倍增来扩大增长机会。但随着亚洲各国的经济迅速增长,这些国家的收入也在迅速上升,技术能力也不可小觑。日本在TPP上的自由贸易协同活动相对滞后。日本国内规制过多,造成日本与亚洲的进一步交流受到一定阻碍。如果阻碍因素不消除,来谈亚洲经济战略只能是画饼充饥。

④ 农林水产领域的增长产业化(2020年的目标)

到2020年为止,在农林水产领域的目标包括粮食自给率达到50%、木材自给率达到50%以上、农林水产物和食品的出口额增长2.2倍(约1兆日元)。事实上,该目标有欺瞒嫌疑。粮食自给率就是谷物的自给率,而实际数据的40%大多是牲畜饲料的进口。自给率50%也意义不明。

另外,蔬菜、水果、家禽类的自给率较高,蔬菜等领域几乎达到100%的自给率。仅蔬菜、水果、家禽类就达到总农业生产量的八成,大米只占了二成左右。农林水产业的关键问题是,生产率较低的零散农户过多且无法向生产率较高的农户资源整合。价格维持政策和减少耕作面积政策才是实质问题。缺乏针对这些关键领域的措施，农业的结构转换将难以推进。

⑤ 金融战略（2020 年的目标）

到 2020 年为止，金融战略的目标包括由官民总动员的增长资金的供给、亚洲主要市场及主要参与者的地位确立等。为实现这些目标，官民合作的基金和综合交易所的创设、金融规制的重新修订、资本贷款的活用等一系列措施正在推进中。但如果不对金融规制进行根本性的改革的话，要想具备低投资课税、自由、竞争、透明的亚洲金融市场所需要的实力是相当困难的。因此，首先应该进行彻底的规制改革、税制改革和整顿市场基础体系，但这些在具体实施政策中都没有涉及。

⑥ 雇佣和人才战略

雇佣和人才战略的目标包括全部国民参加的“新型公共”、构筑“蹦床型”社会（包括求职者援助制度和职业能力鉴定制度）、区域性雇佣和“合适型”工作（有意义的工作）、减少留守儿童并充实生育以及抚养的援助。

“新型公共”“蹦床型”“合适型”等词语很华丽，但毫无意义。本质问题是，高度增长期所形成的大企业终身雇佣制、年功序列、家庭主妇型的标准家庭为前提的雇佣惯性和雇佣政策已经不符合时代潮流，如今从这一体系中脱离出来的人越来越多。这一本质问题若是被忽略了，那问题终究得不到解决。

⑦ 观光立国

观光立国的目标是“到 2020 年为止，访日外国人的数量将达到 2500 万人。将来要达到 3000 万人。2500 万人所带来的经济波及效应将约为10兆日元，新岗位约为56万个”。确实，在日本可以看到四季的变化、美丽的风土、悠久的历史以及丰富的文化生活，但访日游客较少的原因是观光产业存在构造性缺陷。妨碍自由竞争的制度和行规无法满足世界各国游客的兴趣与需求才是本质原因。这些问题不加以解决，仅靠口号是很难实现最终目标的。

如上所述，《增长战略》真是可以实现的战略吗？

日本经济的病情和病根是否被认识?

制定战略的人究竟想要实现什么？不由让人认为是“非人为的怠工”。

现在，日本经济的病情十分严重，其中包括长期累积下来的“负遗产”。日本式体制止步不前，造成如今日本社会缺乏安心与希望。

真正的课题是什么?

现在，必须要确保安心、实现希望。为此，面向新时代必须进行大改革。真正能发挥日本潜力的增长战略才是现在最为需要的。

下一章将通过了解日本的病情来思考应有的战略。

3 第三章

日本的顽疾——日积月累的负遗产

1. 经济持续低迷及长期通货紧缩

日本经济的持续低迷

日本在20世纪90年代初期曾经位于人均名义GDP世界排名的第一梯队，特别是在1993年日本成为继卢森堡之后世界排名第二的高效经济国家之时。可以说，日本在20世纪90年代是自有历史以来第一次站在世界的顶端。

在此之后的21世纪初期，日本进入长期的通货紧缩。与此同时，日本的世界经济排名也犹如吊水桶落井般迅速下降。到2007和2008年，日本的世界排名已下降至第19位，随后虽然有所上升，但是随着2008年金融危机的爆发，日元出现大幅度升值，使先前的回升趋势成为昙花一现。如果以购买力平价①进行比较的话，恐怕日本实际上已经下降到排名的第30位。在世界各国的进步之中，日本可谓是被落下的那一个。

长期通货紧缩

日本的经济衰退倾向与日本长期无法从通货紧缩中摆脱出来有着密切的关系。若拿美国、英国、德国、法国、意大利等欧美国家与日本进行比较的话，其中的差异就一目了然了。欧美各国不是处于通货膨胀状态（意大利、英国）就是处于缓慢的通货膨胀状态。与此相对，日本的通货紧缩状态就格外明显了，尤其是在20世纪90年代到现在为止的这段时间内通货紧缩持续严重化。可以说，日本的这种长期通货紧缩在世界范围内也是非常少见的。

通货紧缩通常会从消费与投资开始，最终造成经济整体收缩，因此也被称为“经济衰退的顽疾”。

通货紧缩时，市场价格会逐渐下降，造成消费者对价格产生下降预期，乃至降低消费者的购买欲望。对一个经济体来说，消费通常占据六成的比重。因此，消费整体下降的话，经济也会整体停止。

投资也是同样的状况。通货紧缩时，即便其他经济要素都在正常状态下运作，但由于价格下降，企业的销售额也会随之下降，

---

① 购买力平价（Purchase Power Parity，简称PPP）就是平常所说的购买力水平。由瑞典经济学家古斯塔夫·卡塞尔提出。在经济学上，这是一种根据各国不同的价格水平计算出来的货币之间的等值系数，以对各国的国内生产总值进行合理比较。

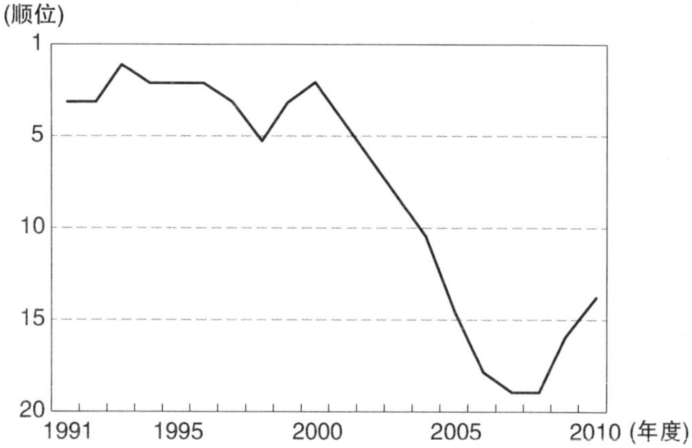

图 3－1　在世界经济中相对下滑的日本国民收入排名

出处：日本内阁府经济社会综合所推测值。日本以外国家的数据来源于经济合作与发展组织《年度国民核算数据库》(“Annual National Accounts Database”)。

注：1. 按经济合作与发展组织加盟国内人均名义 GDP 数据(美元换算)进行排序的。

2. 日本在 1993 年继卢森堡之后成为世界排名第二的高效经济国家，但在此后一直下滑。2008 年略有上升，但主要是由于 2008 年金融危机造成日币升值的作用。若以 2008 年以前的汇率数据来换算的话，日本的世界排名可能在第 30 位左右。

最终导致企业不再进行相应的投资。另外，企业的销售额下降还会直接造成还款困难。在这种状况下，企业的投资自然就会停滞。对于一个经济体来说，投资通常占据二成的比重。消费和投资加起来有八成的比重，若同时收缩的话，经济就会进一步收缩，“经济衰退的顽疾”就会越来越严重。

对通货紧缩的原因有各种议论。首先介绍所谓的“通货再膨胀主张者”的见解和日本银行批判者的见解。

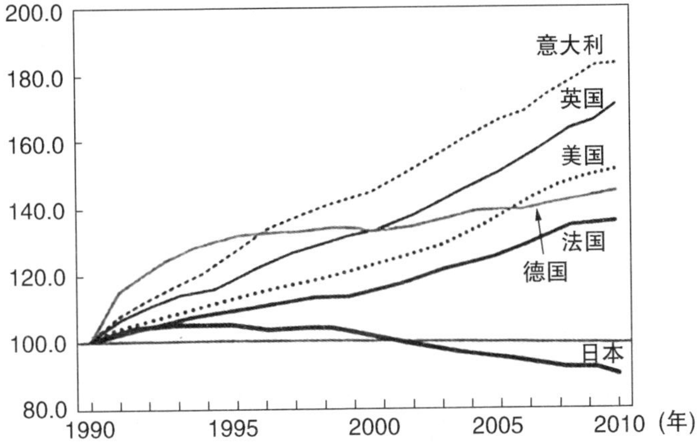

图3-2　发达国家GDP平减指数(GDP Deflator)推移

出处：国际货币基金组织《世界经济展望数据库》(“World Economic Outlook Database”)。

注：以1990年为基准，欧美各国都经历了低水平的平稳通货膨胀。与此相对，日本却以通货紧缩为基调，进入21世纪之后更是进入迅速的通货紧缩。

在日本，岩田规久男、若田部昌澄、山本幸三等人十分积极地推广他们自己的主张。简单来说，他们的主张就是“货币当局没有提供足够的货币供给”。也就是说，他们认为通货紧缩是一种货币现象，与其说是一种实体经济现象，还不如说是基础货币(Monetary Base)供给的不足现象。我们将这种支持货币供给增加的主张者称为“通货再膨胀主张者”。对于一个国家来说，中央银行是控制货币供给的主体。“通货再膨胀主张者”认为日本银行没有为日本脱离通货紧缩做出积极的货币供给调节。简而言之，他们认为只要日本银行采取加大货币供给的措施，日本就可以摆脱通货紧缩。

那么，何谓基础货币？基础货币是指民间银行储蓄在中央银行中的储蓄款与民间银行和非银行部门（家庭开支与企业）所持有的现金的合计，简而言之就是在市场上流通的现金以及民间银行向中央银行提供的储蓄金。其中，民间银行向中央银行提供的储蓄金被称为银行准备金。中央银行通过购买民间银行发行的债券（国债以及住房担保贷款等）增加准备金，货币就会在普通市场中流通。增加准备金就是中央银行用购买费用付款给准备金。因此，增加准备金就成为中央银行的金融缓和信号。增加准备金与市场流通的货币总和就叫基础货币。换言之，中央银行购入证券、债券、金融资产来填充准备金，这一现象就是金融缓和的信号。

基础货币与预期通货膨胀率有相关关系。基础货币提高的话，预期通货膨胀率就会提高，预期通货膨胀率提高就会带动股价提升，货币价格下降。这一相关关系已经得到世界各国实际数据的验证。

也就是说，人们心里对通货紧缩的预期就会带来真正的通货紧缩。如果人们心理预期通货紧缩，那么在行为上就不会去消费，企业就不会进行投资，由此造成通货紧缩进一步恶化。基础货币就是通过这种机制来影响人们和企业行为的。

中央银行的金融政策态度在很大程度上影响了预期通货膨胀率。第一，日本银行基于日本银行法如何在确保日本物价稳定的情况下来进行金融政策运营的？第二，目标通货膨胀率与目标达成期限是否明确？第三，如果目标无法达成，是否承担责任？关于这三点态度，日本银行如果不向市场表明，人们就会始终处于通货紧缩的预期当中。简而言之，必须让人们实际感受到通货膨胀。

特别是，在如今的日本，政策利率几乎接近于零，无法通过储蓄利率来进行金融政策调节的中央银行更需要提前表明信号。

在日本“通货再膨胀主张者”同样主张基础货币和预期通货膨胀率之间的明确关系。但是，日本银行总裁白川方明以2001年到2006年的金融缓和政策并没有实际效果为由，不予以实施进一步的金融缓和政策。因此，2008年到2011年2月之间，也就是2008年金融危机这一百年一遇的金融危机之后，日本银行只增加了15%的基础货币。这一比例仅仅与普通的经济调节程度持平。虽说是百年一遇的机会，但日本仍然没能从经济衰退中脱离出来。因此，“通货再膨胀主张者”认为不增加基础货币是造成只有日本在全世界各国中仍然陷入通货紧缩状态的原因。

后来，在东日本大地震的救灾实施过程中，当年的3月、4月与前月相比，基础货币也仅仅增加了12%、8%，5月更是减少了。因此，日本整体反而更进一步扩大了通货紧缩预期。

日本银行于2012年2月14日在金融政策决定会谈中终于明确表示了通货膨胀目标。迄今为止，“中长期物价稳定的见解”等普遍受到质疑，因此在当年改订为“中长期物价稳定的目的”。即便如此，日本银行仍然选择使用“目的”一词，而不是“目标”一词。文中明确指出消费物价比前一年提升1%，中长期实现2%以下的提升。也有观察认为该目标是2012年1月25日联邦准备制度理事会决定了长期物价目标(longer-run goal)后的关联措施。

“中长期物价稳定的目的”发布后，股价确实得到提升，日元汇率也下降了，但该效果很快就消失了。虽有目标，但目标背后缺少实质性的行动，这是问题的关键。日本银行对克服通货紧缩的坚定意志并没有充分传递给市场。随后，执政党与在野党对日本银行的批评声越来越大，来自海外的投资者也因为未获得预期收益而对此提出了批评。

日本银行在2010年导入了用于金融调节的基金。该基金在导入时的上线为35兆日元，之后逐年增加，至2012年4月末，该金额为70兆日元，被认为迄今为止使用了约50兆日元。其中35兆日元实际上是作为通常的金融调节的购买操作资金来使用的，而用于金融缓和目的的各种资产（国债、国库短期证券、CP、公司债、房地产投资信托基金等）仅有15兆日元。简而言之，就是只使用了35兆日元的预算范围中的15兆日元。这样的数据使国际市场对日本政府克服通货紧缩的决心提出了质疑。如此，日本银行无法通过实际行动明确表明其脱离通货紧缩的决心，因此也无法肃清市场对通货紧缩的预期。

原因是人口减少？

藻谷氏在《通货紧缩的元凶》中指出，由于人口减少所导致的实际需求的减少是造成经济衰退的原因。

藻谷氏曾经就职于日本政策投资银行，目前是日本观光旅游战略的专家之一。藻谷氏指出，如果在日本国内旅游，很快你就会发现，越往地方上走，人烟就越是稀少。这些地方上的店或车站也很萧条。人口稀少，购买力当然不足，自然就造成了通货紧缩。因此说通货紧缩的元凶是人口减少，在地方上这种通货紧缩尤其明显。

但是，有比日本人口减少还要厉害的国家，如韩国、新加坡等。

仅从合计特殊出生率看，韩国在 2008 年为 1.19％，新加坡在 2008 年为 1.39％，和日本 2009 年的数据 1.37％（国立社会保障研究所“人口统计资料”2011 年版）没有太大的差别，然而这些国家却并没有面临通货紧缩问题。

GDP 平减指数中，以 1990 年为 100 来看 2010 年的数据，韩国为 217，新加坡为 125，日本则在 90 左右。（国际货币基金组织《世界经济展望》）

这些国家之所以会与日本不同，是这些国家并没有坐等人口减少，而是选择了刺激投资与消费的特殊战略。

以韩国为例。韩国借韩元贬值之际大力推动韩国三星、韩国现代等品牌的汽车的出口。另一方面，韩国政府积极制定自由贸易协定进程，帮助韩国企业进入美国、欧洲、东南亚以及印度市场。从今天的结果来看，这一系列的举措不仅有效地帮助韩国避开了通货紧缩，还扩大了本国经济的增长。

再来看新加坡的案例。新加坡积极引入外资，同时积极吸引海外劳动力。依靠该政策，新加坡在 2004 年至 2007 年之间实现了平均 8％的经济增长，劳动力的 1/3 来自海外。近年来，为提高经济增长的质量，新加坡政府对海外劳动力依存政策进行了修改。这种独特因素牵引了新加坡的经济增长。

而日本在经济泡沫破灭后就长期处于通货紧缩状态，日本政府并没有采取刺激投资需求和消费需求的政策。日本社会进入老龄化社会后，日本的人口将长期处于收缩趋势。预计到日本消费需求市场会缩小，企业就会控制投资，来自海外的投资也会停滞。这就使日本呈现出与其他亚洲国家很大的差异。另外，老龄化的加剧使人们预计到将来负担不小，于是开始控制自己的消费行为。这种对经济状况的悲观态度如不加以改变，将极大地助长通货紧缩的加剧。

从根本上来说，进化停滞的体制助推了经济衰退的倾向。世界以及日本国内的大趋势发生了巨大变化。世界正日益信息化、全球化，而日本却逐渐老龄化。因此，以下三个原因值得思考。

第一，产能过剩的产业结构自经济高度增长期以来尚未能实现彻底的升级。大量同质化的企业相互竞争，削弱双方的实力，助长了通货紧缩。另外，仍然有很多企业并未采取全球化战略。

第二，唤起需求的失败。随着日本逐渐进入老龄化社会，实际的消费需求也转向医疗、保健、住宅以及观光等，而企业却还停留在原有的服务领域。针对老龄化社会特有的需求唤起没有成功。

第三，医疗、农业、教育、政治以及行政等没能与时俱进，均落后于时代，这些助推了日本的衰退倾向。

关于这些，后续章节将详细阐述。为解决这些顽疾，应该采取怎样的措施呢？通俗来讲，日本就像患上了晚期的糖尿病，身体的循环系统已经完全劣化，血液的流通受到阻碍，体能明显下降。可以说，这些顽疾就是负遗产之一。

2. 累积债务和经济危机的危险

日本政府的累积财政赤字一直处于恶化当中。日本政府的总债务在 2010 年年末为 1 036 兆日元，2012 年年末该数字上升至 1 140 兆日元。日本的家庭持有的纯金融资产(可以调动用以消化国债的民间资金)在 2010 年年末为 1 115 兆日元,很有可能成为纯债务国。不过,即便成为纯债务国,也并不意味着国家一定会出现恐慌或危机,只是其可能性会增大。

曾经的日本政府对发行国债非常谨慎,财政规定也十分严格。1947 年制定的日本财政法的第四条规定“国家支出应该以国债和借款以外的资金为主要的财政来源。但是,针对公共事业费、出资经费和贷款的财政来源可以在国会决议通过的范畴下发行一定的国债或者调动一定的贷款”。简而言之,日本财政法大体上是禁止进行贷款运营的。

第一次赤字国债发行于 1966 年。佐藤荣作首相和福田赳夫财务大臣为了填补 1965 年奥运会造成的税收不足,发行了该赤字国债。第二次赤字国债则发生在 1975 年石油危机时,石油危机造成了当时日本税收大幅度缩减。针对第二次赤字国债的发行,日本政府首次制定了“昭和 50 年度国债发行特例法案”,也就是单年度的特例法。基于特例法而发行的国债被称为“特例国债”。自该年以后,每年都制定了特例法,发行特例国债也成为一种惯例。

自此之后,严格的日本财政规律开始宽松了。但是在 1990 年到 1993 年之间,也就是我们常说的“土光临调”(土光敏夫第二次临时行政调查会)时期,财政规定得到严格遵守,这一时期的赤字国债发行量为零。但是,在此之后,日本政府再次以税收不足为由转向增加发行“特别国债”。

由于经济泡沫破裂,日本金融体系乃至企业的不良债权问题

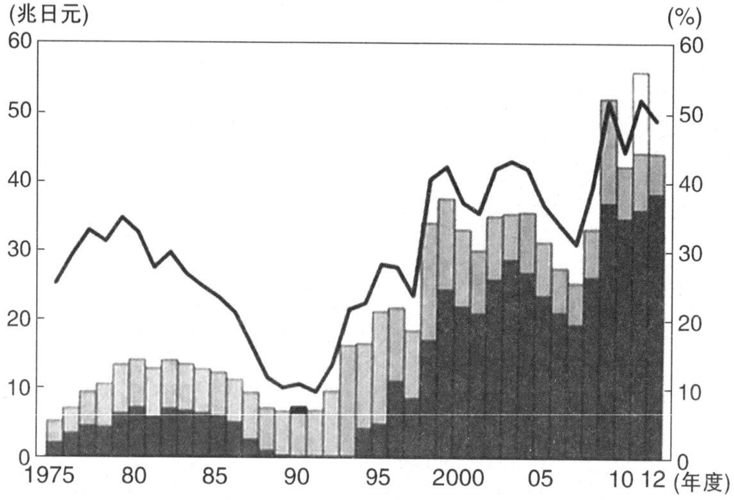

图 3-3　国债发行经过

出处：日本财务省资料

注：1. 左轴为公共国债发行额(兆日元)，右轴为各年度预算的公共国债依存度(%)。

2. 第 4 条公共国债为浅灰色，特例公债为深灰色，复兴债为白色，临时特别公债为黑色。

3. 2012 年度的数字为政府方案数字。

不断恶化，国家不得不采取稳定市场的举措①。在这样的经济状况下，由国家政府提供的财政支援变得尤为重要。可以这么说，当时如果不发行国债的话，情况就会变得无法收拾。对商业资产风险规制进行强化，反而酿造了日本国债安全的神话。换言之，市场普遍认为商业资金风险过高，而日本国债则相对安全；商业金融机构

① 在 1997 金融危机期间，出于保护普通民众利益，日本政府使用国家资金进行市场稳定，通常被称为国家资金注入问题。

从企业借贷、股票发行、房地产融资中退出，转向邮政储蓄、养老金以及承销国债的业务，促进了日本国债发行的数量。由于日本商业金融机构的这种业务转换，民间的商业资金被收拢，造成普通商业活动被制约，而与此同时被收拢的资金又转而被投入到了相对生产性较差的政府项目融资活动中去，因而进一步加剧了税收收入的减少，为了填补税收减少的部分，政府不得不再进行国债发行。显然，这是一个恶性循环。大量国债被购买，造成储蓄利息下降，而这种超低利息造成了市场的不安，这又进一步加剧了国债的购买，日本政府逐渐陷入无法恢复的境地。

在这个大背景下，国际制定了“BIS 规制”[①]。（山崎养世：《日本的冲击》，2010 年）国际结算银行（BIS）位于瑞士的巴特尔，因此“BIS 规制”也被称为巴特尔协定。巴特尔协定是巴特尔银行监督委员会在 1988 年协议通过、1992 年落实实施的。2007 年，巴特尔协定被进一步强化，称为新巴特尔协定（巴特尔协定 II）。

巴特尔协定普遍被认为是美国以及欧洲诸国为了限制 20 世纪 80 年代横扫世界经济的日本产业的一种措施。巴特尔协定规定了进行国际交易的金融机构的权益资本为 8%，并对构成权益资本的资本风险进行了分类。借贷、股票、房地产这三种民间普遍进行的金融活动被定义为 100%风险，而作为经济合作与发展组织加盟国却可以被归类于零风险范畴。这项规定对于一直以来以企业融资、房地产融资为主要业务扩张方向的日本金融机构来说是完

① “BIS 规制”指的是正对金融机构进行国际业务所使用的资金占权益资本的一个统一国际标准。

全不利的。因此，针对巴特尔协定，日本政府逐渐减少企业借贷、股票以及房地产融资的金融活动。在日本政府看来，发行国债虽然会造成国家财政赤字，但是另一方面可以带来金融风险为零的优势，也是个不错的选择。但是在美国，仅有商业银行受到巴特尔协定的影响，高盛等投资银行类的金融机构完全被定义为规制外，投资活动自然不受影响。这与受到大面积影响的日本金融机构大不相同。

日本的金融机构在20世纪80年代曾经大力反对“BIS规制”，但进入20世纪90年代后逐渐接受规制的规定，向积极购买日本国债转型。原因是，相比其他民间商业资产，日本国债更为稳定。在经济泡沫破裂的情况下，企业借贷、股票、房地产受到直接的市场冲击，而国债的价格却稳步上升因而为金融机构带来收益。正因为如此，财政当局利用超低储蓄利息，发行国债更加轻易，造成了累计国家财政债务。山崎曾针对该问题批评说，这种过于轻易的财政资金调动完全可以被比喻成为一种麻药，这是造成日本成为纯债务负债国的根本原因。

那么，当一个国家成为纯债务负债国时会发生什么情况呢？第一就是市场恐慌。变成纯债务负债国之后，储蓄率就会下降，从金融机构中提取的现金就会越来越多，造成金融机构的流动资金减少，针对国债的资金供给就会不足，国债价格就会下滑，最终导致金融机构的损失扩大。政府为了挽救该局面而调动资金，而这种资金调动会造成国家财政赤字的进一步扩大，联动造成金融机构更无法进行国债购入，国债价格进一步下滑，最后暴跌，从而直接影响持有国债较多的邮政储蓄以及日本邮政保险，最终将国家从危机、恐慌推向瘫痪。

即便没有引起恐慌，经济衰退是无法避免的。国债价格下滑，储蓄利息上调，国家财政累计债务膨胀。即便不至于如此，财政累计债务高达1000兆日元已经是不争的事实。若以1%的比例上升就会带来10兆日元债务的增加，只要4%的上升就可以抵掉一整年的政府税收收入。为了增加金融机构的收入，储蓄利息再一次被抬升，投资活动就会进一步被约束，企业的生产性就会持续低下，员工的收入也随之缩水，然后就是物价上涨，恶性通货膨胀加剧，普通民众的财富受到吞噬，国家有可能走向毁灭。

其实，针对累计债务的解决方法，在世界范围内有很多经验。比如，针对巨额政府累计债务问题的对策，日本战后债务处理就是很好的例子。

当时世界各国是如何来解决日本战后债务的呢？大致归纳为下列四个方面：第一，用恶性通货膨胀来吸收；第二，用债务不履行声明将债务清零；第三，增税；第四，着眼于实体经济增长。从图表3－4来看，日本眼下的累计财政债务和战前基本持平。第二次世界大战后，日本用300%的通货膨胀吸收了累计财政债务，现在应该怎么做才好？

美国、英国也有同样的经历。美国在第二次世界大战后持续保持3%～4%的经济增长，通过长达二三十年的温和通货膨胀来重新建立财政平衡。英国则从通货膨胀和经济增长两方面着手长期吸收债务。阿根廷在20世纪30年代采取了债务不履行声明来解决债务问题，在80年代再次采取了债务不履行声明以及恶性通货膨胀来结束财政债务。

对于日本这样的成熟的发达国家来说，采取债务不履行声明或恶性通货膨胀的手段相对比较困难。着眼于经济增长，适度的通货膨胀和增税的混合组合模式是最为适宜的。

累计财政债务问题很类似于循环系统疾病。由于血管恶化，即便是很小的毛病也有可能会造成心脏病、脑梗塞。

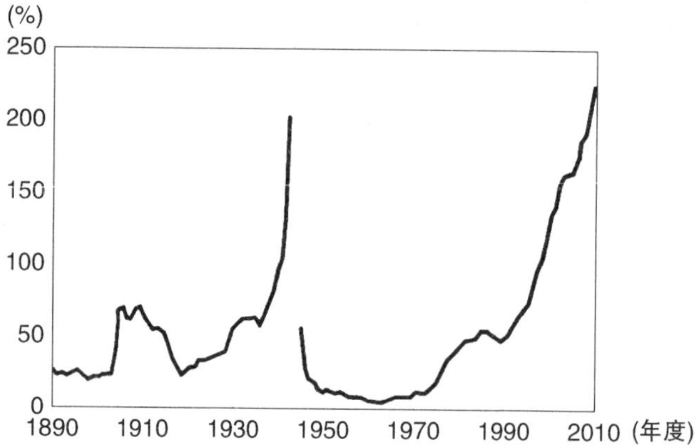

图 3-4　第二次世界大战后的日本政府债务余额与现今债务余额对比

出处：日本财务省推算资料、债务余额数据来自《国家统计年鉴》，GDP 数据来自《日本长期统计年鉴》《国民经济计算》等。

注：现在的日本政府债务余额与 GDP 的比值已经超过第二次世界大战后日本的债务余额。

3. 期待差别社会

接下来是期待差距的问题（山田昌弘：《期待差距社会》）。20 世纪 80 年代在日本常可以听到“一亿总中流”的说法。当时，日本处于经济增长过程，任何一个努力的人都可以达到中产阶级的生活水平。市场需求处于增长阶段，只要尝试学习就可以进入学校，从好学校毕业就可以进入一流的企业工作，只要能够进入一流企业就可以有好的婚姻，就可以有自己的家庭。这便是当时的社会写照。大家都能进入中产阶级的时代应该是在三十年前。

从那以后，经济泡沫破裂，日本处于长期通货紧缩的状态（通常被称为“财政平衡表不景气”），资产的价值严重缩水，投资、雇佣机会也大幅减少。随后，找不到工作的人或被裁员的人逐渐出现，无法进入稳定雇佣体系的年轻人和从稳定雇用体系中被排除出来的人逐渐增加。因为这些人的出现，期待差距逐渐产生。

这种期待差距逐渐引发的是热情的差距。这些人对于将来的期望逐渐丧失，也没有热情。拥有期待的人群和丧失期待的人群分离开来，社会出现两极化，价值观也随之出现两极化。山田称这种现象为“期待差别社会”。

小沢一郎在他的政治活动中很好地利用了期待差别社会。小沢一郎发现国民中不少人正在丧失期待。这些人所要求的归根结底就是金钱。因此，小沢一郎提出高中教育的义务化、农户补贴、儿童补贴等一系列政策。这正是2009年民主党胜利的原因。

撒种式的竞选纲领向没有期待的人们提起诉求。这样的状况下，社会近乎陷入综合失调状态。社会的统一价值观被分裂。由于国家观、社会观没办法统一，政策也无法达成共识，执行起来自然很困难。现在，日本社会就处于综合失调征状态。

4. 东日本大地震的后遗症

2011 年，日本经历了数百年一遇的大灾难——高达 9 级的地震、海啸、核电站爆炸。日本受到了重创。

灾区的重建在陆续进行，渔业、农业的复兴比想象的要花更多的时间。但是，值得庆幸的是供应链的恢复十分迅速。由于有复兴需求和财政投入，据说这为增长流通做出了贡献。虽说灾区的复兴需求提升了 0.2%的经济增长，但有多少库存损失尚不明确。

此后，放射污染物将是个长期持续的问题。另外，就经济影响来看，电力问题也是个严重的后遗症。到 2012 年 5 月北海道泊核电站停止检查为止，全日本 54 个核发电基站全部停止。政府为了能够再启动核电站，虽说不断进行安全标准的改进以作对策(将在第七章详述)，但由于受到核电站反对派的强力批判以及民众的不安，迟迟无法实现核电站的重启。这无疑将会是一个漫长的过程。

至东日本福岛核电站事故为止，全国电力总供给量的 30%来自核能发电。由于核发电的停止，这 30%的电力能源从哪里来？这一年来，由于这些电力能源都来自火力发电站的供给，造成天然气、石油、碳等石油化工能源进口费用不断上升。

图 3－5 显示，21 世纪初期的进口额为 6～7 兆日元，由于日元贬值的影响 2005 年至 2008 年大幅度增加至 20 兆日元左右。2008 年金融危机以后日元升值，该进口额逐渐下降至 12 兆日元的水平。但在 2011 年，即便是在日元升值的情况下，该数字再次上升

至 18 兆日元。如果是数年前日元贬值时的话，该进口额数字扩大到 30 兆日元也不足为奇。税收仅 40 兆日元却有 30 兆日元的能源进口额，这样的财政结构十分危险。

与此相伴的还有贸易赤字的扩大。所得收入虽然增加(将在第八章详述)，但如果贸易收支的赤字增加的话，服务收支以及包含所得收支的经常收支将有可能转变为赤字。电力供给的制约造成经济增长的恶化。另外，在这种电力供给制约下，真正有活力的企业将逐渐把生产活动挪向海外。

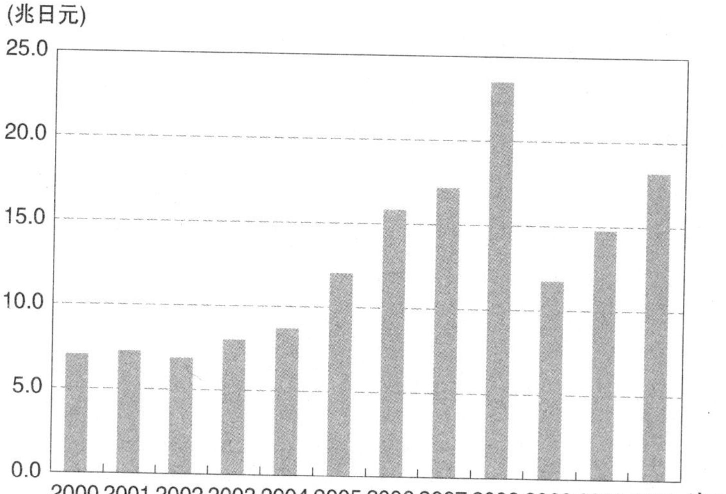

图 3-5　日本的化石能源进口额变化

出处：日本财务省《贸易统计》

注：1. 化石能源价格指的是原油、液化天然气、液化石油气、一般石炭的合计。

2. 到 2008 年为止不断加速扩大的进口额在 2009 年以后开始下降，其下降水平正好反映了受 2008 年金融危机影响的日元升值的情况。如果以 2008 年金融危机之前的日元水平来换算的话，2012 年之后的进口额大约在 30 兆日元左右。

5. 超老龄化社会的到来

另外，日本老龄化正在加速。

相比世界其他国家，日本从1980年开始社会老龄化不断加速。2010年，日本的老龄化率已经超过了23%，到2030年，这个数字将上升到32%，2050年将达到39%。到21世纪后半期，日本的人口老龄化率才会越过峰值进入下降水平。但是在今后的三四十年间，日本社会将无疑向老龄化社会发展，这是人类历史上从未面对过的一个课题。

由老龄化带来的问题有经济增长的减速或者人口减少所带来的经济收缩、期待投资收益率的下降等。海外将不再向日本国内进行投资。劳动力的老龄化与减少造成了企业生产力的衰退、社会保障费用的增加，国家财政进一步严峻化或有可能产生危机。退休金、医疗以及看护费用所造成的费用压力将会对国家财政带来更大的压力。不断减少的现有劳动力能否承受上升的老龄化社会费用呢？

不同地区的老龄化程度不同。今后，东京都的老龄化速度将会进一步增速。至今为止的城市化进程都是年轻人流入城市的过程，战后婴儿潮一代就是一个显著的例子。这一代人的老龄化在加速，千叶县、埼玉县、神奈川县以及东京都的老龄化已成了严重的社会问题，看护问题显得尤为严重。

看护一直以来就是由地方政府资助的。随着市场上看护需求的急剧上升，地方政府将会面对应接不暇的问题。看护设施不足怎么办？看护费用由谁来承担？老人之间相互看护还是由团体承接看护，还是由社会政府来看护？无论怎样，看护问题的解决都需要一个新方法。

同时，地区的结构设计、地区社会的存在方式也需要创新。迫在眉睫的是，将医疗重心向看护转移，在这个过程中健康战略的重要性将会提升。现在的关键问题是如何促进人们的自觉意识以及实践？道路曲折漫长。如果要打比方的话，超老龄化社会现状就犹如骨质疏松症状态。

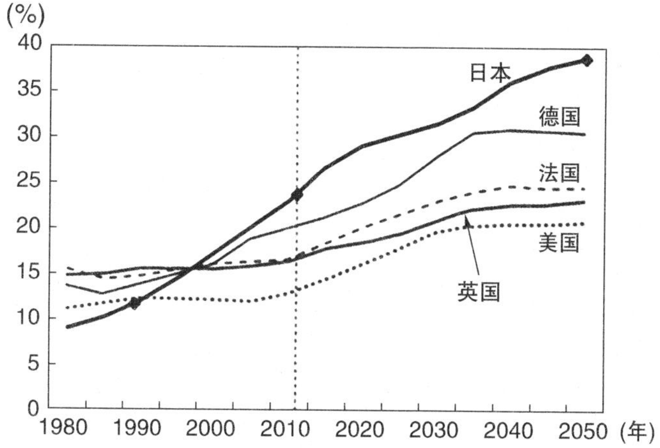

图 3－6　发达国家老龄化过程及展望

出处：日本数据来源《国势调查》以及国立社会保障·人口研究所《日本未来推移人口》(2012 年 1 月推算)。其他国家的数据来源联合国《世界人口展望》(“World Population Prospects”)。

注：老龄化率指的是 65 岁以上人口与总人口的比例。

综上所述，日本经济已陷入严重的合并症。如果将“长期通货紧缩”比喻成恶性糖尿病并导致体力下降的话,“累积财政债务”就是循环系统疾病,有可能引发心脏麻痹、脑梗塞,“期待差别”就是综合性失调、自我控制困难。就是在这样的自我控制困难期,日本遭到了东日本大地震的重创,再加上老龄化这个被喻为骨质疏松症的侵蚀。

要使日本复兴或走出困境,前提条件就是要解决这一严重的合并症。下面各章将分别阐述诊断以及处方。

4 第四章

发展停滞的日本型体制

落后于时代的经济结构和政治结构

在前章中论述的日本经济的合并顽疾的根源便是在20世纪被称为世界奇迹的日本经济体制，而该经济体制在20世纪六七十年代之后就停止发展了。如今，该经济体制反而在吞噬日本的活力，造成日本经济的退化。

如今的日本经济体制形成于日本经济高度增长时期(20世纪六七十年代)，之后就一直处于停滞状态。然而在这段时间内，无论是世界环境还是日本国内环境都发生了巨大变化。日本国内的出生率下降，老龄化程度加剧。老年人口的比例和半个世纪之前相比，已经从5%上升到了23%。更严峻的是，到2050年，这个数字将上升到40%左右(根据出生率、死亡率进行推算)。

日本的人口与劳动力持续减少。日本人口在2010年为1亿2 800万人，但据推测，到2050年只有9 100万人了。如果单纯计算劳动力的话，2010年日本的劳动力为6 590万人，但到2050年将只有 4 700 万人左右。这些都是正在日本发生的事情。

另外,全球化和技术进步正逐渐使国家之间的界线消失。以世界为市场的竞争变得越来越激烈。新兴国家(BRICs)逐渐抬头,其在世界经济中的比重也不断增加。

日本在政策、制度以及商业等方面都相对落后于其他国家,因此领先于时代的进化也几乎很难在日本看到。增长时代的成功故事过于美好,使既得利益者不愿改变旧制度,以致最终妨碍了新的变化与改革。

过剩的供给结构

日本的产业结构自经济高度增长期以来并没有大的改变,导致供经过剩。观察日本的主要产业中的世界级企业(出口企业)有多少,便可略知一二。

汽车行业中,美国仅有 2.5 家世界级企业,日本则有 7 家(丰田、日产、本田、马自达、三菱、铃木以及日野);电器行业中,美国已经完全退出了这个行业,德国尚有 2 家世界级企业,法国、瑞典各有 1 家公司,其他发达国家最多也只是一两家,而日本却有 12 家之多(日立、东芝、三菱、松下、索尼、NEC、富士通、冲电器、富士电器、TDK、日本电产、船井电器)。过剩供给导致价格竞争,这便是造成日本通货紧缩的原因之一。

那么,为什么日本没有能够从旧有的供给结构中脱离出来呢?原因是没有清晰的规划。由于对未来没有明确的展望,因此旧有的结构才得以延续。

来看一下美国。在 20 世纪八九十年代,美国进行了经济改革。在20世纪五六十年代，美国曾是世界上经济最强的国家，在汽车行业和白色家电领域可以说是世界王者。但在20世纪七八十年代，美国由于日益严峻的国际竞争而从这些产业中撤退。20世纪80年代，美国开始构想下一个时代，竞争力委员会等也进行了各种尝试，最终决定将金融和信息技术作为努力目标。

20世纪90年代的信息革命中，美国以服务业为首实现了本国生产力的大跃进，华尔街也对这些先进技术企业投入了足够的资金(Picking the Winners)。这次改革中不乏美国大企业活跃的身影，其中就有GE(General Electrics)。GE过去是一家电器企业，但是经过数十年的变革，逐渐从一家以家电与核能发电为主要业务的企业转变成了以软件服务与金融为主要业务的企业。

在追随美国的时代中，美国对日本而言就是一张蓝图。在制造业跟随和超越美国之后，日本需要画出自己的发展蓝图，但日本却无法凭借自己的力量画出这张蓝图。

如第二章所述，政府的"增长战略"根本没有经过深思熟虑，金融立国、环保大国、健康立国、蹦床式劳动市场等增长战略都无法付诸实施。经济产业省的"产业展望2010"相对而言归纳得较好，但要使其众所周知、朝着可实现的方向进行研讨、策略制定、付诸实施，却根本不存在这样的体制。

旧时代的商业模式

那么企业的情况又如何呢？企业的商业模式落后了。经济高度增长期的商业模式迄今仍然占主流。垂直整合、自行采购主义、封闭体质以及轻视企业治理、偏重会计管理、缺乏企业财务战略等都是经济高度增长期的产物。

在经济高度增长期，日本导入了美国模式与技术，并在其基础之上进行加工改善，因此带来了一段时期的空前繁荣。间接金融体制下，削减成本、提高生产性、注重品质改善成了生产活动的全部，由此实现了增长、扩大了市场份额。丰田体制就是其典型案例。

随着全球化、信息化以及新兴国家的抬头，当日企向全球推进时，日企的经营模式已难以适应新时代的市场环境。

虽说日企在技术开发领域处于领先地位，但在市场上却不断失败。比如，动态随机存取存储器（DRAM Memory）最先是由日本企业制造的。在20世纪80年代末，日本在这一领域所占份额高达75%，但到2002年已经下降到了不过5%。另外，在液晶显示屏市场，1995年日本几乎拥有全世界100%的市场份额，但在2005年下降到了8%。DVD播放器市场也是如此。1997年，日本拥有DVD播放器市场的97%的市场份额，到2006年则只有10%。日本的汽车导航技术在2003年同样占100%的市场份额，但在2006年则为10%。日本在20世纪90年代前后在这些领域所占的市场份额均为100%，为何之后会下降这么多呢？有没有解决方案呢？

1990年之后，经营模式开始全球化。除了核心技术需进行严格管理之外，其他都委托给以新兴国家为首的各个国家进行生产。摩托罗拉、诺基亚、微软都是以这种模式来渗透入世界市场并确保各自利益的。

与此相反，日本却没有很好地利用全球化，比如以垂直整合为主的自行采购主义。即使革新，日本也没能做到开放创新。开放创新是全球化的一个必要条件。撇开全世界的智慧是不可能实现全球化的。

因此，日本企业在全球化上是落后的，在全球范围采购、全球范围网络、开放创新等方面都落后于世界。依然以垂直整合为主的自行采购主义最终会丧失价格竞争力。仅混合动力车PRIUS就有孤立于合作体系之外的问题。由于其他国家没有制造混合动力车的技术，这一技术就被局限在了日本国内市场。混合动力技术的难度太大，使世界潮流向电器动力车转移，创新不足的混合动力车完全无法主导世界主流。

另外，公司管理过于薄弱，公司外独立股东的选定、配置以及功能确定都不充分。公司很封闭，市场的信号和信息无法反映在公司的决策当中，造成公司对市场的反应太慢，结果当然是失败和撤出。

还有，不擅长学习财务战略的日本企业在经济高度增长期首先考虑的是扩大企业规模和占有市场份额，提高利润和盈利则排在第二位。当然，这样排序也是有原因的，是战后特殊的企业增长模式带来的结果。

例如，日本企业很依赖间接金融机构，银行融资优先于市场融资。借来的资金主要用于提高生产力和竞争力。这样的话，削减成本、提高质量、管理会计将成为重点领域，而这势必造成财务会计、财务战略观点的缺失。

在资本主义市场中，资本调配应该是企业最重要的战略，因为企业经营活动的根本就在于获得高于资本调配成本的收益。由于在日本战后的经济发展过程中，间接金融是基础，因此日本企业没有必要再从资本市场中获得普通投资家的风险资本。由于对风险资本缺乏知识和经验,因此日本在泡沫经济时期开始流行投机性财务战略,许多失败便来自这里。最近的典型案例就是奥林巴斯的账务伪造事件。在市场经济中,企业的财务战略尚不稳定。

鉴于此,日本企业的股本收益率(ROE)普遍较低。换言之,企业的收益(经常利润/销售额)偏低。再加上过度竞争、固定费用偏高,企业就处于非效率状态,资产周转率(销售额/总资产)也偏低。该数字偏低说明公司的剩余资产过多。财务杠杆(总资产/自有资本)偏低说明企业持有过剩的资产。股本收益率低下说明保有过剩资产,意味着资本效率极低。

事实上,东京证券交易所的上市企业的现金持有额年年增多。据高盛的报告,2000 年上市企业的现金持有额大约在 50 兆日元,而在 2009 年已扩大至 220 兆日元。

现金持有额上升的背后是日本风险资本市场的不健全。反映企业基本状况的企业价格评估(valuation)不准确。泡沫经济时期,企业被过高评估,现在逐渐接近国际水平了。由于市场信息不健全,加上市场分析的专家和人才不足,造成连有资金剩余的企业也无法进行企业并购。企业经营和市场不透明(VAIEX 证券安次郎),导致市场的信号无法反映到企业经营中去。因此,企业治理的改革是当务之急。

本来期望国内投资家能够参与市场,然而如今日本市场中国外投资家的比例过大,造成投资市场不稳定,这也是日本股票价格变动剧烈的原因之一。战略家凯斯松井把这种现象说成是"大象正把脚塞进浴缸的状况"。只要大象的脚一拿出浴缸,水位就会有巨大的变动。

在过去20年间，国内投资家由于股票价格的大幅变动遭受了巨大损失，对股票已完全不感兴趣。或许提高净资产收益率（ROE），进行风险资本市场的整顿，可以吸引更多国内投资家参与，但这种本质上的落后已经造成日本企业落后于世界的状态。

农业

接下来看一下农业。日本农户是反对加入跨太平洋伙伴关系协定（TPP）的一支主要力量，是开放经济的最大障碍。也正因为如此，农业的落后是市场封闭和保护主义的典型例子。

现在，随着老龄化的不断加剧，居民的平均年龄已经达到68岁。农户的减少非常显著。40年前，日本有566万户农户，主要农业从业者为890万人，现在仅有285万户农户和220万主要农业从业者。农业耕种地也在减少，40年前大约有600万公顷，现在仅有470万公顷。农业耕作放弃地约8.5%（即40万公顷），相当于东京都面积的两倍。

这与自给率低下也有关系。日本现在的自给率以卡路里来计算的话约为40%，以价格来计算的话约为60%。食物安全保障问题中常被提及的卡路里的自给率就是谷物自给率，蔬菜和禽类是不包括在里面的。实际上，家禽用的饲料进口约有60%，可见其自给率的下降。日本农业的价格竞争力大约在世界水平的1/10，但该数字仅仅是针对大米而已，其他农产物的竞争率还是高的。

在1986年至1993年的乌拉圭回合中，持续七年的交涉后，只有大米是最终阻止自由化的特殊农产品。在日本，大米的进口关税高达 800%。若购买进口最小限额 8%的话，每年的费用也高达 400 亿日元。如此极端的非效率以及经费浪费的背后是农业政治。具体内容将在第九章中详述。

日本农业衰退的主要原因是农业吸引力下降、未来不明朗。另外，专业农业收入偏低、专业农业人才不足、年轻的农业继承者缺少也是其中的原因。

战后日本农村人口偏多，有六成人口从事与农业相关的工作，收入相对较高，因而生活也相对富足。随着工业化的推进，从事工业的收入不断提升，但农业的收入没有上升，因此从事农业的人越来越穷。

为此，日本自 1960 年起设立了价格维持体制，使农产品的价格一直处于高位。另外，农村是政治家们的大票仓。确保小规模的兼业农家的存在是政治家们基于自己政治前途的考量。第二次世界大战后，有数据显示农村票数高达 1 500 万票。为保障农民收入和市民收入的平衡，农业的效率化和结构改革一直无法取得进展。由粮食管理制度规定的价格维持政策在这 40 年一直持续着。大米价格由政治决定。在政府价格管制下，小规模农业结构在这 40 年间一直得以维持，生产力并没有得到提升。这种变态的低竞争结构只有对政治家和农协才有利。

另外，由于日本人饮食结构的变化，谷物的销量持续减少。1970 年，日本政府担心谷物价格暴跌，推出了“减反制度”(减少耕作面积制度)。由于销量减少，政府将提供巨大的补助金。

由于半个世纪以来农产品的价格和数量都被统一管理而停滞发展，其结果便是农业的衰退。但若从根本上对战略、政策、经营进行改革的话，农业将有可能出现新的增长产业。相关的战略和增长可能性将在后文中详述。

落后的医疗

在经济高速增长时期，日本的医疗曾经处于世界领先水平。日本国民都加入医疗保险，只要有保险证，谁都可以获得平等的治疗，且只要支付少量的医疗费用就可以获得很好的医护治疗。像这样的国家在世界范围内都没有第二个。

年轻化的人口结构有力地支撑着这一体系。受惠于此，日本成了世界上最长寿的国家。第二次世界大战后，日本男性的平均寿命为 51 岁，女性的平均寿命为 56 岁；如今，日本男性的平均寿命为 79.6 岁，女性的平均寿命为 86.4 岁(厚生劳动省：《平成 22 年简易生命表》)。值得一提的是，日本女性是世界上最长寿的，而男性则是继香港、瑞士、以色列之后排名第四长寿的。

当时，发达的医疗体系大大减少了婴儿的死亡率，营养完善和医疗进步也起了加分作用。日本的医疗领域针对感染病有其独有的对策。日本利用由遍布全国小医疗站、诊疗所组成的巨大网络来治疗与预防感染病，这种规模效应很好地发挥了作用。

但是，近年来国家医疗财政紧张，陷入经营困难的医疗机构也越来越多。医生的过劳问题和待遇恶化等都影响了医疗质量和服务提供。

医护人员的服务越来越差，“三个小时的等待只换来三分钟的治疗”。小儿科和妇产科的医生严重不足，地区医疗衰退，药物和设备落后，禁止混合诊疗模式，各种问题丛生。可以说，现在的日本社会中正在发生“医疗崩溃”。

在这个“医疗崩溃”背景中，有五点原因值得一提。

第一是人口的老龄化。由于老龄化，医疗费用不断上升。70岁的老人的医疗费用是20岁的年轻人的医疗费用的10倍以上（第十章详述）。人口老龄化还造成缴纳医疗保险的人逐渐减少。第二，由于医疗设备越来越先进，医疗费用单价也随之迅速上升。第三，医疗需求多样化、先进化。富裕且成熟的老龄化社会中，除了需要大量提供针对感染病的治疗与预防药物以及符合规格的医疗服务之外，还需针对癌症、循环器官障碍、糖尿病等提供长期的个别医疗服务。第四，提供公平的医疗服务已经出现困难。第五，政府的规制与价格控制、数量统筹等继续妨碍着市场竞争机制。

若遵循世界主流，采取合适的战略和政策的话，日本医疗将有可能是最强的增长产业。

落后的教育

日本的教育对日本战后经济增长做出了巨大的贡献。在第二次世界大战前，日本教育以近代化之前的藩立学校以及寺庙学校为基础。明治维新以后，为了支持国富强兵战略，日本建立了大众教育（军国教育）和精英教育。精英们在少数的优秀学校中学习，然后进入教育体系顶端的帝国大学接受教育。

第二次世界大战后，日本教育为了培养工业劳动力，发展了大量生产型教育。20世纪70年代，田中角荣首相为中小学教师加薪，增加了工学部的数量，引入了美国的技术并在实现后再进行完善。这就是高度增长式教育。支撑大量生产型社会的人才教育体系是日本式成功的关键。

而今,这种人才教育体系又怎样了呢?20世纪80年代,日本产品大规模出口,一度赶超美国。作为站在世界发展最前端的发达国家,更需要的是发现问题和解决问题的能力。迄今为止,日本都没有这个能力。

年轻人很快开始减少。18岁的人口在1990年为250万,但在2010年仅有120万。大学的教育水平开始下降,小中学的教育水平更是下降迅速。入学考试的形式化、学习能力低下,再加上20世纪90年代的减负教育的影响,使较为优秀的学生也受到了死记硬背式教育的危害。

学校靠学费收入来运营,人口大幅度减少导致经费紧张,从而使教育水平下降。入学考试受减负教育的影响难度越来越低。2012年毕业的大学生恰好就是减负教育的产物。

就大学而言,1992年时18岁人口达到峰值,因此当时的文科省决定临时扩招。当时预计20世纪80年代后半期人口将会减少,因而呼吁与其扩招,还不如提高大学的教育质量。

少数大学在学部增设、课程改革、教师评价、经营合理化等方面采取了措施。虽说在质量、竞争力方面得到了一定的提升,但绝大多数大学都面临着学生数量减少的问题。因此,大学的设置标准开始有所松动,国家鼓励办有特色的大学,由此私立大学增加了120所,加上600所国立、公立大学,截至2000年日本共有760所大学。年轻人口减少,大学的数量却增加了,招生竞争自然更激烈了,大学与大学之间的差距也明显了。2010年以后,40%的私立大学未招到足够的学生，陷入赤字经营。

大学经营和企业管理不同。由于大学会计规则有其特殊性，即便长期处于账面亏损，也不至于倒闭。大学的收入绝大部分是学费，其中一定部分与固定资产增加相加构成基本金。通常称扣除基本金的部分为"消费收入"。即便消费收支是赤字，扣除基本金之前的收入(归属收入)却可能为黑字的情况存在。即便归属收入是赤字，以往的积蓄也可以帮助大学不至于债务过剩。因此，一般企业可能会倒闭，但大学尚可维持一段时间，危机难以浮出水面，即使浮出也需要较长时间。正因为如此，大学的经营者缺乏危机意识，自我改革的能力也较低。

另外，由于大学管理、学部自治(学问自由)等原因，大学中的教授会的权限往往大于大学的实际经营者，造成大学经营困难。教授会作为既得利益者，固执己见，反对改革。教师评价自不必说，就连成果报酬等措施也无法实现。教职工的雇佣几乎和公务员编制没有太大的差别。可以说，正是教职工的雇佣制降低了教育的质量。

由于大学裁员普遍困难，只能多招学生以维持学校的运营，甚至让还没毕业的高中生来读大学，造成低素质学生增加，破坏学校硬件设施的现象屡见不鲜。如果要满足高素质学生的教学需求，低素质的学生就会掉队；如果要满足低素质学生的教学需求，高素质学生就会离队。进一步说，低素质学生数量的增加带来了一系列的负面效应，导致学生整体学习能力下降，形成恶性循环。

另外还有国际化意向薄弱的问题。经济高度增长后出生的一代可以说生活在相对优越且舒适的社会中，完全没有想去海外挑战自我的欲望。这是出国留学率下降的一个重要原因。与此同时，亚洲其他国家来日本的留学生比日本本国学生好学。相比之下，日本学生发现问题、解决问题的欲望及能力较低，学习态度被动，应用能力较弱。这些都体现在经济合作与发展组织的学习能力测试结果中。总之，这就是经济高度增长期的大规模生产型教育所产生的恶果。

学习能力及学习欲望低下、个人魅力缺失、国际竞争力弱化的根本原因是日本教育的落后。年轻人是日本的未来，这样下去是绝对不行的。

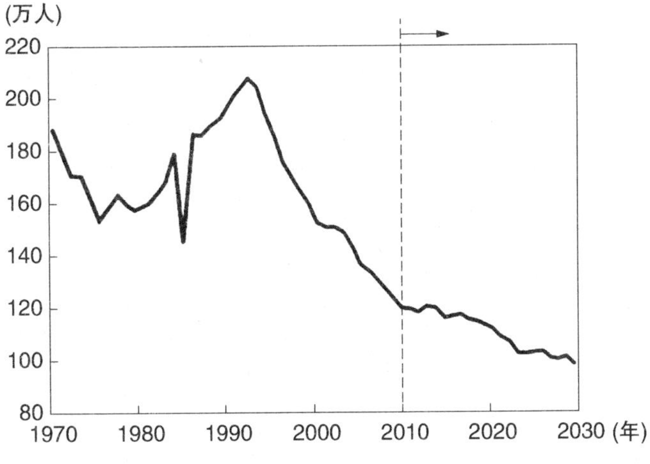

图 4－1　18 岁人口的变化趋势

出处：总务省：《国势调查》；总务省：《人口推测》（各年 10 月 1 日）；国立社会保障・人口研究所：《日本未来人口推测》（2012 年 1 月）。

注：1. 2010 年为止的数据为实际数据，2011 年之后的为推测数据。

2. 人口推测值为出生中位、死亡中位。

政治与行政的功能不全

第二次世界大战后的复兴时期以及经济高度增长期的日本政治，即使从国际上来看也是相当优秀的。从战败国奇迹般地发展为世界第二大经济体，日本政治起到了重大的作用。例如，吉田茂首相制定了和平宪法，签订了和平条约，为日美安保条约奠定了基础，还奇迹般地躲过了朝鲜战争。朝鲜战争爆发时，美国敦促日本派兵，但是吉田首相作为保守派的代表，以畏惧共产世界为由说服美国放弃让日本出兵，取而代之的是联合国派兵入驻朝鲜半岛。这是战后日本和平的一个重要基础。

岸信介首相为《日美安保对等化》做出了巨大贡献。虽然此举招致日本国内的不少批评，但安保条约的修改可视为是他伟大的功绩。有人认为吉田首相签订的安保条约的实质是殖民地安保条约，因为美军进驻日本的理由之一是镇压日本国内骚乱。岸首相决心改变这种隶属国的条约。岸首相的外交基本政策仍然以日美关系为轴心，但他访问了亚洲诸国以及澳大利亚、新西兰，签订了赔偿协定，以修正不平等条约。其间，他在新西兰的谢罪演说在国会中更是赢得了起立鼓掌。在赢得了世界各国的信赖之后，岸首相前往华盛顿，提案修正安保条约，最终实现了相对平等的安保条约。

池田勇人首相提前实现了收入倍增计划。佐藤荣任首相时期，日本成为经济合作与发展组织成员国，挤入发达国家之列，并使冲绳回归日本。田中角荣首相实现了中日邦交正常化、改造列岛等。历代出色的日本首相们无疑都是出色的领导者。

这群出类拔萃的领导者加上当时被誉为世界最强的智囊团的官员们，这个集体发挥了巨大的作用。自民党党内的派阀竞争体制也相当活跃。在55年体制下，自民党为了和当时最强的左派势力对抗，自民党和改进党等多数政党集结成一党。在这一混合政党中，不同党派间产生了派阀斗争，内部的竞争切磋提高了政治力。中选举区制度也保障了政治安定。自民党通过确保选举区中至少一人出选的方法来确保自己在全国范围内的压倒性势力。

但是，这种长期稳定的执政党体制反而使执政党在野党两党合谋。常年在野的社会党虽在国会中摆出论战之势，但实际上背后却与执政党通气。由于执政党在野党两党均在这种稳定的政治体制下感到很安逸，政治家应有的感受力、竞争力和领导力逐渐消失。

政府机构也因为延用经济高度增长期的自民党体制而日渐臃肿，且已习惯自民党的“铁三角”（政治、官僚、业界在选举和规制以及特权中勾结的结构），使用通常预算成倍以上的特别会计，财政投融资要上级先使用。政府机构臃肿的结果就是内阁议事形同虚设，课长辅佐会议的内容只有经过次官会议才能进入内阁商议决定。

由此，自民党的优势开始失去。金丸副总裁之后，自民党的得票率屡屡下滑，与公明党的联手势在必行。六成的自民党议员为世袭议员，造成政治特权化，新鲜血液无法进入体制内。20世纪80年代后半期以后，在日本基本看不到重大的政治决策。退休金、市场开放、经济改革、教育等方面都没有任何改革。

小沢一郎曾大力主张制度改革、导入小选区制度，以增加政权交替的可能性，被称为“小沢革命”。

如今已经历了几次政权交替。民主党打出的口号是“脱离官僚，政治主导，关注消费者、生活者”，虽有意义，但可行性不大。野田政权也好，其他政权也好，为了达到日本复兴的目的，必须基于现状来进行符合时代潮流的彻底的改革。

5 第五章

大地震的考验

1. 东日本大地震的冲击

前所未有的大灾害

东日本大地震的灾后重建计划的制定及实施皆有延迟。2011年11月，灾后重建的预算终于正式确立，并于同年12月在灾后重建厅中建立相应部门，但这些计划要数月后才能具体实施。

东日本大地震是一个难熬的、让人深感痛苦的经历，也是上天对日本的一次考验。这次地震不仅提高了日本国民的危机感和集体意识，还使全世界都关注日本并伸出援助之手。可以说，这是日本复兴的一个重要契机。

此次地震有九级，据说是千年一遇的大地震。也有专家说，这是1100年前的贞观地震之后最大的地震。日本列岛横跨四个板块（太平洋板块、北美板块、南海板块、欧亚板块），处在这四个板块相互碰撞的区域，这在世界范围内都是很少见的。板块运动所产生的能量导致地震频发。但是，这次地震中，在一段时间内多处同时发生板块运动，能量相乘，作用增强，据说最终的能量大约是 7.5 级地震的 16 倍。

地震持续了将近 10 分钟，导致日本全国各地的液化现象加快。一般来说，瞬间的地震是不会引起液化现象的，但若地震持续时间长，土壤中的沙粒之间就会啮合脱离，变成液状。此次地震异常强烈，连陆地上也出现了液化现象。

此次地震引发的海啸高达 15 米，并且地震源在三陆海岸近海处，距离岸边仅有 120 公里，所以海啸只要 20～30 分钟就能到达岸边了。日本的灾害措施基本上是参考智利地震制定的。1960 年，智利地震发生在地球的另一面，所以海啸到达日本大概要一天的时间，若是提前有所准备是可以正常避难的，但是此次海啸没有给人逃离的时间。

笔者在地震两周后走访了石卷、女川和仙台，听当地人说，智利地震时，返回家中拿钱包和印章的人基本上都没有得救。当时的海啸吞没了海岸、田地、马路、桥梁、商业街、工厂、住宅区等，最远波及内陆约 10 公里的地方。从岩手县到千叶县北部，大约 600 平方公里的地区都被海啸破坏殆尽，土地被侵蚀，各处浸水，田地遭受盐害。

笔者当时与朋友一起开着卡车走访当地，车上装载着数百人份的食物和生活用品等赈灾物资。我们看到，当地的高楼几乎没受到什么影响，而商业街和渔业相关的食品工厂等就位于海岸边，在马路的下一台阶，就什么都没有了，只有堆积如山的建筑废墟和汽车残骸——一幅可怕的光景。

最令人窒息的是女川。这里本是因三文鱼而闻名的美丽渔港。在这三角湾海岸，面向大海的地方遭到了 15 米高的海啸的袭击。这片区域的两侧是小山，半山腰有医院。从医院往下看，入眼之处只有一片狼藉，除了各种残骸，其他什么都没有。与其说是海啸，不如说是海水上涨了 15 米的高度淹没了这片地区。由于两侧有山，海水顺着斜坡攀登。山上，钢筋混凝土板桩有明显的被剧烈撞击的痕迹，约 40 米高的地方还有一些悬挂着的残骸，可以确定海啸已经达到那么高的地方。越过斜坡的海浪向着南边又前进了 15 公里，而被斜坡拦住的海水则倒流回港口，把人冲进海里，还将港口的建筑物、汽车等所有的一切都化为废墟。大自然的凶猛让很多人都失去了自己的谋生方式。

女川的人们都热爱自然，与自然共生，世世代代靠渔业生活。我不能理解，为什么他们原本平淡的生活会变成现在这样？尽管如此，他们只是默默地接受了命运的安排，并且重振精神勇敢地面对明天。

不仅如此，此次地震还引发了福岛核电站事故。由于地震的冲击，沸水反应堆停止工作，导致温度极速上升，必须启动应急电源来冷却降温，但 12 个机组中有 11 个都停止工作了。就在准备启动仅剩机组的应急电源时，15 米高的海浪已然逼近。福岛第一核电站的堤坝只有 6 米高，似乎是根据智利地震中 4.5 米高的海啸来建造的。核反应堆建在 10 米的高处。此次的海浪轻易地越过了堤坝，瞬间淹没了应急电源和核反应堆。

应急电源全都停止工作了，只能使用蓄电池发电。蓄电池可以连续工作 8 个小时，所以在这段时间内从东京紧急召集了移动电源车和装载着发电机的卡车。虽然来了约 70 辆车，但最终都没有派上用场。因为平时并没有类似的训练和演习，所以在现场一会是电线不够了，一会又插座型号不符。

与此同时，反应堆内的温度持续上升，引起了堆芯熔毁。此时，国会还在就会不会发生堆芯熔毁现象辩论。现实情况是，在不到一天的时间里，甚至发生了熔贯。也就是说，燃料把安全壳熔出了一个洞，并且顺着洞口一直流到了下面。但等到发现这个情况已经是 10 周之后了。

核燃料的熔化温度是 2 800～3 000 度，其外部还包裹了一层比铁的强度高得多的锆合金，它的熔化温度是 2 200 度。也就是说，如果燃料熔化了，锆合金也会熔化，接着便会向下流。虽然下面有积水，但是水最多也就只能降低 100 度。于是，流下来的合金熔掉了巨型压力容器厚达 16 厘米的钢铁底部。温度又再次极速上升了。

温度上升产生氢气，安全壳内就有发生氢气爆炸的危险。接着，当地接到了必须在 12 日深夜到清晨之间打开排气口的指示，但是却没有找到任何可以应对的方案，现场一片混乱。不巧的是，就在这一紧急时刻，菅总理乘陆上自卫队的大型直升机去当地视察，因此，打开排气口的计划又延迟了。虽然在总理乘机离开一个小时后终于打开了排气口，但已经来不及了——爆炸发生了。熔贯导致放射污染物渗透、飞溅并流入海水中。四个反应堆全部熔毁，两个发生爆炸，此次事件已然升级至核事件中最高的第七级。

全世界都在关注此次事件中放射污染物飞溅、扩散、释入海水的情况。需要撤离的地区渐渐增多，无家可归的灾民也不断出现。全世界对此次事件的关心怕是可以与核战相提并论了。不久后开始出现食品污染的说法，又因为大气污染、海水污染，不少外国人都离开了日本。还有很多国家因为谣言而开始控制日本的食品进口。

福岛县是个产业高度集中的地区，是全国汽车和汽车零件的生产中心。此次事件导致供应链被切断，给经济基础设施和经济活动造成了很大的破坏。

高涨的国民危机感和责任感

在这样的情况下，人们从容地接受了摧毁性的灾难，要求自己在困难中勇敢地站起来并且积极地面对明天。世界各地的媒体都对这一坚强的精神高度赞扬，都说日本人内心强大、无比勇敢。而这一坚强精神中也包含了灾民们的团结协作、互相体谅以及对重建的决心。

“加油日本”这一口号很快传遍全国，各地的志愿者们也都行动起来。转眼间就筹集了 5 000 亿日元的捐款，世界上 140 多个国家提供了人力、物力以及技术上的支援。

美国的“朋友作战计划”特别值得大书特书。美国总统奥巴马在地震当天就下达了出动美军进行支援的命令。接着，驻日美军全体动员，参与救灾。可是，有观点认为，面对福岛核电站这一重大事件，驻日美军的人数远远不够，所以连太平洋舰队也出动了。2 万军人和 18 艘特殊军舰（最大的是在新加坡海上的十万吨核动力航空母舰）立刻驶向了三陆冲，还有好几艘强袭登陆舰也加入进来。因为受灾区的海岸和港口都被破坏了，于是美军采取了类似于敌前登陆的方法使特殊军舰靠岸，并从军舰上搬下推土机及各种机器材料。仙台机场能够在灾后初期重建，其实也是多亏了美军的积极努力。

民间企业也出了很大的力，断裂的供应链也在数月后基本恢复原状。

笔者当时走的是勉强开通的东北车道，在途中看到了新干线的高架桥，看到仙台到盐原之间的路还未开通，因为遍地都是倒塌的电线杆，路也十分歪斜扭曲。我心想，这怕要一年才能重建吧。但最终，重建道路用时 49 天，这也是全世界为之赞扬的“日本产业奇迹”。

日本人的危机感、集体意识从未如此高涨。以日本国家女子足球队为代表的运动员们和艺人们都奔波于援助活动。日本国民的责任感和危机感是日本走向复兴的重要基础。

2. 天赐的考验

日本再生路上的意外灾祸

东日本大地震是一场大规模的灾害。日本要如何应对这场危机？这场危机是会加重日本经济的停滞状况并成为日本衰退的导火索，还是会成为日本重生的契机？我觉得这是个重大的历史问题。

在世界历史的长河里，有不少因为这样的重大灾害而衰退的国家。近代的著名例子是1755年的葡萄牙大地震。当时，里斯本是世界上最大的城市，拥有27万人口，在地震中有9万人死亡。但是，当时的宰相迅速地施行了重建政策。里斯本地震的经验已经成为近代地震研究以及地震应对政策的先驱。然而，葡萄牙在此之后持续衰退，不久后被拿破仑夺走巴西，之后更是加速衰退。这场大灾害可以说是葡萄牙衰退的原因之一。

另一方面，危机又可能是复兴、发展的契机。日本人曾在幕末时期成功地克服了关东大地震等困难，尤其是克服了太平洋战争中战败这一最大的危机。

学习先人的智慧和努力

那么，太平洋战争中到底发生了什么呢？

所有的城市都遭到轰炸，化为一片焦土。当时处于帝国主义时代，日本在“满洲国”、东南亚等广阔的土地上都拥有权利，而这些权利也全都丧失了。更为严重的是，日本失去了310万国民和军人。换作其他国家，说不定就亡国了。

但是，日本仅用了25年的时间就成了世界第二大经济体。日本的这一复兴过程也被称为“世界史上的奇迹”。

日本重建及其契机

为什么日本可以重建得如此迅速呢？从本质上来说，日本利用了日俄战争和日清战争的胜利，设立了各种机制和既定权利，这些基本机制将日本逼入了战争之中。这些机制在第二次世界大战战败后被全部否认、解散、废止了，具体包括军队解散、财阀解体和地主阶级消失、教育平等化、法律承认工会有检验民主主义社会的功能。日本计划建立一个平等、民主的国家，并且最终成功成为了一个比所有社会主义国家都更平等、比所有资本主义国家都更具竞争力的国家。这是日本国民在激励制度下拼命工作的结果。

而另一重要原因是军队解体。无论在哪个国家，军队都是最大的工业制品的买家，有着特殊需求。军队存在的意义就是和敌人战斗，并且必须取得胜利。某造船公司若是收到军队的订单，无论开价多高，军队都不会还价。用经济学术语来说，军队的需求价格弹性小，是不会为价格所左右的优质买家。

战败后，日本企业失去了军队这么一个大买家，只能将商品卖给国内的小买家或者出口。用经济学术语来说，把商品卖给多个需求方的话，需求曲线就不是一条而是无数条，最终导致价格弹性大、需求曲线呈扁平状。因为价格上的细微变化会使需求发生大规模变化，所以供给方会发生文化大革命，成本也变得十分敏感。这成为产业发展的开端，也使日本成为一个成本竞争的国家。随着财阀解体，所有企业都变成了中小企业，激烈的成本竞争已然成为社会的常态。

接着，随着地主阶级的消失，佃户成为自耕农，大家都拥有自己的土地并辛勤耕作，甚至地主家的孩子和佃户家的孩子要一起竞争。

接着是教育平等化。战前，日本虽然有以帝国大学为首的一些大学，但是大多数人还是在小学毕业或高级小学校毕业后就踏上了社会。这仿佛是天然形成的社会阶级。战后，日本学制变为

“六(小学)·三(初中)·三(高中)·四(大学)制”。只要好好学习,谁都可以去有名的大学,可谓是世上最为平等的社会。

最终,日本成了比任何共产主义国家都更平等、比任何资本主义国家都更具竞争力的国家。只要全国人民共同努力,社会就会进步。

3. 非常时期(战争时期)合作

从“扭曲国会”到非常时期(战争时期)合作

如上所述,东日本大地震提高了国民的危机感和整体感,是日本得以复兴的重要基础。

但是,在东日本大地震中,政府并未及时采取应对措施,并且没有发挥很好的领导力。就在这样的胶着状态中,半年过去了。灾后重建计划、调整追加预算以及各种措施的施行都没有及时进行。正式的重建预算迟了8个月,到11月才下达,而在重建厅建立相关部门则迟了9个月,到12月才正式确立。

为什么各种措施都无法及时实施呢?原因之一在于“扭曲国会”。让人不能容忍的是,执政党和在野党的政治家们考虑得更多的是自己的政治利益,只想在选举中胜过对方,导致各项措施的审议没有进展。当时的执政党党首菅氏在为如何解决“扭曲”而发愁之余,甚至号召建立“大联合政府”。而“大联合政府”是被禁止的,是否定民主主义政府的。不仅是因为统合不同思想的政党并做到政策协议有困难，而且对国民而言，这样做也相当于剥夺了他们的选举权。

民主党和自民党的指导思想完全不同。民主党的指导思想很明确，就是消费者优先，工人阶级优先，平等化优先，大政府，恩泽于民。这一点在民主党的竞选纲领中也十分明确。而自民党是以自营业主为基础的政党，人们多劳多得，而不是吃政府大锅饭。可见，两党思想完全不同。

政见不同，政府职能就无法完全发挥，外交也同样如此。自民党是以日美安保条约为外交原则的。日本战败后，冲绳沦为美国的军事基地，众所周知，这其实侵害了日本的安全保障，于是，冲绳问题就成了一个重大问题。对此，民主党则表示："请将基地搬离冲绳。"所以两个政见主张完全不同的政党联合的话，政策是无法实施的。无论是在政策方面还是在政治体制方面，联合政府都是不理想的。

既如此，执政党和在野党互不协助就可以了吗？并非如此。面临国家大事，互相协作是理所应当的。笔者擅自称其为"战时协作"。为什么会用"战时"一词呢？因为东日本大地震及其所带来的一系列灾害，特别是"福岛事件"所造成的影响就像世界规模的核战争一样。军事专家和核专家对此的关注程度前所未有，并且计划将其运用到以后的战略和危机管理中。

现在，日本很大一部分国土都受到核污染的影响。在这样的情况之下，执政党和在野党还对立的话，是不会有好结果的。两党必须有危机意识，开始"战时协作"。"战时协作"这一说法不是执政党提出的，而是在野党自民党总裁谷垣祯一提出的。当然，合作是有条件的，条件就是一定的时间之后（比如说经过半年的战时协作，拼尽全力完成对国民的救助）举行总选举。这样的话，政治家们在国民的注视下不得不努力，紧张感也会增强。选民也会感觉到此次选举与几年前的选举完全不同，他们可以自己思考，观察每一个政治家，负责任地做出选择。但是，在野党并没有为此而努力，最终白白浪费了这半年的时间。

救助、恢复、重建、创造以及总选举

在“战时协作”下可以做些什么呢？由于两党政见不同，所以一些普通的政策无法合作，比如说冲绳问题以及孩子的补助问题。但是，有四个两党政见相同的政策：第一是救助，第二是恢复，第三是重建，第四是努力建设全新的国家。第四点最为重要。

首先是救助。地震中有数十万人受灾，2 万人死亡。大多数人饱受二重债务之苦，失去了刚买的房子、店铺或者渔船，剩下的就只有欠款，还需要买新的东西。他们已经走投无路了。虽然当地的金融机构为了支援民众，多少提供了债务担保的服务，但还是远远不够，差不多要扩大 10～20 倍规模才足够。

其次是恢复。恢复是以基础设施的建设为中心的，并且已经开始了。

再次是重建。重建需要一个建设新城市的计划，不然重建的标准无法确立。

最重要的是第四点——建设全新的国家。现在，受灾地的人们勉强完成了对道路和住宅区的清理，但是仍有大量的残骸无法处理，在福岛核电站事件中产生的被污染的残骸是否该丢弃掉也是一大问题。目前暂时是没有工作的人在处理这些残骸，但就算他们一天工作十几个小时，也基本没有处理完的希望。当然，残骸是必须要处理的，但是必须和对地区建设的展望结合在一起。那么，哪些有可能实现呢？

笔者认为，应该在受灾地建设太阳经济城市圈。

4. 太阳经济城市圈的构想

核电战略的失败、化石燃料的弊端

东日本大地震的教训，一个是核电战略有了失败的经历。虽然日本政府依然坚持核电是安全的，日本在技术上和管理上都是顶尖的，但是日本国民以及世界各国在福岛核电站事故之后已经明白日本的技术和管理并没有说的那么好。更严重的是，因为没想过会出事故，所以从未有过相关训练。这次事故也暴露了核电的设计并不十分完备。简而言之，日本政府在核电战略上一直在欺瞒国民。至今，如何处理事故导致的巨大损失、射线污染、电力不足、高浓度射线污染废弃物都是遗留问题。

这到底意味着什么呢？这意味着我们不能让后人重蹈覆辙。

东日本大地震的另一个教训是对化石燃料的依赖增加。燃料进口支出大幅增长，成为重大经济负担。比如说，从2011年4月到9月这短短的半年时间里，10家电力公司的液化天然气（LNG）和重油等燃料的支出比2000年增长了6 600亿日元，一年里则增长了一兆数千亿日元。这还仅仅是10家电力公司的状况，总体的能源负担更加严重。同时，地球环境问题的弊端也显现出来了。能源上的支出还要更多。2012年4月，中央环境审议会暗示了日本国际公约实行计划需要重新考虑，此公约中提出了2020年减少25%温室气体排放量的目标。

实际上，2012年12月在南非旺达举行的联合国气候变动框架条约国际会议（COP17）上，日本等国家2012年减少排放量的期限已到，并且有提案建议用全世界共同参与的新协定来代替美国、中国及各发达国家未参加的《京都议定书》，但是以发达国家为主的国家要求续签《京都议定书》的呼声很高，所以最终决定将《京都议定书》延长八年，并在2020年构建新格局。

这对日本来说是十分不利的，于是表示要退出《京都议定书》，自己规定温室气体排放要求。但是，因为迄今为止日本都是《京都议定书》的成员国，所以在给其他国家提供技术援助的同时可以利用清洁发展机制（CDM）购买其他国家的排放权，若是退出了则无法再享有该权利。对化石燃料的高度依赖性使日本在经济上、政治上、国际上都处于不利地位。

此次的教训就是，第一不要引起放射线污染，第二不要依赖化石燃料。将这种新型国家的建设方式引入东北灾区，通过政治领导力展现出来。根据这一教训产生的就是太阳经济城市圈的构想。

建立太阳经济城市圈

那么，太阳经济城市圈是什么呢？

以下是笔者的亲身经历。走在灾后的石卷海滨,断壁残垣映入眼帘,但是柱子却依旧矗立。于是我就想到,可不可以在这个什么都没有的荒地上建立一个太阳能发电和风力发电的基地呢?

一般都认为如果用太阳能发电,地面就无法使用了。但是,在灾区的海岸上立起 20 米高的导电杆,再在上面张上网,像吊顶一样贴上太阳能板,产生的能量就足够给城市和农田供电了。我称之为“空中高架吊顶型太阳能板”。最好能在海岸边建造 100 公里这样的太阳能带。确实有专家考虑这样做。

还有风力发电。风力发电很忌讳震动。丹麦的浅滩海岸上有无数的风力发电机,但很多人说日本海太深,不能使用风力发电。这种想法太肤浅了。日本是靠造船发展繁荣起来的,完全可能在近海的 10～20 公里处用钢铁制箱型漂浮物建造出大型“陆地”。在这片“陆地”上,数千个风车一起转动,就能产生大量电能,然后再用海底电线导电即可。这样的话,海边既可以是风力发电厂,也可以是渔港或鱼和海藻的养殖基地。

地热发电、生物能发电、潮汐发电等都可能成为重要的构成部分。发展太阳经济城市圈的话,核污染就会消失,建设出对地球环境没有负荷的可再生能源城市。正因为日本是受灾国,所以才可以建造能向世界展示未来的理想型城市。

东日本大地震的时候,菅总理说,将任务交给重建构想会议,并将从那里得到的提议运用在重建中。这相当于放弃了领导权,作为领导人来说是不称职的。不会有公司的社长在自己的公司受到损害时再向别人请教防护措施。必须赌上自己所有的见识、才智和生命,向国民展现自己的信念。

东日本大地震是一个历史性事件，那么就要依靠世界上各种专家来解决问题。那样的话，全世界所有的科学家、专家、技术人员都会来，日本就可以动员全世界的才智、全世界的投资者和企业，最终就可以因祸得福，成为21世纪、22世纪城市建设的先锋。

政府保证债券是资金来源

那么，建设资金从何而来呢？应该通过政府保证债券来解决。重建构想会议的最终报告里只有“降低灾害”和“增税”两点内容，当然是远远不够的。

在这种情况下，增税是没有必要的。眼下经济低迷期，增税的话，经济活动萎缩的可能性极大。笔者提议一边观察市场情况一边依次发行30兆日元左右的政府保证债券。但是，日本是纯债务国，大量发行政府保证债券的话，说不定会引起国债暴跌。不过，通过上述的重建战略，如果经济增长能超过利息，就可以维持国债价格。太阳经济城市圈建设能拓宽经济增长的前景，国内外的企业、投资者都会来投资。拥有增长前景的话，国债价格就可以维持。政府保证债券应分次适量出售，民间机构、投资者买入，日本银行再根据市场状况从市场买回。

比如说，发行30兆日元的政府保证债券，其中10兆日元用于救济、恢复，10兆日元用于重建，最后10兆日元用于建设未来都市。如果1兆日元可以雇佣10万个全职员工，那么2～3兆日元就能雇佣数十万人了。

接着是使用风力发电、太阳能电池板、潮汐发电、生物能和地热发电。这些项目都被确立的话，不仅是日立制作所、东芝、夏普这样的国内企业，美国和中国的企业也会来投资。在全世界都可以建立研究所、雇佣员工。要是说有什么能够留给子孙后代的话，那就是持续高速增长的梦就要开始了。

虽然笔者提出了以上的建议，但最终并没有任何实施的动静，并且日本最终失去了这个天赐的考验机会。

5. 建设新国家

扫清日本的衰退因素

东日本大地震是一场大型的、严重的复合灾害，给日本的经济、社会带来了巨大的灾难。但是，正因为如此，国民共同感受到了危机感和集体意识。也正因为是如此严峻的考验，才能成为日本从根本上改革的重要机会。而国民的危机感也成为重振日本的一个重要契机。

日本的低迷和衰退有多重原因。想改革绝非易事，但在国难面前，全国人民团结一致，就有可能一口气将各种旧体制一扫而光。

建设面向世界、充满活力的日本

衰退的主要原因如前所述，根本原因是日本的体制在半个世纪前的高速增长期之后就再也没有发展过了，无法顺应社会的发展变化，也就不能激发日本社会的活力。

这些使日本落后于时代的因素涉及政治、行政、教育、农业、医疗、企业模型、产业结构等多方面。

日本从何时停止前进了呢？都有些什么阻碍因素呢？要如何改变才能重新激发日本的经济活力呢？具体的内容将在第六章之后详细介绍。可以肯定的是，这次国难中，国民危机感高涨是果断解决多重因素、大胆推进改革的好机会。

6. 机会的丧失

政治的纷乱和胶着

虽然国民的危机感为国难当头的日本提供了一个稀有的机会，但是这并没有成为日本进行综合改革的契机。这主要是由于政治的纷乱和胶着导致的。

2009 年 9 月，政权交替让国民对政治有了新的期待。但是，国民的期待被辜负了。从鸠山总理和小泽干事长的金钱丑闻可以看出，日本的政治依然是充满铜臭味的腐朽政治，没有任何经济战略政策就开始制定竞选纲领，错误的政治主导使前进的基本方向发生错误。因为完全没有经济战略政策就开始实施政策，导致本就负债累累的日本更是雪上加霜了，距离经济崩溃只有一步之遥。

而且，鸠山首相在冲绳问题上还有所欺瞒。他认为外国的军队在日本驻扎 60 年原本就不该让这种事发生。从理想论角度出发，这话可以理解，而且没有理由反对这样的意见。但是，日本是战败国，在战后实际上无法保卫自身安全。日本只能使用 GDP 的 1%在军事上，并且在 60 年内都没卷入任何一场战争，这种情况在世界史上都是十分稀有的。这只能说是因为有美国这样的同盟国作为靠山才能如此。这个同盟国的战略基地就是冲绳。

这个问题在 50 年、100 年内的发展情况都难以预测，必须以长期的眼光来看待并解决。先人岸信介总理一直致力于修改不平等的安保条约，并最终一步一步完成了修改安保条约的伟业。我们若是以此为榜样，以数十倍的努力加之数十年的时间，最终一定能让外国的军事基地在日本消失。但民主党政权一味地求快不求好，这种稚嫩的政治让国民对他们失去了希望。

鸠山政权终结，菅政权诞生了。那个时候，民主党在参议院选举上惨败，“扭曲国会”就此产生。如前所述，直面东日本大地震时，官方的行动十分异常。建立指挥中心、向自卫队发出出动指令等行为都很正常，但是这之后组织的行动完全没有发挥作用，浪费了半年的时间。菅首相信任危机案之后，政治的停滞和胶着也在继续，最终使日本丧失了这一复兴的机会。

宝贵机会的丧失

国民的危机感和集体意识并没有带来改革，使日本失去了这少有的综合改革的宝贵机会。

2010 年 9 月，野田政权成立，开始综合解决日本复兴问题。首先，对指挥中心、日本再生战略、社会保障和税制进行整体改革。其次，提出了要增加消费税，为了日本复兴，必须克服迄今为止的各种负债。

首要的就是要回馈给国民安心感和希望，并在此基础上继续进行综合改革。只要正确分析现状、确认可能性后再果断行动，经济实现增长就存在很大的可能性。下章开始将详述重新给予国民安心感和希望的具体措施。

6 第六章

给国民安心和希望

1. 安心的基本保障是年金

安心的生活是对国家信赖的基础

什么是国民国家的基础？国民国家的基础别无其他，就是国家给予国民安全保障和安心保障（生活保障）。所谓的安全保障就是不让国民受到战争和灾害的侵害；所谓的安心保障就是保障国民的基本生活，特别是国民退休后的生活，为国民提供退休后的安心生活的保障是近代国家的基本条件。

将保障国民安心生活进行制度化的是德国的铁血宰相俾斯麦。他所提出的社会保险制度成为近代国家的基础。在他提出这个制度之前，那些由于疾病和衰老而不能维持自己生活的人只能依靠教会等慈善机构、自治体的扶贫制度以及行业协会的共济工会等。俾斯麦创设了由全体国民出资的应对疾病和事故的制度。

德国在 1883 年颁布了《疾病保险法》，在 1884 年颁布了《意外伤害保险法》，在 1889 年颁布了《伤残老年保险法》（这部法律为年金制度奠定了基础），构建起一套完善的社会保障制度，从此，年金成为退休后生活保障的基础。

保障退休后的安心生活的公共年金

现在，年金越来越不稳定我们后面会提到，年轻人和老年人之间的贫富差距正在不断扩大。年金原本是逐年积累而来的，但是，现在的老年人所享有的是“征税方式”的年金，由最初的积累方式变成现在的“修正的征税方式”，并且正逐渐演变为“征税方式”。从此，年金的财政收入难以自给自足，逐渐脱离最初的积累方式也给年轻人增加了负担，形成了代际间的所得转移。原本，年金应该是自己积累自己使用的，而现在却完全不是了。

随着老龄化的加剧，年轻人越来越少，这种代际转移是否能继续维持是很多人担心的问题。还能不能依赖年金？年金制度到底能否持续？这样的不安变得越来越严重。

出于这种担忧，不交年金的人越来越多。国民年金保险的缴纳率在 20 世纪 90 年代中期以前大约维持在 85％左右，90 年代中期以后，缴纳率开始下降，到了 21 世纪初，缴纳率下降到 60％到 65％左右。这就意味着，国民中有接近四成的人没有缴纳年金。

20 世纪 90 年代以后的 20 年被称为日本“丢失的 20 年”，在这期间发生了很多制度性的变化。获得一号年金的获得者（非公司职员的自营业者等）中不交年金的比例逐渐增加，主要是临时工等处于非正式雇佣关系的劳动者不交年金的人数在增多。另外，家庭主妇等三号年金的获得者中不交年金的人也在增加。这种情况的发生受到经济结构变化以及经济不景气都是原因，但年轻人对年金不信任而不交年金也是一大原因。实际上，如今的年金规定，只要满 20 岁，不论是否被雇佣，都有缴纳年金的义务，而不履行这项义务的人在逐渐增多。

我曾经在学校里跟大一新生一起探讨过这个问题。学生们认为，公共年金能否持续尚不明了，向这样看不到未来的制度投入资金没有任何意义，还不如自己存钱来安排退休后的生活。

我是这样回答的："当然，年轻人通过自己的储蓄来保证将来的生活是比较好，但是，这和不依赖公共年金是两码事。"

为什么呢？因为如果依靠个人储蓄来维持退休后的生活，会有"长寿风险"。也就是说，如果现在开始为退休后的生活储蓄的话，你就必须确定自己还能再活多少年。比如说，80 岁去世的人和 85 岁去世的人所需的养老金不同，存钱方式也不同。实际上，我们面临的风险很大，因为有的人过了 85 岁还是很健康，而有的人在六十多岁的时候就去世了。而且我们无法预估自己能活多久。公共年金这种构想的逻辑就是，大家一起出钱来构成资金池，然后用资金池中的钱来应对未来的风险。所以，公共年金是对将来"长寿风险"的一种规避。个人储蓄固然好，但是，不管公共年金的回报率多低，它都是我们晚年生活不可或缺的保障。

尽管如此，如今社会对年金的信任度仍然不高。

2. 日本的年金真的没问题吗?

巨大的世代间贫富差距

年金的获得者与支付者之间的世代间贫富差距到底有多少呢?日本厚生劳动省基于 2004 年的财政重新计算出的数据是我们分析这个问题的最新依据。表 6－1 显示了从 1935 年出生的人到 2005 年出生的人中,至今为止年金负担额与年金获得数额的倍率比较。

表 6－1　年金负担额与年金获得额的倍率比较

	厚生年金	国民年金		厚生年金	国民年金
1935 年出生(77 岁)	8.3	5.8	1975 年出生(37 岁)	2.4	1.8
1945 年出生(67 岁)	4.6	3.4	1985 年出生(27 岁)	2.3	1.7
1955 年出生(57 岁)	3.2	2.3	1995 年出生(17 岁)	2.3	1.7
1965 年出生(47 岁)	2.7	1.9	2005 年出生(7 岁)	2.3	1.7

出处:厚生劳动省推算资料

根据厚生劳动省的推算,获得额与支付额的倍率在世代间有很大的不同,然而所有的倍率都超过了 1。这就说明得到的年金收入比缴纳的年金费用要多,国民获得的年金总额不可能低于年金支出的总额。

例如,在厚生年金中,1935 年出生的人(现年 77 岁)的倍率是 8.3,1965 年出生的人(现年 47 岁)的倍率是 2.7,而 1995 年出生的人(现年 17 岁)的倍率是 2.3。相应的,国民年金在这几个年龄段的倍率分别是5.8、1.9和1.7。

但是,这个数据很容易被误解。原因有两个。第一,这里是以家庭主妇为一户而计算的。因为家庭主妇属于第三号年金的对象,她们不用交任何费用就能获得基础年金,并且她们还可以继承死亡的家属的厚生年金,所以年金对她们来说是最有利的,而单身的人和双职工夫妻就没有这样的优势,对于后者来说,就要扣除这些优势再进行计算。因此,这个推算是有些夸大的。

第二,企业负担的份额在这个推算中也没有被考虑进来。虽然企业跟劳动者各负担一半的年金保险费,但是从长远来看,羊毛出在羊身上,还是由劳动者负担的。如果这么计算的话,劳动者的负担就会加倍。

将这些因素考虑在内,计算以个人为单位的支付与领取倍率时首先要把家庭主妇所领取的基础年金和继承年金扣除,还要将企业负担计算在内,按照这种计算方式可以得到表6-2的结果。

表6-2　个人单位和世代单位的年金负担和领取倍率的世代间差距

	个人单位(双职工或单身)	世代单位(家庭主妇世代)
1935年出生(77岁)	2.9	8.3
1945年出生(67岁)	1.5	4.5
1955年出生(57岁)	1.0	3.2
1965年出生(47岁)	0.9	2.7
1975年出生(37岁)	0.8	2.5
1985年出生(27岁)	0.7	2.4
1995年出生(17岁)	0.7	2.4

出处:驹村康平推算

注:该推算是基于厚生年金的计算。

根据这个推算结果，比 1965 年出生的人(现年 47 岁)年轻的人的年金负担和领取总额的比例小于 1。也就是说，他们负担的年金比领取的年金要多。特别是对那些不到 20 岁的年轻人而言，他们领取的年金经推测只有负担的年金的一半。

厚生劳动省不知道出于何种原因，只公布了包含家庭主妇的家庭的数据，而这样的家庭在年金方面也是最有利的。然而，今后社会上最普遍的应该是夫妻都工作的双职工家庭或单身的人，有家庭主妇的家庭是少数派。另外，从长期来看，有必要将企业负担的份额作为劳动者劳动价值的一部分考虑，如果这样计算的话，很明显，日本的年金制度对年轻人是非常不利的。

但是，老年人和年轻人之间的年金负担和领取倍率的巨大差别是有日本经济发展的历史背景的。现在的老年人在日本非常贫穷、生活费很低的年代支付了年金，等他们到了领取年金的时候，日本经历了经济高速增长期，进入了经济发展的成熟阶段，生活费也相应提高，因此，他们负担的年金与领取的年金的倍率就变高了。与此相对，年轻人生活在生活费本来就很高的时代，日本经济成熟后进入增长的疲劳期，因此，年轻人在到达领取年金的年龄后所得到的年金很难有大幅度的提高。这正反映了老年人和年轻人所处的历史背景的差异。

虽然年金的负担和领取之间的世代差异很大，但是，如果以领取时的社会生活费作为基准的话，其实老年人和年轻人的领取数额之间并没有实质性的差异。可是，即便是这样，看到世代间如此大的倍率差异，很多人还是会对国民年金的可持续性产生怀疑，这也助长了对国民年金的不信任感和对退休后生活的不安。

因此，政府有必要对国民年金的未来和国民年金的历史缘由进行说明，并且对国民年金的负担和领取的展望以及长期可持续发展的可能性作出浅显易懂的阐释，来取得国民的理解和信任。

为什么会变成这样?

年金是一种超长期的制度，受到过去历史背景的影响，因此，如果不对历史进行考察就很难明白其中的含义。

现在的公共年金制度包括最低保障年金的基础年金（国民年金）、所得比例的厚生年金以及公务员共济年金等。

现在的年金制度基本上是双层结构，厚生年金和公务员共济年金等平行分立。今后的年金改革的主要目的是将其一元化，保证基础部分和所得比例部分的平衡。

我们来反观一下年金制度的历史。日本的年金制度始于第二次世界大战期间。1942 年出现了劳动者年金。这种年金只以正式员工为对象，每月征收工资的 10%，55 岁开始可以领取。战争中，这种劳动者年金被改为厚生年金。在战后的混乱时期，由于通货膨胀极为严重，这个年金制度暂时冻结过，最终终止。当时的通货膨胀率高达 300%，劳动者支付的钱如同废纸一般。

1954 年，这种年金制度重新启用，名称仍沿用“厚生年金”。当时，这种厚生年金的保险费用是工资的 3%，交 40 年的保险费可以获得 10 年的年金。考虑到上班族的支付能力有限，所以暂定 3% 为起征点。后来，为了尽快实现保险费的累积，保险费逐渐提高。另外，公务员等在战前就享有优待和高福利的阶层以及国家铁路和电信公社等机构建立了独有的共济年金。

1960年，日本创立了国民皆年金的制度，对农民、个体户等收入不稳定的人实行定额制，每个月需缴纳100日元的国民年金。国民皆年金制度在世界上是非常先进的。

当初，年金制度选择的是累积方式，但是，随着生活费用的上涨，累积的数额不能满足人们的基本生活，于是改变为修正的累积方式，不久后就变为实际上的课税方式了。也就是说，通过向年轻人征税这种世代间的转移方式来维持年金制度。

在经济高速增长时期，人们对社会保障有很高的期待和要求。这一时期，人们因为经济高速增长，对工资以及年金给付的上涨都有很高的期待，天真地认为出生率会保持2%的增长，年轻劳动力会不断增加。因此，在政治上，不管是在野党还是执政党，都宣扬"高福祉，低负担"。田中角荣内阁还特意将1972年命名为"福祉元年"，实行了让国民承担低负担、享受高福利的大幅增加给付年金的政策。

但是，从20世纪70年代中期开始，环境发生了巨大的变化。1974年爆发了石油危机，20世纪80年代之后经济的增长率变低，少子化现象逐渐严重，年轻的劳动人口变少，而领取年金的老年人口开始增加。

针对这些现象，政治上的应对措施没有跟上。很多专家和专门机构都提倡进行年金制度的改革，认为年金支付率有必要提高到30%。但是，政府年金给付额很难降低，在政治上提高支付率也非常困难，所以从20世纪70年代中期到80年代，日本的年金制度急速转变为事实上的课税制，将年金的负担推给了年轻一代，由此世代间的差异也开始逐渐扩大。另一方面，随着劳动人口减少、老

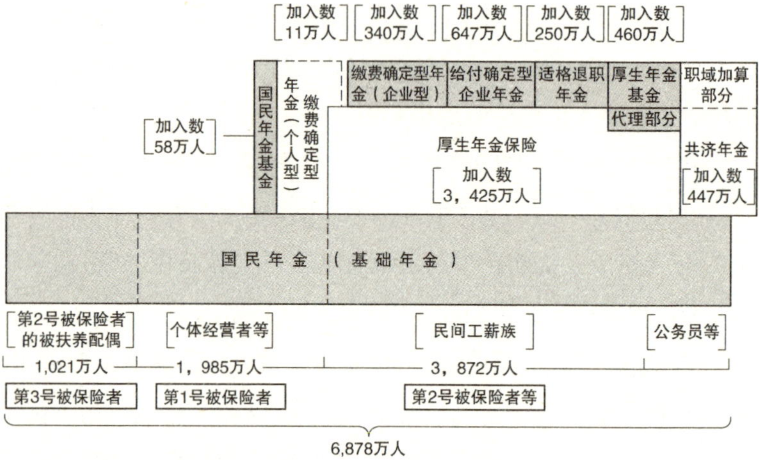

图 6－1　年金制度的构造

出处：厚生劳动省资料

注：1. 数据为 2010 年度末。不过共济年金加入数为 2009 年度末的数字。

2. 现行制度的基本特征为制度分立型与双层结构型。

年人口增加，课税方式也开始难以维持，这种状况在大约 20 年之前就变得非常明显了。

年金改革的经过

面对这样严重的困境，年金改革尝试了各种各样的方式。

其中，1985 年的改革最为有名的。这次改革导入了基础年金，为年金制度奠定了基石。这次改革将财政来源困难的国民年金作为全体国民共通的基础年金，然后把从厚生年金和共济年金中吸收的资金积累起来。在共享财源制度的基础上提供基础年金，暂时避免了国民年金的财政危机。在此基础上，工薪阶层（厚生年金）和公务员（公务员共济）自动加入国民年金（基础年金）。

对于第三号年金者(家庭主妇)的年金制度进行制度化,家庭主妇可以享有年金,但是由于她们本身没有工资收入,所以不用缴纳年金。实际上,考虑到家庭主妇与职业女性之间的关系,她们都享有同等数额的年金,所以,作为家庭主妇的第三号年金是非常特殊的。如果不给家庭主妇年金,就不能保证所有国民都享有年金,也不能称之为“国民皆年金”了。因此,将替代率(缴纳 40 年年金的家庭领取额度除以男性平均工资)规定为 69%。

在此之后,年金制度经历了几次修改,在 2004 年经历了最大的一次修正。2004 年的大改正是一次有着划时代意义的修改。当局将其宣扬为“100 年安心计划”。

其主要特点是,第一次导入了宏观经济浮动。由于考虑到未来老龄化的加剧,从提高年金支付根据的工资上涨率和物价上涨率中扣除 0.9%的年率,从而控制了年金支付的增加。

还设定了保险费率的上限。在 2004 年坂口力当厚生劳动省大臣的时候,计划在 2017 年将厚生年金的保险费率从 13.58%逐渐提高到 18.3%,将国民年金的保险费从 13 300 日元逐渐提高到 16 900 日元,并且约定将来不会再提高年金的保险费。

同时设定了所得替代率的下限。在 2004 年,开始领取年金时候的给付标准是现役家庭平均所得的 59.3%。当时,政府承诺将来也会保持在 50%以上的水平,也就是说维持年金的所得替代率在 50%以上。

另外,政府决定增加基础年金的国库负担比例,预计到 2009 年将基础年金的国库负担比例从三分之一提高为二分之一。至此为止,每五年会进行一次财政的重新计算,但是由于提出了持续

100 年的年金制度，所以之前根据财政重新计算而进行的修正被中止。由于以上的这些改革措施，年金制度达到了财政上的可持续发展，因此，政府开始大胆地宣传所谓的“100 年安心计划”。

但是，之后由于发现这一制度的前提条件并没有得到满足，所以该计划的可持续性受到质疑，国民对年金的不安再次出现。

造成这一结果的第一个原因是通货紧缩的盛行，宏观经济的浮动作用并没有得到发挥。所谓宏观经济的浮动作用，指的是在工资和物价上涨 0.9%以上的时候，在年金的给付方面抑制这种上涨的一种措施。但是，由于之后的经济并没有出现通货膨胀而是通货紧缩，所以宏观经济的浮动功能一次都没有实现过，年金的给付抑制效果也因此完全没有体现。这都是由于当初的设想完全没有考虑到经济会出现通货紧缩。

第二个原因是，在 100 年间将积累的年金的预定使用率定为 4.1%，然而，这一比率在之后并没有维持，而是出现大幅度的下降。日本经济从泡沫经济崩溃之后就陷入了长期的通货紧缩，因此，2005 年到 2009 年的累积年金预定使用率平均仅为 1.25%，这无疑使年金的财政来源更加紧张。

第三，当时预计少子化现象会逐渐缓解，到 2050 年合计特殊出生率会恢复到 1.39，但是现实情况是少子化现象继续恶化，现在的合计特殊出生率已经达到 1.32。这也是促使财政吃紧的另一个重要原因。

第四，预定将基础年金的国库负担比例从 2009 年的三分之一提高到二分之一，但是由于财政困难，经过了 8 年这一目标也没能实现。

由于这些原因，如今大家对年金的课税方式表现出越来越高的兴趣。以前的一号年金领取者基本上是自营业者，但是农业人员和经营商铺的自营业者越来越少，非正式劳动者反而不断增加。近年来，一号年金的领取者中有50%到60%都是非正式劳动者。打临工的家庭主妇的比重也在逐渐增加，因此不交年金的现象逐渐严重，这也意味着年金的空洞化正在逐渐加剧。由此，很多人提出由于年金的支付越来越困难，有必要通过课税的方式来确保年金的财政来源。

除此之外，还有各种各样的年金改革方案被提出。2006年到2007年，各家报社提出了各自的改革提案。

《日本经济报》提出了以下三点：第一，按照阶梯分配的方式，第一层采取全额课税的方式；第二，第二层定为小部分的厚生年金方式（按照报酬比例）；第三，第三层采取大面积的民间企业年金方式。建议整体上提高课税方式的基础年金的比重，并且加大企业年金权重以提高年金的民营化比例。

《朝日新闻》提出扩大对于非正式员工的厚生年金的导入。虽然对于非正式员工的收入不容易把握，但是仍应该把他们归入第二号年金领取者。民间企业的上班族和公务员的年金都实现了一元化，应该努力实现2004年改革所制定的目标。

《读卖新闻》主张改革国民年金和基础年金部分。在国库负担的基础上，应该从税收财源中填补所得比例，最低保障5万日元。

《每日新闻》提倡应该对全体国民实行最低的保障年金，这一最低保障年金应来源于税收，在此基础上采取按照所得比例累积的方式。

2008年，福田内阁提出了“社会保障国民会议报告”。针对“如果将基础年金改为课税方式的话需要追加多少财政支出?”“如果把这些财政支出换算为消费税率的话应该是多少?”等问题，该报告做出了缜密的模拟仿真试验。在这里，我想给大家介绍一下该仿真试验最基本的内容。

首先，我们假定消费税跟随经济的增长而增加：

例A：无论过去的给付状况如何，全体国民的基础年金采取课税方式，全额给付；

例B:根据过去未缴纳的保险费而相应减少给付；

例C:在基础年金上加上过去支付的保险费(3.3万日元)。

在例A中，追加财源和消费税率都会随着转型阶段的深入而增加，消费税有必要上调5%到7%左右。在例C中，如果在基础年金上加上过去支付的保险费，追加财源和消费税率都会提高。

但是，执政党和在野党并没有在该分析结果的基础上达成协议，民主党等在野党没能参加协议。最终，福田内阁还没有达成具体的年金改革计划就结束了政权，现在想来这仍然是一件憾事。

3. 有可能实现的可持续发展的年金

民主党政权制定的年金改革计划

民主党政权是如何考虑的呢？民主党至今为止的年金改革方案都是以2000年提出的方案为基础的。其基本的方案是按照课税方式征收基本年金，在此基础上按照所得比例将两者进行组合，其内容大致经历了三个阶段的变迁。

第一个阶段是在21世纪初期，以菅直人为代表，提出按照所得比例征收的年金（全体国民加入）以课税方式征收，要求全员加入，剩余的部分通过最低所得保障来补充。他们在21世纪初派出了调查团访问瑞典。

第二个阶段是从2004年到2006年，以冈田克也和小泽一郎为代表。这一时期，他们主张基础年金的全额课税方式，但是这一方式不适用于收入在1 500万日元以上的高收入者，并在此基础上附加了所得比例年金（全体国民加入）。他们的这一举动被认为是为了获得工会的支持，在基础年金全额课税的方式（高收入者不适用）之上增加了全体国民加入的所得比例年金方式，他们将高收入者排除在外，这正是民主党的特色之一，并且由于是课税方式，所以不需要动用政府财政支出。

第三个阶段是2009年以后，也就是从民主党取得政权开始到2011年为止。这一时期，他们提倡在所得比例年金（全体国民加入）的基础上，以课税方式的最低保障年金（面向低收入者）作为补充，这一方式类似于瑞典的年金制度。

民主党政权所描绘的新的年金制度的愿景

关于新的年金制度的大致内容，在社会保障和税收的一体化改革草案中有以下陈述。首先，新的年金制度由所得比例年金和最低保障年金两部分组成。

作为推算的前提条件，假设人口变化按照“日本将来的人口推算”(2006 年推算)中的中等出生率和中等死亡率,2005 年的出生率为 1.26,则认为 2055 年的出生率也将维持在 1.26。经济方面,假设 2016 年以后,物价的上涨率为 1%,名义工资上涨率为 2.5%,名义资金运用的回报率为 4.1%。这一假设是比较乐观的。

预计这一新制度将于 2016 年开始实施,而现行制度实行期间所支付的年金根据制度的内容进行支付,设想基础年金的二分之一由国库负担,新制度开始实行 40 年后年金的给付费用中大约 40%都是由于旧制度造成的。

新制度的实行完成后,所得比例年金中被保险人的对象为 15～64岁,保险费负担率为 15%,被雇用者的保险费根据工资收入计算,用人单位和被雇用者各负担一半。自营业者的保险费在计算时要从营业额中扣除必要的经费,完全由自营业者个人负担。国民支付的保险费(年金资产)的回报率将按照资金运转的回报率给予利息,该资金运转回报率是从工资上涨率中扣除现役劳动人口的减少率,再加上其他变量得来的。开始领取年金后的年金数额按照资金运转回报率上下浮动。

最低保障年金根据所得比例年金的数额的大小,最高支付 7 万日元,从 65 岁开始支付。最低保障年金和现在实行的基础年金的全体国民支付不同,它意味着如果所得比例年金为零的话,最多可以得到 7 万日元的最低保障年金,而随着所得比例年金的上升,最低保障年金的数额将逐渐减少。高收入者的最低保障年金将为零。

最低保障年金满额支付的时间是从 20 岁到 59 岁的 40 年,至于从什么样的收入水平开始最低保障年金的支付将变为零,给出

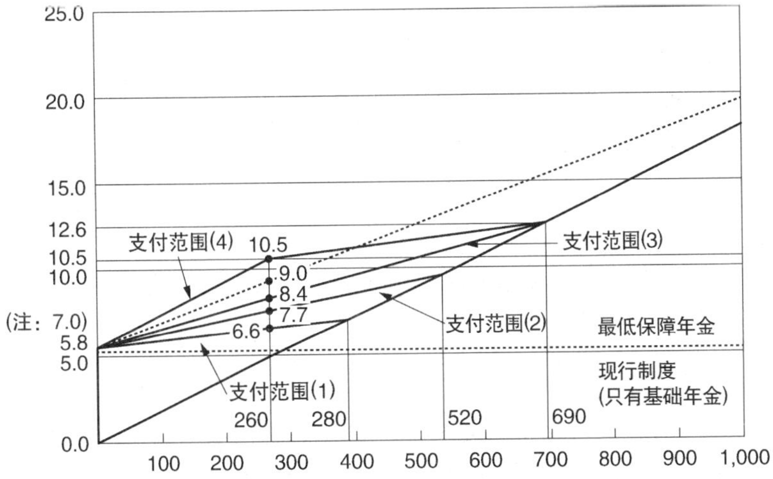

图 6－2　最低保障年金支付范围构想图(2065 年构想)

出处：民主党资料

注释：1. 图的纵轴为每人每月的年金数额，单位：万日元；图的横轴为每人的平均年收入，单位：万日元

2. 纵轴的月年金数额是按照假定的年金运营回报率计算出的 2065 年的名义额度下考虑了到 2016 年(制度施行时)为止工资的增长率因素后得出的数值，因此 5.8 万日元的表面数值比制度转换时(7 万日元)更小。图中横轴(注：7.0)是按照假定的年金运营回报率得出的数值，因此最低保障年金表记为 7 万日元。

了四个方案：

第一，对于所得比例年金收入为零的人，将对其支付满额(每月 7 万日元)的最低保障年金，而所得比例年金为 7 万日元的人，对其支付的最低保障年金为零，两者之间按照直线型比例进行分配。

第二，终生的平均年收入为 520 万日元的人，其最低保障年金为零，从 0 到 520 万日元之间的人，其最低保障年金按照直线型比例进行分配。

第三，所得比例年金收入为 12.6 万日元(终生平均年收入为

690 万日元)的人，其最低保障年金为零，所得比例年金从 0 到 12.6 万日元之间的人，其最低保障年金按照直线型比例进行分配。

第四，终生平均年收入从 0 到 260 万日元之间的人，其最低保障年金为满额支付，所得比例年金为 12.6 万日元(终生平均所得相当于 690 万日元)的人，其最低保障年金为零。年收入从 260 万到 690 万之间的人，其最低保障年金按照直线型比例进行分配。

这四种最低保障年金的支付方案与支付给全体国民的现行的基础年金相比，预计其中第一个方案的财政负担为全体的 39.3%，第二个方案为 48.7%，第三个方案为 58.3%，第四个方案为 74.9%。另外，这四个方案的所得替代率分别为 37%、42%、46% 和 59%，而现行制度的所得替代率为 50%。

这一新的年金制度方案在 2012 年 6 月虽然是民主党政权最具体的一个方案，但是尚未公开。它与现行制度相比，最明显的特点在于对于低收入阶层的重点支付。关于应该对于什么样的低收入阶层进行最低保障年金的支付，在民主党内貌似出现了意见分歧。跟财务省关系较近的重视财政规律派主张第一种方案，而跟小泽一郎关系较近的派别提倡第三种方案，在民主党内部还没有达成一致。从现实考虑，第二种方案较为妥当。

可持续发展的年金制度

我认为，无论如何政府都应该尽早对国民公开可持续发展的年金改革计划。其中包含几个问题：第一，一元化是否可能实现？例如，共济年金是以公务员等作为对象的，像学校的老师就不属于共济年金的对象，日本铁路 JR 也是最近才加入共济年金的。政府宣扬将花 40 年时间实现如今复杂的年金制度的一元化，但是仍然没有推出什么具体的政策。关于 7 万日元的最低保障年金至今也没有清晰的解释，也看不到具体的计划，并且关于支付的方式、财源的担保等问题也没有具体的对策，其成本以及如果把消费税的收入当作其财源的话需要多少比例也不明了。

另外，从现行制度到新制度的转移过程中存在很大的问题，就是在旧制度到新制度的转型过程中，残留的国家的年金纯负债如何填补的问题。

现在看来，未来 100 年内，国家的年金债务（基于国民的年金请求权）的总额将是 2 630 兆日元，而国家的年金资产为 2 190 兆日元，这之间有 440 兆日元的差额。

更详细地来解释的话，厚生年金的年金债务共 2 630 兆日元，如果维持现行的年金水平的话，该数额也是今后 100 年内的年金债务总额，同时也是在没有扣除利息情况下的支付金额的总额。年金资产中的 2 190 兆日元中，国库负担 540 兆日元，累积资金为 260 兆日元（现在为 140 兆日元），年金保险费的收入为 1 390 兆日元（按照现行保险费的 13.4%来推算）。年金债务和年金资产之间的差额为 440 兆日元。

将厚生年金和国民年金加在一起的话，因为国民年金的请求权总额为 100 兆日元，所以其请求权总额和年金资产总额之间的差额将为 540 兆日元。问题就在于在新旧制度转型的过程中如何填补这 540 兆日元的巨大缺口。

关于将来债务和资产的差额，按照现在的推算是 540 兆日元，实际上由于债务和资产的数额将会受到很多因素的影响而发生变化，所以要让债务和资产的数额平衡也并非不可能。

第一，可以让差额减少的要素主要有三个。第一个是提高保险费，目标是从现在的13.4%提高到18.3%，如果长期贯彻执行的话，每年增加的负担是很小的，提高到必要的负担水平也是有可能的。第二个要素是提高支付开始的年龄。第三个要素是在经济处于通货紧缩的时候利用宏观经济的浮动来减少支付。如果做到以上几点，负债和资产之间的差额就会朝着缩小的方向移动。

另一方面，也有一些要素会引起差额的扩大。第一个就是国民寿命的延长，第二个就是少子化的影响，第三个是劳动力所占比例的下降。

至今为止的8年间，在不减少名义支付的方针下，通货紧缩的时候并没有实施物价的浮动，以至于造成了5兆日元的过度支付。另外，由于也没有实行由于人口减少而产生的－0.9%的宏观经济浮动，以至于造成6兆日元的过度支付。

将以上这些不完备的情况进行改正，到2017年为止按照预定将原本的保险费提高，将支付开始的年龄阶段性地提高2～3年，并且在通货紧缩的时候根据高龄化（寿命延长）、出生率的减少以及劳动力减少等情况来适当地消减支出，那么在未来二三十年间，资产和负债之间的540兆日元的差额是可以被吸收的。如果按照每年－0.9%的比率浮动的话，未来20年之内，厚生年金将可以削减两成，国民年金将可以削减三成。关于这些事项，政府应该真诚地对民众进行公开说明。

跟现行制度相比，民主党政权的新年金构想除了强调对于低收入阶层的重点支付，在财政规模方面跟现行制度相比并没有很大差别。因此,如果按照以上阐述的内容进行实际的调整的话,可持续发展的年金制度是有可能被再次构建起来的。

而最重要的是要把这些信息早日详细地对国民公开,因此,仅仅只有民主党内部达成一致是不够的,需要在野党与执政党也达成一致。

信息公开以及对国民进行说明

为了实现以上目标,在野党与执政党之间协同商议的制度化和义务化是必不可少的。在民主党的提倡下,"一体化改革"的在野党和执政党协议终于在2012年6月开始了。在这次协议中,以民主党对自民党的妥协告终。在以前自民党执政时期,民主党并未回应过在野党和执政党协议的邀请,也因此年金改革迟迟无法进展。国民年金的课题是比年金寿命更长期的一个重要议题,因此有必要将其作为全体国会议员的义务,将超党派之间的协议进行制度化的规定。

在瑞典的年金改革历史上,曾经实现了把在野党和执政党协议义务化的年金改革。1991年,社会民主党结束了30年的政权统治,以保守党为中心的联合政府成立。由在野党和执政党等7个政党的议员组成了年金改革工作小组,该工作小组不允许有利害关系的人参加,并要求各个政党的干部退出,从而达成了最终的决策。他们遵循不公开讨论,遵守一直协议的原则,排除了一切杂音。但是,在准备向国民公开的时候,受到了来自劳动工会、经营者团体、在野党的批评,一直等到1994年的大选前才在议会得到了对于改革方案的基本部分的同意。整个改革方案的成立就像走钢丝一样充满了风险。我认为现在的日本应该学习瑞典的经验。

年金决定了长达四五十年之久的国民利害关系，而政党执政的时间却远远短于这一时间，因此不能受政党之间的纷争和纠葛的影响，而应该将在野党和执政党之间的协议法制化，制定出以国民利益优先的年金改革方案。

另外，应该贯彻执行共通番号制度。现在，政府正在为个人番号制度的开展而做准备。这一制度是非常重要的，它将给每位国民一个统一用来管理社会保障和税金的番号。政府预计将于2015年1月开始执行。这一制度可以使政府准确地掌握国民收入等信息，有利于年金、看护保险以及税收申告等手续的顺利开展，并且预计将来可以实现国民在自己家中办理这些手续。通过共通的番号来处理这些复杂的手续，可以提高行政效率，对于政府的财政重建也有很大的帮助。

最重要的是，政府要明确地发出这样的信号——可持续发展的年金是有可能实现的。虽然世代间的差异表面上看起来的确很大，但是，高龄世代是在生活费很低的时期支付保险费而在生活费很高的时期领取年金，领取和支出的倍率肯定会变高。在高速成长期之后支付保险费的世代却恰恰相反。从年金领取金额占社会平均生活费的比例来看，世代间的差异并没有那么大。

综上所述：第一，提高保险费；第二，降低给付；第三，将开始支付的年龄推迟；第四，在通货紧缩的时候进行宏观调整（成长率、人口高龄化率）。如果切实执行这四点的话，540兆日元的缺口是可以被填补的，年金的持续发展也是可实现的。政府应该理解事物的本质，做好政府该做的事情，并且及时向国民进行详细的说明，取得国民的理解和信任，这才是政府的真正职责所在。

4. 希望差异的根本是雇佣的差异

希望差异的根本是雇佣的差异

让国民对未来充满希望，是跟安心同等重要的国家战略的基础。国民，特别是年轻人，是否对未来抱有希望，是日本重建的关键。前面已经提到，现在的日本社会是年轻人对未来不抱希望的希望差异型社会，而造成这种希望差异的根本原因在于雇佣的差异。

现在，失业和不安定就业（自由职业者、派遣等非正规雇佣）大量存在。一部分人由于终身雇佣而受到保护，而没有得到终身雇佣机会的人则对未来失去希望，并且这样的人在不断增多。日本的社会环境已经发生了巨大的变化，但是终身雇佣制度却没有与时俱进，以至于矛盾扩大。

实现终身雇佣的基本社会条件已经没有了，但是这种特殊制度的既得利益者们为了维护自己的既得利益而维持着这一制度，造成现在社会上的年轻人对于未来不抱希望。因此，必须要从根本上改变这一制度。虽然这一制度在50年前曾很好地发挥过作用，但是却没有与时俱进，正是制度落后，夺走了国民的希望。

终身雇佣制度是什么时候、怎样在日本社会生根发芽的？

日本特有的“终身雇佣，年功序列，企业内部工会”三大神器曾经是日本社会的强项。完全雇佣、企业内部的职业形成以及安定的劳资关系曾经给日本经济带来了巨大的发展，也是日本社会高度成长的一个时代背景。终身雇佣制度一直被认为是日本社会固有的制度，但实际上并不是这样的。终身雇佣制度形成于经济高速增长时期，后逐渐普及，在日本社会生根发芽。在第二次世界大战之前，政府和大的财阀公司的干部实行的是长期雇佣，但是大多数企业和普通劳动者之间并不实行这样的制度。到了经济高速增长时期，终身雇佣制度开始被越来越多的企业采用。

在20世纪50年代到70年代前半期，日本经济的平均实际增长率一直保持在10%左右。当时的人口构造较为年轻，以年平均增长率2%左右的速度增长。

由于经济的迅猛发展，对于劳动力的需求也急剧扩大，年轻劳动力的供给在当时是很充沛的。

在经济高速增长的背景下，企业如何调配劳动力、培训劳动力并使之长期为企业服务成为最重要的课题。由于企业一味雇佣却从不解雇，结果就形成了现在的终身雇佣制度。所谓的终身雇佣就是不规定雇佣期限，但没有终身雇佣的契约。在劳动法上并没有相关规定，在企业里也没有相应的雇佣合同。由于没有雇佣期限，所以被称为是终身雇佣。由于随着职业熟练程度的提升工资也相应提升，在经济增长的背景下，劳动者的收入水平相应提高，最终形成了年功工资。无论是终身雇佣还是年功工资，都是在经济高度增长的背景下实现的。

由于当时日本社会上按照职业种类划分工会和按照产业划分工会尚未成熟，而经济发展又十分迅速，因此在企业内部出现了以正式员工为工会成员的企业内部工会，且内部工会迅速普及。这一工会模式的形成并没有经历任何的工人运动，而是在第二次世界大战后经历了将近10年时间就迅速普及开来。企业内部工会作为调节劳动者和用人单位之间关系的重要纽带，现在已经成为保护正式员工既得利益的一个组织。在日本，丈夫作为一家之主在公司工作，妻子作为家庭主妇守护家庭，是最基本的一种家庭构成模式。

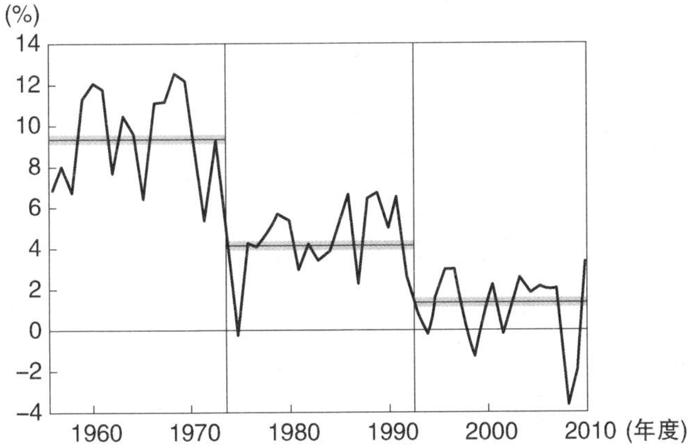

图6-3　经济(实际GDP)成长率的推移

出处：日本内阁府《国民经济计算》
注释：经济成长率指的是实际GDP成长率。

雇佣环境大趋势的变化

但是，日本雇佣环境的大趋势正在发生极大的变化。经济高速增长时代结束后，20 世纪 70 年代后半期到 80 年代，日本经济处于中度增长（增长率为 5%左右），从 20 世纪 90 年代到 21 世纪，日本经济处于低增长（增长率为 1%左右），从 20 世纪 90 年代前半期至今，日本经济被称为“失去的 20 年”，其宏观经济环境发生了巨大的变化。特别是从 20 世纪 90 年代开始，由于全球化的推进，众多的新兴国家崛起，竞争也日趋激烈。另一方面，从 20 世纪 80 年代后半期开始，日本的年轻人口（15 岁人口）开始减少，女性就业的情况逐渐增多，劳动力的供给开始多样化。就业人口中，年轻男性相对减少，家庭主妇、中年男性以及从学校毕业的女性比例增加。以前的男主外、女主内的家庭结构现在已经成为少数派。

坚持终身雇佣制度而产生的矛盾

由于对经济高速增长时期形成的终身雇佣制度过于执着，使日本社会产生了很多矛盾。在经济陷入低迷、全球化竞争不断激化的时代，降低劳动成本以及经济减震系统是必不可少的。但是，即便如此，日本仍然拘泥于终身雇佣制度，优先保障正式员工的既得利益，使被保护的群体陷入长时间无限定的劳动，增加了换工作的难度，加大了双职工家庭的负担，造成了育儿难、家庭解体等各种社会问题。

另外，在世界竞争日趋激烈的环境下，企业需要经济减震系统，非正规雇佣的比例逐渐增大，派遣、短期就业者、临时工、承包以及转承包等就业形式也在不断增加。在正规的终身雇佣系统周围出现了不安定就业层，并且这一不安定就业层在不断扩大。这就直接导致了社会不公平、希望差异以及生活不安定等社会问题的增加。这些都是由于终身雇佣制度在50年前停止与时俱进而引起的后果。

错误的政策进一步激化了矛盾

在此基础上，一些错误的政策激化了这些矛盾。第一，派遣劳动法制度越改越差。针对贫富差距的扩大和不安定就业层的出现，民主党政权在2009年取得政权之后就努力强化派遣劳动的规范性。其基本想法是将正规雇佣作为雇佣原本应该具有的形式，通过法律限制短期以及不安定的雇佣形式，使其不再继续扩大。政府具体实施了以下政策：第一，“原则上禁止登录型派遣”(26种专门业种除外)；第二，“原则上禁止制造业务的派遣员工”(通常雇佣的劳动者派遣为例外)。这些政策限制了派遣劳动，导致那些没有能力雇佣正规劳动者的公司开始削减雇佣的数量，甚至向海外转移，使得原本就处于不利地位的劳动者更加丧失了工作机会，因此这些政策受到了批判。

最终，为了取得自民党和公明党的同意，民主党政权将这些条款从法案中删除，在2012年的通常国会中成立的改正案里作出如下规定：第一，“原则上禁止日工的派遣(每天或者是2个月30天以内的雇佣)；第二，“原派遣公司雇主有义务努力将限制期限的雇佣派遣转为无期限限制的雇佣”；第三，“将派遣费用中包含的手续费等信息公开化的义务”等。如上所示，该改正案和之前的派遣法几乎没有任何改变。因此，不得不承认那些主张改革派遣劳动法制度的政治家只有改革的理念，却对市场现实情况缺乏了解。

第二个错误的政策就是对领取年金年龄被提高的高龄者实施

雇佣义务化。这严重地影响了企业自身调节雇佣的自主性，损害了企业应对市场的弹性。按照现状将高龄者的雇佣义务化之后，企业就丧失了雇用年轻人的余地，不安定就业会更加恶化。这项政策仅仅是一种诡辩，由于年金支付开始的年龄被推迟，为了填补高龄者的雇用空白期，而进行义务化的规定，这样会使整个社会的运转都受到影响。

那么，到底应该怎么办呢？不对企业进行义务化的规定，而是让企业自己作出判断，如果认为高龄者中存在对于企业发展有利的人，那就延长其雇佣时间或者是采用临时雇佣的形式。高龄者也需要工作，但是并不一定必须按照正式员工那样对他们进行固定雇佣。将对高龄者的延长雇佣义务化，会使企业失去适应市场的能力，结果反而造成雇佣减少，使劳动者利益受到损害。如果随着高龄者年纪的增长而将雇佣形式改变为部分雇佣，这样可以适应市场分散以及多样化的需求，不仅可以保障对高龄者的适当雇佣，也可以保持劳动市场的适应能力，是一举两得的。

第三个错误的政策就是提高最低工资。关于这一点，2009 年民主党的纲领将全国的最低工资定为每小时 800 日元，并且明确规定将在不久的将来实现每小时 1 000 日元。而这会使企业减少雇佣数量，对于劳动者来说是不利的。从 2011 年的状况来看，全国的平均最低工资为每小时 737 日元，最低的地区为 645 日元，停留在极小幅度的上调阶段。

第四个错误的政策是关于雇佣调整给付金。雇佣调整给付金是从 20 世纪 70 年代后半期经济开始出现下滑时导入的一项政策，目的是维持经济高速增长时期的雇佣水平。例如，如果企业的生产下降了10%，那么原本应该有10%的雇佣是企业无法继续维持的，如果想要继续维持原来的雇佣水平，那就需要政府补贴。为了维持以前的雇佣，这一政策佐证了政府雇佣政策完全属于企业雇佣依存型，像这样不公平的政策在日本经济高速增长时期一直正常持续着。

如果经济继续维持高速增长，这一政策也无可厚非，但是，经济的高速增长已经结束，却继续实行高速增长时期的政策，就会使整个社会陷入混乱。在雷曼危机之后的2009年，由于支付雇佣调整给付金而浪费了大约650亿的国民税金。也就是说，那些在大企业得到终身雇佣和年功序列制度保护的人由于该给付金而得到了双重的保护。这是一种完全倒退的政策。政府应该正确认识雇佣环境大趋势的变化，从而出台相应的新的雇佣政策，但是政府却没有这么做。政府的做法夺走了年轻人生存的希望，但是大家却都没有注意到，这是最可怕的。接下来，我将详细阐述如何根据雇佣环境大趋势的变化来制定新的雇佣政策。

5. 年轻人就业的实际情况

失业与不完全就业的积累

首先，让我们来看看就业的实际情况吧。

第一，失业和不完全就业的情况正在不断累积。

根据图6-4，我们可以看到所有年龄层的失业率为4%~5%，

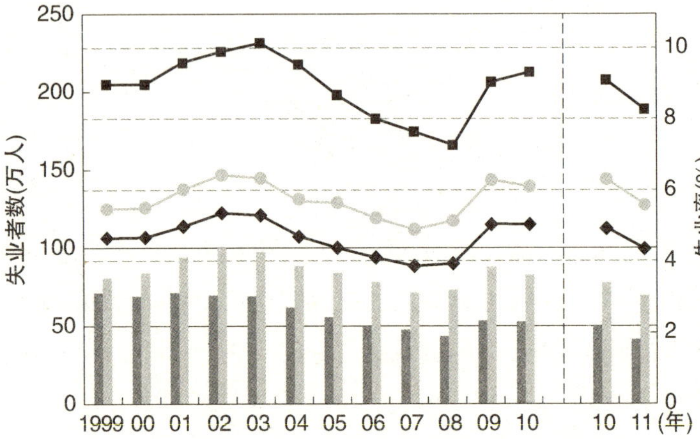

图 6－4　年轻劳动力的完全失业者人数和失业率的走势

出处：日本总务省统计局《劳动力调查》基本统计

注释：1. 完全失业者人数为平均数值。

2. 左数轴表示完全失业者人数(横向实线)，单位是万人。右数轴表示完全失业率(横向虚线)，单位是%。

3. 完全失业者人数用柱状图表示，深灰色表示 15～24 岁之间的劳动力阶层，浅灰色表示 25～34 岁劳动力阶层。

4. 2011 年和 2012 年的数据是排除了岩手县、宫城县和福岛县的数据。

而年轻人(15～24 岁)的失业率为 8%～10%，25～35 岁的人的失业率为 5%～6%。失业的人数大约为 140～160 万人。而在经济高速增长期，年轻人的失业率是 2%左右，现在却增长到 10%，这与以前美国的情况很相似。也就是说，现在的社会没有给年轻人很好的就业机会。在 20 多年前，情况是截然相反的，年轻人优先享有被雇用的机会，但是现在一切都变了。

第二，自由职业者以及不工作、不学习也不接受职业培训的啃老族越来越多。根据图 6－5 可以看到，厚生劳动省推测这类人一共有 200 万左右，而内阁府认为这类人有 400 万之多。由于两个

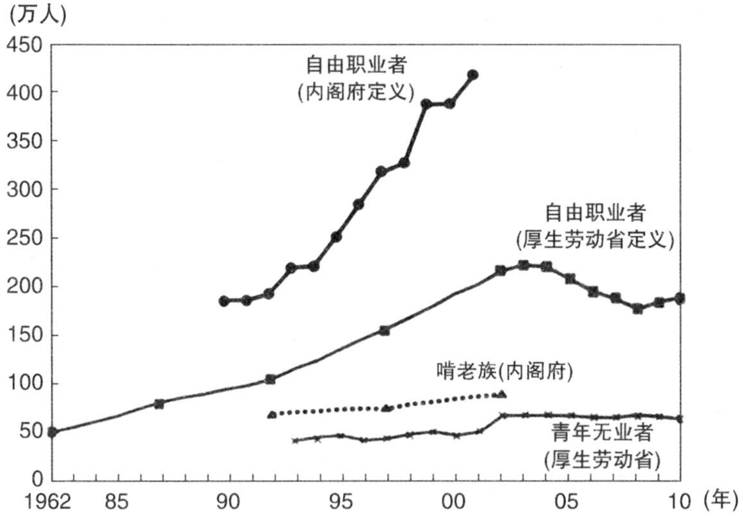

图 6－5　自由职业者以及啃老族人数的走势

出处：日本内阁府：《关于无职业的年轻人的调查报告(中间报告)》，载《国民生活白皮书》，2003 年；厚生劳动省：《劳动经济的分析》，2011 年。原资料出自总务省统计局《就业构造基本调查》和《劳动力调查》各年版。

部门对“啃老族”的定义完全不同，所以所得出的数据差了一倍。

为什么会有这样大的差异呢？厚生劳动省在 1991 年的《劳动白皮书》中将自由职业者定义为“有希望的人”。也就是说，厚生劳动省将那些不愿意做正式员工而希望做临时工的无业人员视为“自由职业者”。但是，因不愿意做正式员工而主动选择做临时工的人是很少的。内阁府将自由职业者定义为“不得不选择自由职业的人，希望成为正式员工的人”，所以将劳务派遣工和短期合同工也视为自由职业者进来。

由于稳定工作的减少，一些劳动者只能打短工或打临工，工作很不稳定，从这个角度上讲，内阁府的定义更加具有现实意义。不希望做正式员工而只希望做临时工的人毕竟是特例。

另外还出现了啃老族。这些人既没有就业的意愿，也不接受职业培训。这种现象已经在英国受到了关注。对于这个群体，厚生劳动省将其视为年轻无职业者(《劳动白皮书》)，将其定义为“不就业、不求职、不上学、不做家务的人群”。2003 年，这一人群达到 52 万人左右。另一方面，按照内阁府的推算，啃老族共有 82 万人，统计人数的差异也是由于定义不同而造成的。

第三，出现了低收入群体。低收入群体指的是虽然有全职工作，但是却难以维持正常的生活，或者说他们的收入没有达到最低生活保障标准。20 世纪 90 年代，美国首先提出“低收入群体”一词，之后成为世界各国普遍存在的社会现象和社会问题。美国的社会保障制度并不能覆盖所有人，公共扶助的对象在实现自立的过程中成了低收入群体，并且成为社会问题引起了重视。

在 20 世纪 90 年代的全球化浪潮中，日本企业被迫削减工人工资，随着劳动市场规制的缓和(劳务派遣的阶段性自由化等)，临时工以及短期合同工等非正式雇佣形式开始增加。20 世纪 90 年代经济泡沫破灭后，经济持续处于长期的通货紧缩状态。在这一被称为“就职冰河期”的时代，被雇用的年轻的正式员工明显减少，无法转正的员工难以摆脱不安定感。

近年，低收入群体日益庞大。据推测，接近两成的家庭属于低收入阶层(后藤道夫：《贫困急剧增加的实际情况及其背景》，《贫困研究(第一卷)》)。低收入阶层正在不断扩大。根据国税厅的“民间企业工资实际情况调查”显示，2009 年年收入在 200 万以下的劳动者占总体劳动者的 24.5%。

根据八代尚宏的推算，非正式雇佣劳动者占总雇佣劳动者的三分之一，也就是大概有 1 800 万人属于非正式雇佣劳动者，其中大部分属于低收入群体，而且大部分是年轻人。

山田昌弘将低收入群体定义为“有工作并且工作态度认真，但是却不能得到相应的收入”的人群。他研究了出现这一群体的原因，认为要改善并解决这一社会问题，需要从根本上改变社会保障制度。

应该怎么解决这一问题呢？在日本，失业保险、最低工资以及生活保护制度被当成保障国民生活的安全网。但是，这些安全网却无法解决低收入群体的问题。这些安全网是建立在过去的经济高速增长的基础之上的，以过去的经济高速增长时代的雇佣方式和生活方式为前提的。例如，过去的雇佣分为是正规雇佣、全职雇佣、终身雇佣，对于这些雇佣方式之外的人，就用失业保险来进行救济。如果是自营业者，当其经营出现问题、面临生活困境的时候，就用生活保护制度对其进行救济，而生活方面基本上都是以已婚且不存在离婚为前提的。

这样的安全网是在出现事故（生病、受伤、抚养者死亡等）以及失业风险时通过保险来救济那些无法生活的人，如果有其他的生活来源就不能获得救济，也正因为如此，法律不允许给劳动者的报酬低于最低工资。

在这样的背景下，出现了低收入群体问题。有正式的工作却难以脱离贫困的生活，这样的人越来越多。由于社会和经济情况的变化，这些人的生活越来越不稳定。

其原因有以下几点：第一，无法成为正式员工。现在的劳动者中有三分之一属于非正式受雇者。第二，私营的风险在变高。随着产业结构的变化，有些产业被时代所淘汰，并且农村地区的人口越来越少。第三，无法结婚。现在，终生不婚的人占总人口的25%。第四，离婚的风险提高。现在，每三对夫妻中就有一对会离婚。第五，专门职业的雇佣出现供需失衡。博士过多的现象十分严重，学校的教职员工数量正在不断减少，数万个拥有博士学位的人都无法找到工作。产生这些问题的原因都是由于经济结构的变化而引起的结果。因此，以前的安全网无法适应当前的变化。

也就是说，在现代社会，即便没有特殊理由，也有极大的陷入贫困状态的可能性，即使很认真地工作和生活，也有可能贫穷。而以前的安全网无法满足低收入群体的需求，也无法解除他们的不安。那些脱离了安定的雇佣模式和传统家庭模式的人一生都无法过上普通人的生活，日本的社会保障制度也无法保障他们的生活。

山田昌弘认为，针对低收入群体问题，不应该等发生事故之后再进行保障，而应该首先保障他们的基本收入，并且不向他们征收负所得税。这样可以在某种程度上提高这些贫困群体的生活水平。

其次，他认为应该导入年金里程数制度。如果改变职业，有可能支付年金的年限会不足，而随着生活样式的多样化，可以通过让全体国民积累年金里程数的点数来应对社会构造的变化。

再次，他认为应该通过父母的保险来对养育小孩进行支援。最后，他还认为应该导入支持年轻人自立的支援体系。

那么，现状是怎样的呢？现在有 150 万人处于完全失业的状态，有 400 万自由职业者，还有 80 万啃老族；非正式雇员多达 1 800

万人，其中30岁以下的年轻人大约占800万到900万人；劳动条件恶劣的低收入群体大约有400万到500万人。虽然有重复计算的可能，但是至少有1 000万以上的年轻人处于失业或不完全就业的状态，没有稳定的工作。这是很重要的一点。

另一方面，桥本俊诏教授指出，以前日本社会在血缘、地缘以及社缘等方面，人与人之间都有着很亲密的联系，这些亲密的联系使日本社会形成了社会性共同体，但是随着经济的发展以及个人主义的渗透，这样的社会性纽带逐渐减弱，人与人之间关系越来越冷漠，这样的社会状态被称为“无缘社会”。在这样的社会中，家人之间不再像传统的日本社会那样相互扶助，传统的日本社会的机能逐渐退化，随之出现了少子化、不婚、大龄单身人群的贫困问题、孤老和自杀等严重的社会问题（桥本俊诏：《无缘社会的真面目》，2011年）。

谁来支撑我们的生活和经济？

除了以上这些社会问题，从长期来看，日本社会的劳动力正在不断减少。

总务省的“劳动力调查”和劳动政策研修机构的“劳动力供需推测（2007年版）”显示，劳动力在2010年约有6 590万人，但是到2050年将会降到4 700～4 800万人。到那个时候，担当社会重任的将是现在的年轻阶层，如果这些年轻人中有1 000万人处于极其恶劣的生活状况的话，那将由谁来支撑我们的生活和经济？

这些年轻人没有受过适当的教育，也没有接受必要的训练，他们的生活没有保障和希望。但是，不完全就业会继续扩大，到底他们可以打零工到什么时候？他们还有机会掌握工作所需要的能力吗？不完全就业以及不安定就业的问题的扩大、社会贫富差距的扩大以及生活困难者的增多都是需要担心的问题。

日本的劳动力长期持续减少，2010 年的总人口为 1 亿 2 806 万，到 2050 年将下降为 9 708 万人（按照中等出生率、中等死亡率来计算）。如果按照低出生率和高死亡率来计算的话，到 2050 年人口将下降到 9 000 万人。劳动力可以分为“劳动力参与增加的情况”（以 2006 年的劳动力比率维持不变、经济增长率低为前提）和“劳动力参与不增加的情况”（以劳动力比率提高、经济增长率高为前提）。如果按照“劳动力参与不增加”的情况，现有的 4 669 万劳动人口在三四十年后，到 21 世纪中叶，将减少到 4 000 万人左右，其中的中流砥柱是现在的年轻人，而这些年轻人正面临着失业和不完全就业，他们能否承担起未来的重任呢？那么，对这 1 000 万人置之不理合适吗？这是一个很严重的问题。

6. 雇佣常规和劳动政策的大转变

时代所追求的雇佣制度和雇佣政策的大转变

那么，到底如何才能解决这些问题呢？所谓的雇佣需求就是生产的派生需求。增加雇佣机会的源泉在于经济增长，但是对于相同的潜在需求存在巨大的供给不平衡就会导致雇佣不安定、国民生活不安定、制约经济活动的发展。正如山田昌弘所指出的那样，如果出现了多种多样的生活方式，那么就会引发职业的中断从而造成很多摩擦。

其原因在于政府执拗于不符合新的大环境的旧的雇佣体制。到20世纪70年代为止一直发挥作用的以正式员工为中心的终身雇佣制度和如今的环境产生了矛盾。为了解决这一矛盾，就必须将雇佣体制转换为适应新的雇佣环境和时代大潮流的合理的雇佣制度，并实现雇佣政策的转变。

如前所述，现如今的雇佣政策仍然是以经济高速增长时期的终身雇佣制度、男性的无限定劳动以及女性做家庭主妇等为前提的。采取适应多样化的劳动力以及多样化的劳动形态的雇佣政策越来越重要。宫本弘晓指出，职业介绍以及充实职业匹配的机能对于减少失业和灵活运用劳动力是非常有益的。

实现同工同酬的大原则

对同等的劳动成果给予相同的报酬是一个大原则。现在，在学习机会和培训机会等方面，对正式员工和非正式员工有着很大的差别。即使正式员工和非正式员工的职务、雇佣时间不同，也必须对相同的劳动成果和相同的贡献提供同等的报酬以及同等的学习机会和培训机会。

在日本的劳动市场中，不论是什么样的雇佣制度，都是统一根据劳动者在雇佣中的地位和立场来决定劳动报酬的，根本不考察劳动者的劳动能力和劳动内容。实际上，应该根据劳动者的劳动内容和劳动能力来决定雇佣和劳动报酬，否则年轻人的就业机会就不会增加。

现在，最重要的是将日本的劳动市场、劳动政策以及雇佣方式朝着同工同酬的目标进行改革。

另外，在正规的终身雇佣体制中也有差别对待，如男女劳动者之间的差别对待、不同职业间的差别对待等，因而需要公正的评价机制以实现人尽其才。能力评价分为综合评价和多面性评价，必须是公正并且客观的，要获得劳动者本人的理解和接纳，要以促进劳动者不断提高、不断努力为目标。对那些获得低评价的劳动者应该采取降级、更换岗位、不续约以及对其再就业进行支援等措施。

促进多样化的雇佣体制的实现也是非常重要的。针对日趋多样化的劳动供给，应该努力实现工作和家庭的两立雇佣模式，注重保持工作和生活的平衡，并且逐渐将过去制度中获得的既得权限转变为新的雇佣制度。

需要的雇佣法制和雇佣政策的改革

为了能够增加年轻阶层的就业机会，让他们成为劳动力的中流砥柱，就必须要脱离原来的企业依存型雇佣政策，这一点是非常重要的。现在的劳动供给日趋多样化，个人的职业选择也日趋多样化，跳槽转岗已经逐渐成为常态。因此，需要正确把握雇佣环境的现实变化，开展积极的综合型改革，使雇佣政策不再依存于企业。

瑞典等国家就制定了这样的积极的雇佣政策，并取得了一定的成果。而在日本，到 20 世纪 70 年代初的经济高速增长时代为止，一直采取的是依存企业的雇佣模式，雇佣政策实际上达到了其目的。但是，现代的雇佣环境和经济高速增长时代的雇佣环境完全不同，需要正确地把握现在新的雇佣环境，并且进行一些根本性的改革。

举一个适应新环境的根本性变革之一的例子，即解雇法制的改革。现在的解雇法制到底如何呢？解雇法制从经济高速增长时代开始到现在完全没有进步，其中的一个表现就是基本上不能实现指名解雇。为什么不能实现指名解雇呢？在经济高速增长时期，由于劳动需求一直高涨，所以解雇的原因只有思想和信条等理由，并且从第二次世界大战后众多法官的裁判倾向来看，对指名解雇的裁判都是否定的，这也使指名解雇越来越困难。

然而，经济高速增长时代结束后，如今长期处于低迷的状态，因此有必要提拔那些有能力并且工作热情高的劳动者、替换掉那些没有工作成绩和工作欲望的劳动者。从这个意义上讲，如果不实现指名解雇的话就无法实现劳动力的再配置。但是，经济高速增长时代的那些对指名解雇的否定判例使指名解雇无法实现。

另一方面，经济不景气和生产结构的变化造成雇佣机会减少，使整理解雇在形式上成为可能。那么，整理解雇需要满足什么样的条件呢？通常需要满足以下四个条件：第一，部门关闭的必要性；第二，没有转岗的余地；第三，解雇对象的选择的妥当性；第四，解雇手续的妥当性（根据劳动合同，进行信息同有）。其中，第二条就意味着否定了企业录用新员工的必要性，最终仍然会导致难以雇用年轻人。如果必须要满足这一条件的话，就无法在经济低迷的时候雇用新员工。也有许多国家在雇佣政策方面存在严重的问题，有些国家采取了革命性的改革，如意大利的蒙蒂内阁。意大利等国存在比日本更加严厉的解雇规制，但是即便如此，蒙蒂内阁仍然果敢地迎接挑战。日本也需要有这样的勇气和觉悟。通过这样的改革，可以促进劳动力市场的流动性，促使有能力和劳动欲望的年轻人在劳动力市场上发挥他们的作用。

如果从劳动雇佣的基本来考虑的话，劳动报酬反映劳动能力、劳动欲望以及劳动成果，这是理所应当的，不能反映这些情况反而是不正常的。像现在这样仍然沿用经济高速增长时期那种落后了半个世纪的雇佣法制，会阻碍劳动者的劳动积极性，对于企业来说也是不利于提高效率的。由于劳动态度问题或工作业绩问题而被降级、转岗、解雇等都是很正常的，需要在法律上承认这一点。

如果在雇佣政策上实现了这样的改革，那么直接受益的将会是劳动者。为什么呢？因为改革之后可以使劳动力的流动性加强，提高劳动者的利益。相反，如果不进行这样的雇佣制度改革，雇佣就会固定化，最终导致雇员减少、雇用机会流失到国外。这会对日本的劳动市场造成不利的影响。

之前的派遣法改革和高龄劳动者雇佣的义务化都使得雇佣朝着固定化的方向发展，跟劳动者的利益背道而驰。现在，劳动市场需要的政策是促进劳动市场的流动性，给劳动者提供再次接受挑战的机会。其中，派遣服务对于给劳动者提供寻找工作的机会和提高劳动力市场的流动性来说都是非常重要的，因此不应该禁止劳务派遣，而应该明确劳务派遣的雇佣条件，增加派遣劳动者的教育机会和培训机会。

根据上文所述，现在最需要的就是扩充非正式雇佣的安全网络，保障非正式雇员的稳定生活。现行的失业保险（雇佣保险）是以正式员工为对象的，应该扩大该保险的对象，使不完全就业者可以加入，提高保险给付。

职业形成支援的新的雇佣政策

如前所述，经济高速增长时期的雇佣政策是依存于企业的。但是，随着现在雇佣环境的变化，劳动供给和职业日趋多样化，跳槽也逐渐常态化，现在需要的雇佣政策不是依存于企业的雇佣政策，而是以人为本的雇佣政策。因此需要改革以企业为本的雇佣政策，制定以人为本的政策。

为了切实实行以人为本的雇佣政策，就有必要综合支援个人的职业发展。现在可以灵活运用信息基础设施以及个人番号制度，将这些数据灵活运用到个人的教育和雇佣方面，就可以形成更加适合每个人的积极的雇佣支援体制。在考虑年轻人的职业发展的时候，就有可能在必要的阶段对其进行有针对性的综合的职业支援。如前所述，针对不完全就业的人所进行的教育和培训十分不充分，如果能有效地利用现在的信息基础设施，就有可能形成以人为本的职业支援，也可以在培养个人的工作技能和工作能力方面发挥很大的作用。

但是，日本政府并没有灵活运用信息基础设施和个人番号制度，而是沿用跟大环境相矛盾的雇佣制度，给日本社会带来了很大的负面影响。现在最迫切的就是改变政府和企业的思维方式，切实实行新的雇佣政策和雇佣制度。

如果不这样做的话，年轻人就不会对未来抱有希望，他们就无法成为支撑起未来劳动市场的中流砥柱。只有适应新的雇佣环境，制定合适的雇佣制度，改变雇佣政策，才能重新让国民获得“安心和希望”。

7

第七章

新能源战略

1. 核发电的功与过

依靠核发电发展起来的日本经济

能源供给由煤炭转为石油，再转为核能，这是日本一直以来经济发展的基础。20 世纪 70 年代初爆发的石油危机更是加速了这一进程。受石油危机的影响，原油价格由之前的每桶 1 美元以下上涨至每桶 10 美元，暴涨 10 倍之多。

基于上述形势变化，在政策方针方面，核发电因低价、高效、稳定而备受推崇。正力松太郎、中曾根康弘是大力推进核发电的主要人物。

截至 2012 年，日本全国有 54 座核反应堆，规模居世界第三。美国有 104 座，法国有 59 座。核发电成了日本能源输出的核心来源。截至 2011 年年初，核发电电量占总电力供给量的约 29%。不可否认，核发电成了支撑日本经济增长，特别是20世纪80年代以后的经济增长的关键。

然而，核发电技术的引入操之过急，对安全问题的考量不够充分，这一点是不可否认的。例如，东京电力公司福岛第一核电站以造价低为由使用了美国通用电气公司（GE）开发的沸水反应堆（BWR）。GE的技术比美国西屋电气公司的压水反应堆（PWR）的技术落后，所以价格低，但安全方面是最低级别的。顺带一提，美国接下来将要启用的核电站也由西屋电气公司负责制造。福岛第一核电站被指购买了用其他公司取消订单的设备改造而成的产品，因此在工艺设计等方面业已成形，好处只有造价低和可以快速投入生产两个而已。这一产品带来的麻烦也在应急发电机和发电机配置上体现了出来。

即便如此，核发电依旧被奉为“安全神话”，美其名曰“高新技术和先进管理的强强联手带来的绝对安全技术”。其中一个体现就是，一些核发电领域的“巨头”坚决声称，美国的三里岛核事故和前苏联的切尔诺贝利核事故是由于操作失误造成的，日本建造核电站是正确无误的选择。这些核发电领域的“巨头”即是经济产业省、安全委员会、电力公司、机械制造商等相关部门人员。2007年，新潟县中越冲地震发生后，虽然因为民众的恐慌而关闭了柏崎刈羽核电站，但并没有造成更大的危害，这也成为了他们鼓吹核发电“安全神话”的一大有力证据。

然而，回顾此次的核事故可知，“安全神话”带来的负面影响极大。首先，与安全神话相悖的事故对策拟定以及事故相关的研究、准备工作未得到认可。例如，虽然放射线防护机器人的研究的必要性得到了承认，但还是中途流产了。另外，也没有指示要求针对意料之外的事故（一般指的是飞机坠落在核电站等情况，这次的海啸也算是意料之外的）进行研究。因此，当局对核电站的工作人员一味灌输"安全神话"，而不教他们面对危险情况的处理方法。

另一方面，美国自三里岛核事故发生之后 34 年内都没有兴建新的核电站。欧洲也在切尔诺贝利核事故之后切实加快了摆脱核电供能的步伐。然而，日本以"安全神话"为挡箭牌，进一步推进核电工程建设。《能源基本计划》（2010 年）指示，到 2030 年，要争取让核能发电比重达到 52%。也就是说，日本计划再建造 14 座最尖端技术的核电站。

福岛第一核电站事故暴露的问题

在这种情况下，福岛事故的发生无情地揭穿了这个虚构的"安全神话"。危险管理指南，即"危险事故的对策管理"（Severe Accident Management）的基础整备严重不足，与之配套的训练和演习也从未进行。

一个典型的事例说明了这一点。东日本大地震时，操作员被指并不存在操作失误。地震发生后，12 台应急发电机中的 11 台随即停止了运作。然而，在仅剩的一台应急发电机继续供电维持机组工作之时，浪高 15 米的海啸席卷而来，远远超过了 6 米高的防波堤和 10 米高的厂址标高。这样一来，最后的应急发电机也被冲走，机组停止了工作。

在用供电时长八小时的蓄电池艰难维持的阶段，据说从东京调配了发电机和 70 辆移动发电车。然而，由于连接电源和机组的电线不够、插座型号不适配等原因，一台都没派上用场。这种结果完全是由于训练和演习不足造成的。

进行训练和演习就是要假定事故会发生。当局认为，这就相当于昭告世界日本的核电站是存在危险的，因此不进行一切练习类的活动。缺乏训练和演习导致移动发电机不能投入使用。

除此之外，信息传达和信息共享也存在致命的缺陷。特别是东京电力公司总部的社长是做企划、总务出身的，和发生事故的福岛第一核电站之间的沟通十分不到位。打个比方，就好比是第二次世界大战前的海军军令部和海上机动部队的关系一样。由于电力总部和受灾核电站无法达成迅速、准确的信息共享，加大了决策判断失误的风险。

辅助电源的放置地点也存在一定的问题。曾经有人提出过异议，认为把辅助电源放在海岸边不合理，应当移至高处，但是由于移动电源要花费大量资金而被搁置了。另外，核反应堆是 40 年前的老设备了。核反应堆随着使用时间的增加而老化、发生故障，每次定期检查时都会对内部管道进行修补，但是一直没有更换新型反应堆。

当局对核废料的暂时性处理和永久性处理也没有计划。永久性处理要求将核废料深埋入地下 1 000 米之下，很难实现，连美国和法国也做不到，只有瑞典一国可以进行实际操作。至于暂时性处理，目前日本将核废料集中于青森县的六所村内，但是那里的容纳量已经接近上限。舆论认为，现如今的核电政策就好比是建了房子不装马桶一样。技术上的难题确实不容小觑。

在“安全神话”的影响下，有关部门鼓吹日本技术成熟、管理体制完备，实际上却是漏洞百出。原本正确的做法应当是，在充分了解核发电的危险性之后制定出一个根本性的安全防护方案并予以贯彻，同时让核电站所在地的居民和国民认识到核发电的必要性。

笔者认为，为了维持日本经济上行，目前还是要继续依靠核能发电，但是必须要加一个前提条件。照现在这个样子下去的话，核发电太危险了，也无法取得国民的理解和认同。因此，理想的情况是，在彻底确保安全的前提下，首先还是用核能发电，过一段时间之后开始发展太阳能，并根据其发展情况适当减少核发电的比重，最终让核电站只作实验研究之用。

电力供给体系和电力巨头的改革

接下来，我们来深入探究一下这个问题的本质。

现行的电力供给体系是第二次世界大战以后形成的九大电力体制（由北海道、东北、东京、中部、北陆、关西、中国、四国、九州 9 家电力公司在各地垄断经营的体制）。发电、输电在当地完全垄断，定价采用成本加成法（mark up pricing），已成为常态。成本加成定价指的是在成本价格的基础上再加上一定利润的定价方式，只有在地方垄断的前提下才可行。其结果是，因为可以保证利润大于成本，所以公司经营状况稳定。这种电力供给体系在日本经济发展的过程中是必不可少的。

然而，随着全球化进程的推进，这种体系逐渐落后于时代，开始对经济增长起反作用了。现在，电力系统的跨国竞争日趋激烈。拿工业制造来说，在电价低的国家和在电价高的国家制造，成本差价巨大。这实际上反映了各国在电价竞争方面的实力的差距。全球化时代就是这么一个时代。电力供给体系落后的国家必将在这场价格竞赛中落在后面。

除了垄断企业的弊端之外，电力供给还存在着其他问题，其中之一便是单方面宣布上涨电价的问题。东京电力公司宣布，自2012年4月起，企业用电上涨17%，家庭用电上涨10%，对不配合更改合约的用户可能会停止供电。

另外，在处理赔偿问题时对受害人态度恶劣、官僚作风严重、完全没有反省的意思，也是因为垄断企业没有竞争压力。

总结一下这种垄断经营所带来的本质上的弊端，主要有以下四点。第一，高价。如上文所言，当今是全球化时代，电价影响产品的制造成本，因而严重降低了日系企业的国际竞争力。第二，垄断经营阻碍替代技术的开发和供电体系的改革。例如，后文将详细介绍的智能电网、智能电表的研究和普及因为会威胁到现有的体制而遭到抵制。第三，信息垄断。不仅封锁信息，还进行舆论操纵。第四，禁止建立分布式能源供应系统（小规模、多样化、多地域的能源供给），将新的可能性扼杀在摇篮之中。

如果对东京电力公司存在的众多体制上的问题坐视不管，那么由此产生的事故赔偿问题、效率低下、自然能源革命落后等恶果将会全由国民来承担。从这个层面上来讲，《原子能损害赔偿支援机构法》并未明确东京电力公司及国家的责任问题，大有将后果转移到国民身上之嫌。以政策研究院大学教授福井秀夫为首的一批专家学者将《原子能损害赔偿支援机构法》的问题视为"一次民间自发形成的要求公正处理核事故损害赔偿问题的大讨论"，此言极是。

2011 年 7 月，这次大讨论提出了四项要求，要点如下：(1)撤销赔偿法案，遵照法治主义的要求制定针对东京电力公司的处理方案；(2)东京电力公司按照公司企业复兴法的程序进行企业复兴和受害者损失赔偿；(3)将受害者的损失赔偿工作放在第一位，尽快付诸实施；(4)国家投入必要的资金来保障电力的正常供给。

在我看来，当务之急是引入市场竞争。首先要将发电和输电、配电分离开来，这是引入市场竞争的突破口。另外，由于东京电力公司深陷债务危机，应当将公司暂时作破产处理，变卖整合所有的资产，从根本上削减包括年金在内的报酬类开销，调整人员配置，让其作为一家民营企业重新起步。日本航空公司就是这样重获新生的，美国通用汽车公司等也是如此，东京电力公司没有理由不这么做。

综上所述，首先从保障安全做起，电力公司的体制改革刻不容缓，然后构建新的供电体系，而不是继续维持 50 年前的适用于发展中国家的那一套。在这一大背景下，在安全使用核能的同时发展新型能源，逐步减少核发电的比重。

2. 理想的能源结构

那么，理想的新型能源结构是什么样的呢？第一步就是从根本上提高核发电的安全性，重新取得国民的信赖。在此基础上，尽快恢复已经获得信赖的核电站的运转，以确保经济平稳增长。

其次，无论怎么提高安全性，核发电依旧是高危产业。应当积极开发并普及可以替代核能的自然可再生能源(如太阳能等),逐步减少除实验研究以外的核能使用,直至完全废止。在太阳能等替代能源的开发方面,日本在40年前的石油危机之后就在这方面名列前茅,但是后来无论是开发还是普及都远远滞后于其他国家。今后应当上下齐心合力,努力开发、普及太阳能,大力推进建设可以代替核能和化石能源的第三种能源。与此同时,全面推进能源的节约和高效利用,建设以太阳能为基础的新型能源结构为主导的经济社会。

接下来,我们将针对构建新型能源结构中出现的问题作详细讨论。

从根本上提高核电安全性与缩小核电规模

首先一个绕不过的命题就是在目前的核问题中最应当反省的是什么。如果不反省,就只能止步不前。其中最核心的一点就是前面提到的用"安全神话"来欺骗国民,这是造成如今失信于国民的根本原因。"安全神话"可谓是万恶之源,使维持经济发展所必须的核电站迟迟不得重启,使国民对核电站的不信任与日俱增。

这让人不禁想起太平洋战争末期日军的处境。大本营那边宣称"一直在打胜仗",实际上却是一连串的惨败。最终,国民的精神信仰被击垮,什么也不相信了。基本上和这次是一个套路。

一个典型的例子就是核电站的危险的机械配置和人员部署问题。应急电源为什么要放在海岸边上?为什么没有进行防灾应急处理的训练?对这些问题深入分析、深刻反省,是十分必要的。

再来谈谈另外一件事。日本制造的机器人为什么没有投入使用？日本作为机器人王国，在核事故的处理过程中，机器人为什么没有派上用场呢？其中的一个原因就是在放射线辐射下，机器人的电子大脑会出现异常反应。

机器人的电子大脑停止工作或者发送异常信号的话，机器人就会出现异常反应。实际上，人工卫星经常会遇到这种麻烦，也就是通常所说的单粒子效应（Single Effect Event），即单个高能粒子穿过微电子器件的灵敏区时造成器件状态的非正常改变的一种辐射效应现象。为此，人工卫星每隔10～20分钟就会重启计算机一次。顺便一提，据说"HAYABUSA"也是每隔17分钟就会重启一次。

同样的麻烦也可能发生在机器人的电子大脑上。千叶县工业大学的未来机器人技术研究中心副所长小柳荣次教授一直在尝试探明这个问题。小柳教授意将自费研发的国产机器人用于核电站的事故处理之中，为此，他收集数据，统计过去发生的核事故造成机器人异常反应的程度。然而令人意外的是，日本在过去的十年间并没有留下相关的数据以供参考。1999年，在东海村的JCO（一家核燃料加工公司）发生了核事故之后，为了进行事故调查，经济产业省以2000年补充财政预算之名拨款30亿日元给东京工业大学等，用于研发实验机器人，然而只造出6台机器人，之后研究计划就草草终止了。归根结底，还是因为日本认为核发电是安全的，因此这种研究毫无必要。非要继续进行研究的话，就等于向国际社会承认日本的核电站有发生事故的可能性。在此之后，就再也没有相关的数据了。

小柳教授所在的未来机器人技术研究中心研发的机器人拥有

卓越的运动性能。他们用东芝的笔记本电脑测量在辐射量为200希沃特(计量单位)的情况下是否会发生上文提到的单粒子效应。实验结果表明完全不会产生这种效应,电离总剂量(即单位材料所受电离辐射剂量的总和)在200希沃特的辐射下也没有发生变化。200希沃特与福岛第一核电站内的辐射剂量相当。

基于核事故可能会导致严重放射性污染的假设,小柳教授的团队也一直在进行实验,考察在2公里之外进行远程操作的可行性。结果表明远程操作完全可行。于是,在事故发生3个月后的6月,国产机器人第一次进入核反应堆内工作。现在有很多企业生产的机器人进入事故现场,但是最早进入的是小柳教授的机器人。

但是,为什么这么晚才展开行动呢?这也是“安全神话”在作祟。为了制造“日本不会发生事故”的假象而不进行安全研究,这么做大错特错。反观德国,则是投入大量的人力、财力,潜心研究了40年之久。小柳教授向德国的负责人询问在核事故处理中机器人的使用情况,对方回应说“一次也没有”。即便是一次也没有投入使用,也要为了保障安全而不断研究,这才是重视风险防范的合理的思维方式。而日本之前的做法却恰恰相反。

另外还有一个与此相关的谎言,说“放射线防护装置是多余的,没有它也不会有什么问题”。实际上,放射线防护装置是必要的,配有防护装置的计算机的价格是普通计算机的约20倍。

第二个应当反省的问题是信息共享体系的缺失。电力公司总部与受灾核电站之间的信息传达不到位,核电站内部的信息传达也频频失误。平时也没有进行防灾教育训练。

第三个问题是一直在使用老旧设备的问题。如上所言,已经工作了40年的老核电站无论再怎么修修补补，也免不了因为设备老化而导致事故发生，这是不可否认的事实。发生事故的核电站已经超过折旧年限了。以前的规定是，在核电站运转30年之后，公司有义务对其安全性进行技术性评价。2012年1月起开始施行的《核反应堆等管制法》修正案修改表述为“核电站的运转年限为40年”。在会计上，设备的折旧年限是18年，18年以后不用再付折旧费用。这样一来，核电站的运营成本自然很低。但是为了确保安全，应当尽早更换设备。

第四，核废料的暂时性处理、永久性处理也不容忽视。日本是没有核武器的国家中唯一一个进行核燃料循环利用的国家。日本将从核反应堆卸出的废燃料运到法国，从中分离出钚，再将其运回日本，在高速增殖反应堆“MONJYU”中继续使用。这个项目花费的经费十分高昂，可惜的是，看来很难说它成功发挥作用了。现在应该以此为契机，重新审视这个问题。用钚作轻水反应堆燃料的MOX燃料型轻水反应堆的研究也应被重新提上议程。

官方宣布，福岛第一核电站进入了低温稳定停止(即“冷停堆”)的状态。关于这个声明的问题后面再说，先来谈一谈核燃料的问题。用过的核燃料会在数年之后降温至100度以下，届时就可以用起重机从核反应堆上部将其拉出来运走，放入重达500吨的放射性物质运输容器中存放。六所村有几只这样的容器，但是都被预定了，不能用来装福岛熔出的核燃料。基于这种情况，政府试图在福岛当地解决核燃料的问题。然而总体上的布局规划至今仍未成形，理由是这次的福岛核事故是“意料之外”的事。但是，如果不把这种“意料之外”的事都一一考虑在内，那又怎么算得上是事故预防对策呢？如果所有的事情都可以预料得到，也就根本不会有什么事故了。

事故发生之后，谎言仍在继续。2011 年 12 月 16 日，野田首相称，福岛第一核电站进入了“低温停止状态”，这标志着事故处理工程表中的第二阶段完成。但是，这里的“低温停止”与通常意义上所说的“核燃料在反应堆压力容器内的水中受控制地稳定实现低温停止”的状态相去甚远。实际情况是，发生了“熔融”“熔融贯通（高温下熔穿压力容器的底部）”的核燃料泄露到了压力容器的外面。虽然核电站已经“停止”运转，但是大量的放射线污染物质依旧在扩散，这在全世界还是头一次。

现在必须继续进行降温工作，这和维持核电站运转所需的劳力、时间和费用同样多。顺利的话，2014 年就有望将用完的核燃料取出。但是，一般认为废堆处理需要花费 30～40 年的时间。如何维持反应堆内部的稳定？如何应对放射线污染扩散的问题？如何让避难人员重归家园？现在仍有许多未解决的问题。

不管怎么说，野田首相的措辞“低温停止”是否合适还有待商榷。这一言论是为了安抚国民异常不安的情绪，带有强烈的表演性质。实际上，问题仍未解决。现如今，我们更加需要的是全面的信息公开和详细的情况说明，在此基础上制定切实可行的解决方案。

关于发生事故之后的欺骗问题，我还想举下面这个压力测试的例子。压力测试是指对目前核电站的设施、设备施以模拟打击，或是将其置于一定的温度、压力下，评估在这种情形下核电站的耐受能力。

关西电力公司于2011年10～11月对大饭核电站三、四号机组进行压力测试，原子能委员会于2012年3月根据测试报告判定其测试结果合格。4月初，首相及有关内阁大臣就重启核电站的问题进行探讨。然而，最关键的是压力测试的详细情况并没有公布出来。

这次的福岛核事故发生的原因是海啸的规模远远超出了压力测试的预设。然而东北电力公司所属的女川核电站却成功地逃过一劫，原因是核电站的应急电源所在的位置比海平面高出14.8米且有13米高的防波堤提供保护。

日本列岛发生地震的频率是世界平均水平的170倍，但核电站全部建在了海岸附近。基于这种情况，为了防范可能出现的大事故，不能仅通过一个压力测试就认为万事大吉了。像女川核电站那样，从根本上进行结构方面的改革才是当务之急。其实，“通过压力测试就没有问题了”本身也是一个谎言。

其中一个例子就是原子能安全保安院于2011年6月进行的“重大事故紧急安全措施检查”。此检查意在重启九州的玄海核电站。当时的经济产业省大臣海江田提出，在满足以下五项条件的情况下，可认定为已做好紧急安全措施，已经停止运转的核电站也可重启（《每日新闻》2011年6月18日）：

第一，可以确保中央控制室的工作环境正常，即使事故导致电源被切断也可保证空气调节设备正常运转；第二，可以保证紧急事态发生时核电站厂内的通信正常；第三，配备足够数量的高强度放射线防护服等材料器械，建立健全放射线管理体制；第四，为防止氢气爆炸，在放置核反应堆的厂房内设置排气口，或者在屋顶等处设打孔电钻；第五，配备用于清除瓦砾的重型机械。

但是，仅做到这五条就真的可以保证安全了吗？不得不说，这与“让国民安心、认同的安全防范措施”的标准还有很大的距离。

再举一个例子。关于关西电力公司所属的大饭核电站的重启问题，首相及有关内阁大臣经过短短两天的讨论，于 2012 年 4 月 6 日出台了《关于核电站重启时的安全基准》。其主要内容是：基准一，已经制定出合理的方案，可防止因地震、海啸造成全部电源无法工作，包括(1)核电站内电源设备安全方案（如将应急电源置于高处等）、(2)冷却和注水设备安全方案（如冷却器浸水时的处理方案等）、(3)储存容器受损安全方案（如设置装有过滤器的排气口等）、(4)管理和监控设备安全方案（如确保核电站内通讯正常等）。其中，核电站内电源设备安全方案维持了 2011 年 6 月的表述，冷却和注水设备安全方面，在浸水处理方案上更进了一步。给排气口装上过滤器的提案也是一个突破，但在管理和监控设备安全方案方面没有新的变化。基准二，可以提供一个工程表，保证受到地震、海啸的冲击后也可维持堆芯和用过的燃料堆、燃料池的冷却。基准三，可以提供基准一中提到的安全方案的工程表、具体规划。

虽然比 2011 年 6 月的那个提案有了一些进步，但是这次的《安全基准》真的可以完全抵御福岛地震、海啸那种程度的冲击吗？我们不由心存疑虑。诚然，世界上没有“绝对安全”，但是想用这样的安全方案来换取国民的安心和信赖是不可能的。而且，就本次安全方案的产生流程来看，首相和内阁大臣在极短的时间内就做出了决定，完全没有经过第三方专家的探讨和中立机关的严格评估。原本应当由独立的第三方专家进行严格的审查，并在信息公开后对其进行详细的说明，但是现在这种工作完全没有跟上。

为了取得国民的安心和信赖，还应尽快设立原子能管制厅。原子能管制厅必须是完全独立于核电产业巨头（电力公司、监管部门等）之外的具有极强专业素养的机构，站在第三方的立场上，保证公正公平。现在，原子能管制厅欲统合原子能安全委员会（内阁府所属）等机构组织，建成一个由480名成员组成的独立机关。这个计划预定于2012年4月启动，但是由于各省厅部门之间的种种问题推迟了。由这种独立的专业机构进行审查、判断可能会给核电站的重启、核燃料的处理、安全基准、安全方案等问题带来新的进展，加快建设原子能管制厅是当务之急。

结合上面的反思可知，现在应该做的事情一是从根本上加强安全，二是给国民一个合理的说明。首先应当充分认识核发电的危险性，将这一点向国民详细说明。然后，集一国之所能推行安全强化政策。同时，全面整备危险管理指南，明确重大危机管理规范，健全重大危机管理体制。将"意料之外"的情形也一一考虑在内，同时切实做好信息共享和模拟训练。此外，重新布局各种设施设备，推进防护体制建设，在积极争取更新设备（核反应堆）的同时做好一切该做的工作。将以上这些详细、认真地向国民说明，否则是无法取得国民的理解和认同的。

还有一个十分紧迫的问题，是关于放射线的影响。东京大学的儿玉龙彦教授致力于建立提供放射线污染信息和清除放射性污染的体制，特别强调了如何保护女性和儿童的方法(《清除放射性污染吧，就现在》，载《文艺春秋》，2011 年 10 月号)。儿玉教授是一位从事放射线治疗的医生。他说，负责复制成人细胞遗传信息的 DNA 螺旋通常是两条成对出现，而处于成长期的儿童在细胞分裂期有时只有一条，如果此时受到放射线辐射，很有可能造成 DNA 受损，大大增加了细胞分裂异常的风险。这种异常可能与诸如癌症等疾病的发生有关。虽然二者之间的因果关系还未得到证明，但是我们有必要对此类危险格外留意。因此，应该对学校、幼儿园等儿童聚集的场所进行紧急调查并作出相应对策。

另外，除了对土壤、森林进行清除放射性污染的处理之外，还应更换土壤或对土壤进行化学处理，砍掉被污染的树木。特别是福岛县森林植被丰富，应一次性将树木全数砍伐烧光。之所以要这么做，是因为在空气中漂浮着着肉眼不可见的尘埃，放射线会附着在上面。用过滤器将这些尘埃一并隔离后再植树的话，这些树就可以重新为人所用了。清除土壤、森林的放射性污染、更换或化学处理土壤、砍伐污染树木、过滤、焚烧工作刻不容缓。

除此之外，还应加紧绘制放射性污染地图。实际上，有被污染的地方，也有没被污染的地方。如果一概规定半径 30 公里以内都是污染区，那么人就完全不能在此居住了。因此，应该对被污染的地区进行集中清除放射性污染处理，尽可能让人类能够居住。为此，应该投入直升机等设备迅速地、有组织地绘制污染地图，灵活地、有计划地确定可供人类居住的区域。

如何处理食品污染问题也是一个重要的课题。放射疗法是从人体外部辐射，而被污染的食品则是从人体内部辐射。为了实现食品的批量快速检查,一个有效措施是使用成像检查机器。

核问题作为一个现实问题,比较可行的解决方法是:首先应当向国民准确、迅速地公开相关信息并详细说明,尽可能制定一个根本性的安全方案以求取得国民的理解,然后重启核电站,同时尽快发展替代能源,随着代替能源的普及逐步缩减核电规模。

那么,接下来我们就来讨论一下替代能源的问题。

太阳能应用技术的大力推进

谈到新型能源的未来,大力推进太阳能技术的广泛应用是毋庸置疑的。随着太阳能技术的开发和普及,用太阳能逐步代替核能、化石能源才是能源发展的一条康庄大道。

那么,太阳能到底是什么呢?太阳能可以分为六种,可以转换成电能的太阳光只是其中极小的一部分。太阳是一颗持续发生核聚变的巨大星球,它的寿命可能有100亿年。因此,太阳能可以说是一种永久性能源,不必担心有一天会枯竭。这是可再生能源的理论根本。

与此相比,煤炭、石油、天然气、铀矿全都是有限的。煤炭是距今2亿年前至5 000万年前地球上的生物化石,石油是那时的微生物的化石。根据2005年推测的这些自然资源的可采年数和储藏量,结合英国石油公司(British Petroleum)的统计结果来看,石油可供开采约40年,储量共有1兆2 007亿桶;煤炭可供开采155年,储量共有9 091亿吨;天然气可供开采65年,储量共有180兆立方米(页岩气开发成为可能后,储量将会达到810兆立方米,可供开采150年);铀矿可供开采85年,储量共有474万吨。

这些有限的能源资源在地球上的分布并不均衡。近代以来的战争史基本上就是能源资源的掠夺史。与之相比，太阳不偏不倚地照耀着地球上的每一寸土地，是永久的能量来源。太阳能本身既不是有限的，也不存在分布不均的情况，可谓是“和平能源”。

在此，首先我们来了解一下自然能源的利用现状。

就目前状况来看，水力发电是最早开始使用的一种发电方式，占日本总电力供给的8%。问题在于，大坝的发电效率低下，也没有很好的投资效果。也就是说，经营大坝需要花费高昂的资金。除了像新西兰以及日本的屋久岛这样水力资源丰富的地方，若是在地势比较平缓的地方建立大坝，容易造成泥沙堆积。水力发电对自然环境带来的压力也很大。

那么太阳能发电的情况如何呢？太阳发出的光线有1.7%传到了地球表面，说它是养活70亿人的能量来源也毫不为过。但是，由于夜晚和雨天无法发电，因此设备的发电效率低下。日本的太阳能发电总量是262万千瓦·时，占世界总太阳能发电量2 038万千瓦·时的约13%(2009年)。

除此之外，2012年7月开始实施《新能源发电固定价格收购制度》，三井物产、东京海上、软银、东芝、Sunengine、West Holdings等国内外多家企业将会涉足百万瓦级太阳能发电业务。设备投资、扩大计划正在如火如荼地进行。

接下来是风力发电。其好处是基本上供电量稳定，夜晚也可继续工作，发电效率高。日本的风力发电总量是205万千瓦·时(2009年)。这一数字占世界总风力发电量1亿5 921万千瓦·时的大约1%。曾经有过补助初期投资的三分之一这样的制度，这一制度中止后，风力发电的发展一度陷入低迷。前面提到的《固定价格收购制度》的实施可能会使风力发电再一次焕发生机。这个制度规定，新能源发电的收购价格会高出此前发电行业、电力公司开出的相对价格，因此会刺激人们积极投身及扩张新能源发电业务。例如，Ecopower公司是KOSUMO石油公司的子公司，如今正在筹划丹麦那种大规模海上风力发电的计划。前面已经说过，日本周边的海域很深，必须采取大规模悬浮式支撑的方式。

地热发电的前景如何呢？日本是一个多火山的国家。不难想象，这里有大量的地热资源。事实上，日本是一个地热资源大国，地热储量居世界第三。地热发电的好处是可以保证一年365天、一天24小时不间断地产能。实际上，现在日本地热发电站的运转率高达七成。然而，虽然地热发电站的输出电量从1970年以来一直在增加，但是从20世纪90年代后期开始就一直在50万千瓦·时附近徘徊，没有什么显著的进步。好在有了前面那个《固定价格收购制度》，使一部分人可以参与到地热发电事业中来。值得一提的是，日本的地热发电系统由东芝、三菱重工、富士电机三方构成，占全世界比重的七成。

除此之外还有生物发电。如果能将地球上的植物用作燃料，就完全养得起70亿人口，而且这些植物大多数都是第二年又会重新长出来。其他的自然能源发电还有潮汐能发电、海水温度差发电等。

那么，基于这种现状，要想大力推进太阳能建设的话该怎么做呢？

在深入思考这个问题的时候，我想请大家注意“太阳经济”的构想。太阳经济是指缩小核电规模，同时提高化石燃料能源的发电效率、削减发电开支，最终建立一个以太阳能发电为基础的经济结构。顺便一提，笔者十分支持山崎养世的“太阳经济会”活动。

“太阳经济”并不是异想天开。200 多年以前，人类就是依靠太阳经济生存的。人们日出而作，在阳光的恩赐下进行农业、畜牧业、渔业活动，日落而归。房屋也是由木石砖瓦等建成，最终又归于尘土，不会对地球环境造成破坏。

到了 19 世纪，世界一举跃入了“煤炭经济”的时代。19 世纪以蒸汽机的发明为开端，纺织机、火车头、蒸汽轮船等使快速、大量的加工运输成为可能，生产力得到了飞跃性的提高。工业革命以前，平民每人有 3 件粗布内衣就是件了不起的事了，工业革命后这个数字一下子变成了 50 多件。生产力的提高必然会引领国家征服世界市场，因为在一个特定的封闭社会中，生产力的提高会引发商家争相降价导致收入减少。如果想要突破这个僵局，就势必要开拓国际市场。于是，英国等国家开始向海外扩张，占领殖民地，瓜分国际市场，接着用银行、保险、海军、语言等建立国际秩序，构筑了称霸世界长达 150 年的“不列颠式和平”。前面也说了，人类的历史就是能源战争的历史，能源的获得导致了战争的发生。

进入 20 世纪后，世界进入了“石油经济”的时代。1945 年 8 月第二次世界大战结束后，国际结算货币由英镑变成了美元，世界的格局也由“不列颠式和平”变成了“美利坚式和平”。这个事件象征着由“煤炭经济”转向“石油经济”的历史性转变。蒸汽机车被汽车引擎所替代，代表着内燃机革命也在这一时期发生。奔驰着汽车的高速公路、林立的高楼大厦、飞机层出不穷。信息技术革命的发生诉说着通信领域的飞速发展。物质文明极大丰富，新兴国家陆续崛起，导致对石油的需求量暴涨。然后，原油价格在过去的40年间由每桶1美元上涨到了每桶100美元，石油文明也将迎来它的终点。

这样梳理了一遍之后，也就能理解21世纪会成为“太阳经济”的时代的原因了。

我们来谈谈这其中的关键技术。将太阳能转化为电能的技术主要有太阳能板、百万瓦级太阳能发电站、风力发电、地热发电、生物发电、潮汐能发电等。储电技术有蓄电池、充电电池技术等。输电技术有高温超导技术，其没有输电损耗的特性使洲际输电成为可能。比如说，即使从印度向日本输电也不会产生输电损耗。在日本国内，以藤原洋教授为首的专家正在着手进行高温超导的研究。在电能的新型应用方面有电动汽车技术。在节约能源、高效分配方面有智能电网、智能电表技术。以上这些全都是支撑“太阳经济”的关键技术。

然而，要想推进“太阳经济”的发展，只靠这些关键技术是远远不够的。比如说，在工业革命时期，蒸汽机是关键技术，此外英国还发展出了保险、银行、海军、殖民地等一套社会制度。也就是说，关键技术必须依附于合适的社会制度，这二者又创造出了新的经济体制。“太阳经济”的问题也是如此。要让关键技术转化为经济体制，一个必要条件就是建立新能源发电固定价格收购制度（Feed in Tariff），做好百万瓦级太阳能发电站的选址和投资环境整备工作。太阳能发电站可能会让没有经济价值的被搁置、忽视的土地和空间变成高收益率的投资对象。这样一来，经济资源的分配情况就可能出现变化，接着就可能会出现以环境共生城市、智能城市、电动汽车等为前提的城市规划等，发生各种各样的变化。

但是，还有一些人对太阳能发电存在偏见和批评。这与核电巨头的舆论操纵不无关系。比如，声称“核发电便宜，太阳能发电太贵”“太阳能发电效率低下，设备造价高昂”，指责太阳能等代替能源成本高、不现实等问题。这些言论显而易见是为了诱导人们永远依赖核电站，将资源集中于核电站上。

例如，2010 年发布的《能源问题白皮书》指出，比较各种能源的成本可知，太阳能的成本是 49 日元，风力的成本是 10～14 日元，水力的成本是 8～13 日元，火力的成本是 7～8 日元，而核能的成本只有 5～6 日元。这个结论是毫无依据的。到底是对运营经费作出的比较，还是将建设费、后续处理费也算在其中，我们不得而知。这种费用比较是不合适的，或者说不充分的。能源的成本包括建设费、运营经费、后续处理费。核电巨头所做的费用比较只是基于现在这一时而言的。东日本大地震发生之前，核电站的运营经费就是运转那些超过了折旧年限的设备的费用，当然比较便宜。前面已经说过，核电站的折旧年限是 18 年，福岛第一核电站已经使用了 40 年，只算运营经费这一项的话，成本几乎接近于零。

另一方面，批评太阳能发电成本高的理由又是什么呢？因为购置太阳能板和大片土地的开销大。但是，在设备购置费这方面，太阳能板和构造简单的家电产品一样，一旦量产，成本将大大降低。实际上，已经量产化了的中国厂商制造的太阳能板，价格只有日本厂商的几分之一。

现在，日本国内的太阳能发电成本是每千瓦 30～45 日元

(2010年),而欧洲各国在中国制造的低价太阳能电池的攻势下,市场价格急剧降低,达到市电平价(Grid Parity)。市电平价是指太阳能发电的成本与家庭用电的传统发电成本相当。一旦突破这个点,太阳能发电就会成为低价电源。据预测,日本不久后也将实现市电平价,再过两三年左右,就会从现在的40日元降到23～25日元。竞争的进一步加剧有望带来成本的进一步降低。很多太阳能电池企业在世界范围内的激烈竞争中都出现了财政赤字。即便如此,竞争的规模仍会继续扩大。太阳能发电的成本将会经历这样的价格变化,而核电产业的巨头却一刀切地将其归结为一个“高”字,这明显是违背事实的。

实际上,核发电的成本也并不便宜。T-Model投资的塚泽健二称,日本的电力公司根据1980年以后新建的核电站项目的申请许可计算出其成本价格是每千瓦12～20日元,是刚才的《白皮书》中所说价格的3倍之多。法国方面的数据,如果将根据核电站的事故发生率算出的保险赔偿金也计算在内的话,成本更是飙升3倍,达到45～60日元。最近刚建成的芬兰的一家核电站,当初的预算是3 500亿日元(每千瓦14日元)。再加上一些追加成本(废弃物处理成本、事故保险成本),最后竟然达到了1.5兆日元(每千瓦60日元),比《白皮书》中给出的最高的太阳能发电成本还要高很多。

购置太阳能板和大片土地的费用或者是使用费很高这种说法也是不对的。资源能源厅在《日本能源2010》中指出,“如果用自然能源发电代替一座100万千瓦时级的核电站,用太阳能发电的话,假设设备利用率为12%,则需要占用和山手线线内面积相当的约

58 平方公里的土地”。如果换成风力发电的话，假设设备利用率为 20%，则需要占用 214 平方公里的土地，这个数字是山手线线内面积的约三四倍。这种宣传会让自然资源发电给人一种无论是在成本上还是面积上都不可行的印象。顺便一说，山手线线内面积与猪苗代湖的面积大致相当。如果拿山手线的面积作比较基准就会让人感觉很大，但如果换成湖，就会让人觉得也没什么。这种宣传只会强化“过大”的印象。

表 7 - 1 是根据吉原洋的研究成果绘制的，计算了环境省提供的数据等（《日本经济新闻》2010 年 9 月 22 日）。根据上表可知，弃耕地有 1 010 平方公里，工厂区有 169 平方公里。

表 7 - 1　可用于太阳能发电的土地和空间

	面积(km^2)	发电量(万 kW/h)
弃耕地	1 010	6 700
工厂区	169	160～370
垃圾处理场	46	310
河流	172	60～260
铁路	127	90～340
海岸	169	85～340

出处：吉原洋（社团法人“太阳经济会”研究中心所长）的资料
原资料：《日本经济新闻》2010 年 9 月 22 日、环境省资料

弃耕地的预估发电量为 6 700 万千瓦·时。这个数字很大，核电站的发电量全部加起来也只有 5 000 万千瓦·时，也就是说，单凭这一项就已经超过了核电站的总发电量。工厂区的发电量为 160～370 万千瓦·时。如果再将垃圾处理场、河流、铁路、海岸的

数据全部算进来的话，太阳能发电量将达到 7 600～9 400 万千瓦·时，相当于 76～94 座核电站。理论上，太阳能发电是完全有可能远远超出日本实际可运转的 50 座核电站的发电能力的。

一般情况下，人们会先入为主地认为太阳能板应该铺设在地上，而九州大学工学部名誉教授太田俊昭称，高架式太阳能板也是可行的。如图 7－1 所示，悬空架设高架可动式设备，如果设计成网帘式结构，就不会因地表的高低起伏而产生歪斜。架空的太阳能板下面还可以种田。网帘式结构使得只有一部分阳光被暂时遮住，不会妨碍农业、产业生产和人类居住。比如，用这种方式就可以在东北地区的沿海 100 公里区域内架设高架式太阳能发电站。网帘式发电站甚至可以架在猪苗代湖的上空。

图 7－1　高架式太阳能发电站设想图

注：1. 这是笔者根据太田俊昭的构想简化而成的设想图。

2. 详细构想请参照太田俊昭：《农林渔村太阳能发电站空中发电展望》(2010年)。

这种空中高架式发电站还可以实现量产化，降低成本。根据太田教授的计算，日本的空中太阳能发电可用面积有120万公顷，如果全部利用的话，潜在的发电量将会达到9 600亿千瓦·时，比日本的年均总发电量8 800亿千瓦·时(2008年)还要多。

风力发电机的海上作业完全可行。丹麦在平浅的北海海岸架设了很多风力发电机用以供电。日本周边的海域不是丹麦那种浅海，因此有人认为海上风力发电不可能实现，其实并非如此。造船大国日本可以利用自身的先进技术，在大浮体物上安装发电风车，如此一来，利用海风发电的可能性就会大大提高。

至于地热发电，也可以采取要求国立公园义务建设地热发电设施的方法，也可以从温泉旅馆等地的温泉中分出一部分干净的热水以供发电。

需要注意的是，上面所说的自然能源发电，其空间利用的视点与以往完全不同。核发电以及火力发电都是据点集中型，将原料从地底采出后集中到发电站这个据点进行发电。与此相反，可再生能源发电则是将降落在地球上的阳光雨露、四面八方刮的风、地底的地热、大海的潮汐能等存在于自然现象中的能量作为能源收集起来转化成电能，因此需要借助太阳能板、拦截河流的大坝、风车等发电设备。

这些发电设备不像核发电或者火力发电那样是集中于一处的。它们广泛地分布在地表、河流、空中、海上等地方。这就需要我们进行思维转换，把灵活运用空间、保证能源供应和发电的技术体系当成常态。

这种自然能源发电的空间利用法开拓了新的可能性。未开拓的土地和空间用于自然能源发电后就会产生巨大的附加价值。在此之前的工业化社会中，只有城市可以产出价值。如果自然能源发电能得到广泛应用，之前没有产出价值的零碎空间就能产出价值。由此，经济社会的资源分配可能会产生巨大的变化。

太田俊昭在《以种稻为参照，对固定价格收购太阳发电的年均产量比较》这篇论文中提到，以 2010 年的米价为基准，农民的收入为每平方米 80～100 日元，10 町步(约 99 200 m^2)的水稻可以获得 1 000～2 000 万日元的收入。假设太阳光发电的固定收购价格是每千瓦・时 24 日元，即便是将电能转换率、有效晴天率、太阳能电池的可用率都严格设定，每平方米也可以获得 1 200 日元，这个数字是种稻的 10 倍多。如果条件再放宽一点的话，每个单位面积上进行太阳能发电的收益率就会更远远超过种稻。之前也说过了，这种太阳能发电只会暂时地遮住地表，不会对农业、产业生产和人类居住造成影响。毫无疑问，这是一条前途无量的新道路。

太阳能——第四次工业革命

接下来，我们来总体了解一下世界各国都是如何处理这个问题的。

德国的自然能源发电比例由 2000 年的 10%上升到了 2010 年的 16%，计划到 2020 年将这一数字扩大到 35%。即便将法国输送的约三成的电力扣除，到 2020 年自然能源发电的比例也能提到 25%。

丹麦大规模推进风力发电。1999 年末，风力发电占总供电量的 10%。争取到 2030 年，由风力发电承担国内总耗电量的 50%。具体操作方式如上所述，在距离海岸数千米的范围内架设风力发电机，计划每年投产 80～100 台 50 千瓦级以上的大型风车。

新西兰的水力和地热发电一直以来都很发达。根据海伦·克拉克总理颁布的《面向 2050 年的能源战略》(2007 年)，新西兰正在考虑到 2025 年实现可再生能源发电占电力供给 90%的目标。

美国自奥巴马总统就任以来推行“绿色革命”，发展利用太阳能发电的分布式发电技术，开发普及智能电网，以保证稳定、高效的电力供给。另一方面，作为新一代的石油资源，近年来对油页岩的开发也在逐步展开。页岩气是蕴藏于堆积在地下的页岩层中的天然气资源。水力压裂法(hydraulic fracturing)于 2000 年左右确立，是一种利用水压破坏岩壁，以获取天然气资源的技术。据国际能源署(IEA)估测，天然气可采储量为 810 兆立方米，可采年数为 150 年。开采成本是每桶 40～80 美元。以原油价格 100 美元左右来算，开采页岩气是有利润的。现在，美国的天然气产地爆发了不输“淘金热”的热潮。目前还是以北美为核心，但中国、欧洲、印度、日本等国也开始将目光转向页岩气，挖掘开发、保障权益的国际竞争有可能持续升温。

然而，运用水力压裂法进行开采工作可能会给环境造成负担。开采需要耗费大量的水资源，一次开采的用水量相当于 5 个 50 米的游泳池。另外，水的运输和排放也是一个问题。废水中含有大量的有害化学物质，会破坏环境、污染环境，因此欧洲各国逐渐对页岩气进行开采管制。

同时需要提到的是，美国重新启动了自三里岛事故发生以来冻结 40 年之久的核电站建设计划。2011 年 12 月，美国核管理委员会(NRC)时隔 34 年又批准了新增核反应堆的申请，美国西屋电气公司将要建设新型压水型轻水反应堆。

那么,中国又有什么新动向呢?中国正在大规模推进太阳能板的制造,在价格方面比其他国家具有巨大优势。另外,风力发电方面,中国在2009年架设了10 000台风力发电机。同时,中国也在推进大规模的核电站建设,计划到2020年建成70座,到2035年建成150座以上,其中很多会建在东海沿岸附近。这对日本来说是一个威胁。一旦发生事故,辐射就会随西风扩散到日本。有专家认为,其恶劣影响将远远超过沙尘暴(森本敏、丰田正和:《日本成为加强安全的典范》,载《日本经济新闻》,2012年3月2日)。中国发生核事故的话会怎样,这是一个需要认真研究的问题。

除此之外,还有一项名为"沙科计划"(Desertec)的国际项目,即在撒哈拉沙漠进行大规模太阳能发电,然后用海底电缆穿过地中海输电给欧洲各项目参加国。据说这个项目将采用超导技术。

以上是世界各国的最新动向。不难理解,我们正处于"第四次工业革命"。

如图7-3所示,最近这十年的世界风力发电量由500万千瓦·时上升到了4 000万千瓦·时,增长了8倍。同期的太阳能发电量的绝对值虽然很小,但是也增长到了2 000万千瓦·时。与此相比,核发电量十年前是500万千瓦·时左右,如今则呈现出减少的趋势。这可以说是世界性的变化潮流。

如图7-4所示,美国、德国、丹麦的风力发电已经普及,最近,中国、西班牙、印度的发电量也在急剧增加,而日本却迟迟没有进展,远远比不上主要风力发电国家。一个值得关注的事实是,发电量急剧增加的国家无一例外都是以固定价格收购制度的导入为契

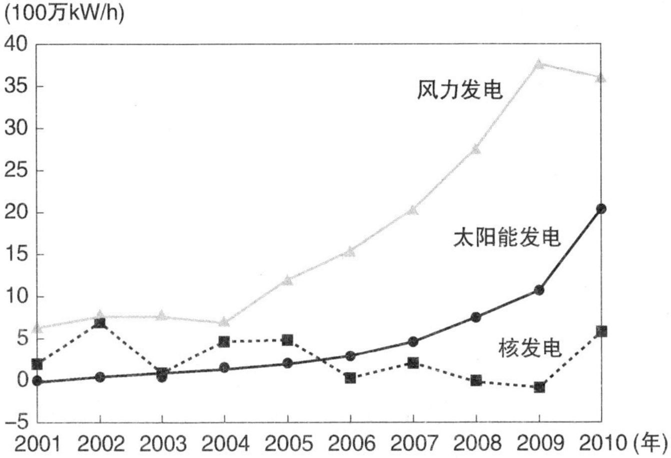

图 7－3　世界风力、太阳能发电和核发电的发电量变化

出处：饭田哲也《环境能源政策研究所》资料

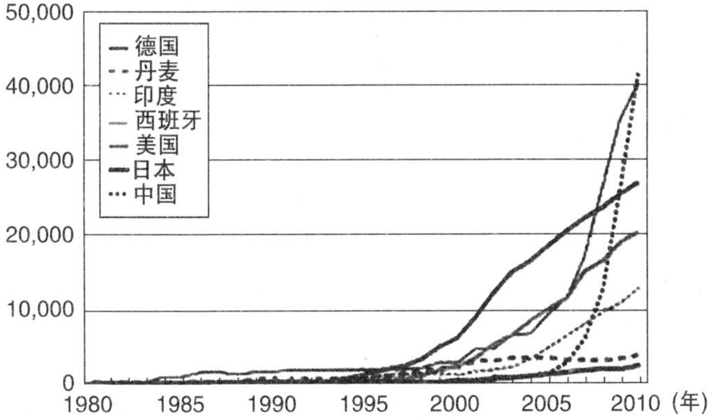

图 7－4　累计风力发电量的国际对比

出处：饭田哲也《环境能源政策研究所》资料

注：1. 单位是 100 万 kW(累计值)。

2. 德国于 1990 年导入了固定价格收购制度，分别于 2000 年、2006 年两次提高该制度的条件，结果使得风力发电得到了飞跃性的发展。丹麦、西班牙、中国分别于 1992 年、1994 年、2006 年导入固定价格收购制度，风力发电的普及势头良好。

机，实现了风力发电的快速发展和普及。

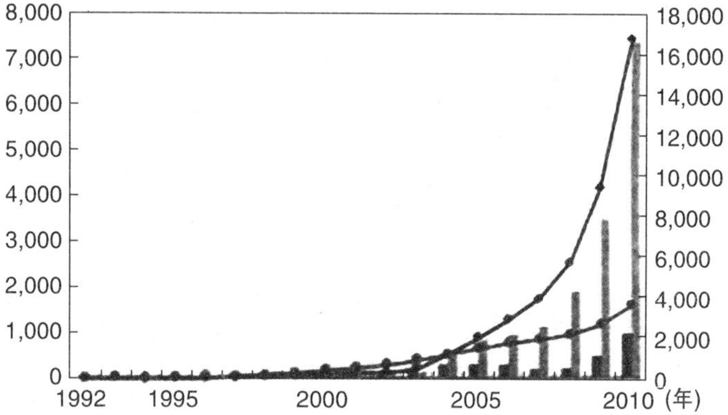

图 7－5　日本和德国太阳能发电量对比(年均发电量和累计发电量)

出处：饭田哲也《环境能源政策研究所》资料

注：1. 单位：左坐标轴是 100 万 kW/年，折线图；右坐标轴是 100 万 kW(累计值)。

2. 日本为普及太阳能发电，于 1994 年导入补助金制度，后于 2006 年中止补助金制度，其结果是太阳能发电的普及停滞不前。

3. 德国于 2000 年导入固定价格收购制度，于 2006 年扩充了条件。其结果是太阳能发电加速普及。

图 7－5 展示的是日本和德国太阳能发电量的对比。十年之前，日本的累计年均发电量比德国高。但德国于 2000 年导入了固定价格收购制度，2004 年将该制度进一步强化。以此为契机，德国的太阳能发电量实现了飞跃性的增长，遥遥领先于日本，年均发电量是日本的 8 倍，累计发电量是日本的 5 倍。日本也曾经给予太阳能发电设备的生产商一定金额的补助金，但后来这项政策被取消，太阳能发电的发展就陷入了低迷状态。

从表 7－2 中，我们可以清楚地看到我们现在正处于第四次工业革命之中。这是继蒸汽机、内燃机、信息技术革命之后又一波时代变迁的洪流，然而日本却明显落后了。日本曾是太阳能发电等自然能源发电技术开发方面的先驱。20世纪70年代，经过石油危机的洗礼后，日本提出了阳光计划等，率先发展太阳能板、电池、充电电池、风力发电、电动汽车等重要技术，然而此后却被德国、美国、丹麦、西班牙、中国等国超过。之前已经说过，这些技术在德国等国普及的关键是固定价格收购制度。丹麦把风力发电定为国家最优先战略来大力推进，美国、中国分别推进智能电网与太阳能板技术并进行海外输出。这些国家的成功模式都是在国家战略这种有力的政策支持下实现民间企业的发展。

表7-2　自然能源相关企业的股本总额与日本主要企业的对比

企业名称	（亿日元）	企业名称	（亿日元）
丰田汽车股份有限公司	123 783	京瓷股份有限公司	14 348
本田	50 733	Vestas（丹麦）	12 870
东京电力股份有限公司	32 266	东芝股份有限公司	12 303
新疆金风科技（中国）	23 978	夏普股份有限公司	11 707
新日本制铁股份有限公司	23 348	三菱重工业股份有限公司	11 403
Iberdrola Renovables（西班牙）	17 810	东京燃气股份有限公司	9 647
中部电力股份有限公司	16 593	新日本石油股份有限公司	8 069
EDP Renovaveis（葡萄牙）	7 540	昭和壳牌石油股份有限公司	3 328
Gamesa（西班牙）	4 810	Solar World（美国）	2 990
REC（挪威）	4 680	EDF Energies（葡萄牙）	2 990
J-POWER	4 639	富士重工业股份有限公司	2 842

续 表

企业名称	(亿日元)	企业名称	(亿日元)
SUMCO股份有限公司	3 810	Suzion(印度)	2 298
三洋电机股份有限公司	3 726	顺特电气(中国)	2 162
First Solar, Inc(美国)	14 690	q-cells(德国)	1 820

出处：饭田哲也《环境能源政策研究所》资料

注：1. 世界自然能源相关企业(阴影)的成长迅速，与日本的汽车、钢铁、电子、电力等主要产业的企业相比，拥有同等级别的股本总额。

当然，日本仍然有迎头赶上的可能性。很多技术都是发源于日本的，日本的技术水平仍然很高。日本现在落后于世界的原因是核电巨头的阻碍和对核能的过度依赖。但是，如果政府能够以强硬的态度，出台合适的政策以促进土地和空间的有效利用，日本再次实现可再生能源发电的发展、普及也不无可能。

分散式供电体系的建构

那么，为了重振能源行业，日本应该怎么做呢？分散式供电体系十分重要。现在，日本的电力公司形成了地区垄断式的供电体系，定价采用成本加成的方式，这种体系造成了诸多矛盾，已经濒临崩溃的边缘。

地区垄断经营以及成本加成定价的供电体系是日本在第二次世界大战后在复兴经济的过程中选择的方式。因为政府认为，强大的电力公司是支撑工业稳定发展的基础。如果将发电和输配电的过程分开，造成数家企业竞争、力图高效生产的状况的话，是不适合当年那个还是发展中国家的日本的。地区垄断制是有“电力之鬼”之称的松永安左卫门在同占领军激烈交涉后让对方确立的制度。同时，松永主张要想让电力行业稳定发展从而实现经济复兴，就需要收取“基于合理成本的有盈余的电费”。即便受到了舆论的严厉指责，他还是于1951年、1952年两度提高电价，使电价涨了30%。

然而，对于已经成为发达国家的日本来说，如今这个体制所激发的矛盾和产生的危害实在太多。日本电价高昂，大大削减了全球化背景下的企业的竞争优势，甚至会造成日本的产业衰退。另外，大型电力公司可以在没有竞争压力的情况下随意定电价。因为没有竞争，所以完全没有动力去改革薪资、养老金、福利、投资、设备方面成本过高的问题。绕了一圈，由此产生的负担最终只能由用户承担。

另外，电力公司还试图排除竞争。也就是说，电力公司会强烈反对一般企业、实业家、公共团体、个人等加入供电体系，也会强烈反对自然能源等替代能源的开发。东京电力等大型电力公司在经济、政治、社会方面都有着极大的影响力。举个例子，它们可以单方面决定电价或者通过支援政治家的选举活动从而影响政策的拟定。从整个产业界的层面来看，它们通过投放大量的广告来增加对媒体的影响力。这样一来，报纸等媒体就不好再刊登批评电力公司的文章了。电力公司从各个方面将新的供电者排除在竞争之外。

在这种情况下，2011年12月27日，资源能源厅成立了“电力系统相关特别工作小组”。这是经济产业大臣成为议长后研究了两个月的结果，各方都会在此献言献策。主要目标有以下三个：第一是形成一个企业和消费者可以最大限度地自由选择、开拓创新的电力市场；第二是构筑一个可以根据需方要求进行供需管理的新型智能社会；第三是营造公正透明的电力市场竞争环境。这三个目标大体上是合理的，笔者也认为应该努力朝这个方向走。

同时，东京电力公司的新体制建设和经营改革也必不可少。2012 年 4 月 27 日，东电及原子能损害赔偿支援机构联名向大臣提交了“综合特别事务计划”。该计划的主要内容有以下四点：第一是河边和彦就任会长，西泽俊夫辞去总经理一职；第二是原子能损害赔偿支援机构向东电注资 1 兆日元，全部由政府、国民承担，政府将获得拥有决议权的 50%的股份，实际上实现东电的国有化；第三是削减 3.3 兆日元的经费；第四是提高 10%的家庭用电比重，从 7 月起开始实施。

这样一来，东京电力公司实际上将成为国有企业，但是地区垄断、成本加成定价方式等目前东电的经营体制和性质仍将继续，不会有任何改变。这就是问题所在。如今更应该做的是按照刚才提到的资源能源厅的特别工作小组的目标，尽快建构发电和送配电分离的分布式供电体系，建构可由需方自由选择的竞争体制。

另一方面，也应说一下特别法中可再生能源法的意义和课题。2011 年 8 月，《电器行业关于可再生能源发电的特别措施法案（可再生能源法）》表决通过。它规定，电气公司（电器行业从业人员）不得拒绝同可再生能源（太阳能、风力、水力、地热、生物能）发电的供电方（特定供电方）就供电问题进行商业交涉。这一制度与德国的固定价格收购制度（Feed in Tariff）相当，在可再生能源发电的发展过程中是极为重要的一部法律。

在这种情况下，2012 年 4 月 25 日，在由经济产业省的有识之士组成的委员会（植田和弘为委员长）上，提出了要随着 7 月固定价格收购制度的实施，探讨电力公司的收购价格问题。这个提案指出，1 千瓦·时电量的税后价格，太阳能发电是 42 日元之多，风力发电是 23 日元（是《白皮书》所给的价格的将近一倍，与发电从业人员所说的价格接近），地热发电是 27～42 日元，中小水电站则是 25～35 日元，生物发电是 13～40 日元。对每月电费为 7 000 日元左右的一般家庭来说，由于要附加收购金额，当初预计会增加 100 日元左右的电费，但如果收购扩大的话，这个数字可能会进一步增加。顺便一提，现在的火力发电价格是 10 日元左右。

但是，可再生能源发电的技术日新月异。世界各国每单位的发电成本都在飞速下降。为了促进可再生能源发电的发展，就要确定一个合适的收购价格。从这一点上来看，太阳能发电的 42 日元拿到国际上来看的话就太高了。为了促进从业人员的技术革新和效率提升，应该进行细致的修正。如果定价太低，就无法吸引人才流入这一行业；如果长期定价太高的话，又会有滋生低效风气的危险。

《可再生能源法》也有需要注意的地方。该法案的第五条有一个巨大的漏洞。作为“不得拒绝与之商业交涉”之义务的例外情况，第五条第二项提到“当该供电方有可能不能保证足够的供电量之时”。也就是说，大型电力公司如果判断可再生能源的供电“不能保证足够的供电量”的话，就可以拒绝与可再生能源供电方商业交涉。这意味着什么呢？

自然能源发电的发电量受日照、风力等影响，从结构上说是不稳定的，存在地域性的偏差。自然能源发电的供电方可能会被电力公司判定为“不能保证足够的供电量”，这样一来就可以拒绝收购可再生能源发的电。这明显和这项法案的意旨相悖。

当然，自然能源的不稳定性和地域性偏差可以通过蓄电管理以及智能电网等技术解决。但是，如果电力公司拒绝与之进行商业交涉的话，无疑会阻碍这些技术的开发和普及。从这个意义上讲，将是否拒绝交涉交由有购买义务的电力公司来判断，的确是这项法案的一个重大漏洞。如此看来，应当删除第五条，或者修正为由公正的第三方机构来判断是否可以拒绝交涉。

下面，我们将详细说明在新能源发电发展过程中必要的社会制度。

这里，智能电网、智能电表、智能城市等是重要的关键词。智能电网是指电力供需网络的一个节点，是可以调节电力供给的自动 ICT 装置。智能电网正是支撑分布式供电的一项核心技术。以往的电力供给都是由大型电力公司单方面提供电源。如果有多种多样的能源和多种多样的发电企业参与进来的话，电力供给就会变成多线路、双向的复杂形式。智能电网就是调整这种复杂电力供给的装置，就像交通枢纽一样。

智能电表(次世代功率计)是指可以“看到”各个家庭以及企业等用电方是如何使用多种供电源的测量仪器。有了这个测量仪器，用电方就可以自主调整合适的用电量和电费。另外，也可以从为数众多的不同的供电方中选择最合适的那一家，这样就可以促进不同供电方之间的竞争，达到全社会的用电优化。

东京电力公司于 2012 年 1 月制定了智能电表导入计划，预计将为东电九成的家庭用户(1 700 万台)配备智能电表，国际配电也将纳入考虑之中。但是，因为这一计划是在东电体制下执行的，能否自由选择东电以外的供电方还是一个未知数。我们需要一个可以接触、选择其他电力公司的开放型供电体系。东电向一般家庭配电，当然会最优先考虑东电的利益，这在某种层面上来讲也是企业经营的一般逻辑。为此，我们需要将家用智能电表与发电企业分离开来，建设独立的输配电企业。

智能城市是指利用智能电网和智能电表，在传统火力发电和核发电之外最大限度地利用自然能源发电，同时用智能节电方式高效用电的城市。在中东的阿布扎比，这种智能城市已经建成。日本方面，在三井不动产等企业的努力下，千叶县的柏市也将启动这一项目。最大限度地灵活运用这些技术、设备、城市规划，面向未来，探索新的用电方式刻不容缓。

为此，一个有效的方法是推进热电联产。热电联产与传统的大型电力公司不同，会将很多地方性的燃气公司以及民间的一般实业公司纳入其发电系统的网络之中，将石油、天然气、煤炭等发电时产生的热能输入供暖装置等实现二次利用，同时发的电也可以投入生产。热电联产就是这种同时产出热能和电能的系统。日本的发电效率在全世界看是很高的，即便如此能源利用率也只有不到四成。与此相比，热电联产因为可将一种能源两次利用，所以可以实现八九成的能源利用率，因此有必要推进这种技术的发展。在由目前的供电体系转型为以可再生能源为主的新体系之前的二三十年间，热电联产的方式作为“过渡电力”十分有效。

这些都可以成为很多企业的分布式电源。要想合理利用它们的话，必须在开发智能电网的基础上建立新的输配电网络。为此，以发电、输配电分离为前提，我们需要对电力行业进行产业结构改革。

节能社会和高效能源的推进

在考虑新能源战略的时候也不能避开节能问题。这里不是说要“勒紧裤腰带节电”，而是应当采取推进节能综合改革的方式。2011年3月的福岛第一核电站事故之后出现了电力紧缺的状况，政府要求企业和家庭义务节电15%。企业通过轮休等方式拼命节电，一般群众则通过不开空调等方式积极配合。在这种情况下出现了老年人中暑的情况等，至今仍然记忆犹新。这种方式就是“勒紧裤腰带节电”。

2012年，因为正在服务的50座核电站全部停止运行，到夏天有可能又被强制性要求“勒紧裤腰带节电”。的确，节电节能是很重要的，但是这种牺牲正常生活的节电方式不是长久之计，也不是我们所希望的。

我们所希望的是人人都能在享受舒适生活的同时实现节电的技术革新、产业结构改革、生活模式改革，例如电动机械、计算机的节能技术的改善等。再如，采取增加建筑物的隔热能力、调整空气流通状况、灵活配置植被、土壤、空间的城市规划这种形式，还可以通过改变工作时间和通勤方式、分批休假、实行夏时制等生活方式的改变来打造舒适的节能社会。我们希望能官民同心，共同推进整个社会的规划和升级。

新型复合能源结构构想

那么，要想从总体实现上述命题，应该如何规划呢？表7-3为饭田哲也在东日本大地震发生10天后发表的内容。饭田称，有以下四个要点。

第一是节约用电。应该从组织上、构造上推进节能，用10年时间使电力需求量由目前的日需1亿千瓦·时降低到8 000万千瓦·时，缩减两成。

第二是开发、普及自然能源。现在水力发电占8%，太阳能发电占不到2%，应当大力开发、普及自然能源，用10年时间增长30%。

第三是缩小核电规模。通过不再新增核电站和停止运营一部分核电站的方式，用10年时间使核电占有率由25%下降到10%。

第四是用10年时间使化石燃料（石油、煤炭）占有率由40%降到15%，降低二氧化碳排放。

表7-3　新型复合能源结构构想

	2010年估值	2020年目标
节能节电		20
自然能源	10	30(37)
核能	25	10(13)
天然气	25	25(32)
石油和煤炭	40	15(18)
总电力供给量	1亿kW/h	8 000万kW/h

资料：饭田哲也：《3.11地震后的能源战略书》，载《环境能源政策研究所》，2011年3月23日

注：1. 单位是%。

2. 括号内是将8 000万kW/h算作100%的情况下的数据。

这样一来，假设2020年的日均总电力供给量是8 000万千

瓦·时的话，自然能源发电将占到37%，超过德国。

如果能将本章的意见全部付诸实践的话，实现这个目标是完全可能的。这种以安全、安心为本的新能源战略向国民和全世界展示了日本积极改变能源过度消费的现状、降低放射性污染物扩散危险、降低二氧化碳排放、保护地球环境的新的决心。

8 第八章

新时代国际战略

1. 日本国内市场缩小与企业加速海外拓展

日本国内市场缩小

到上一章为止，我们探讨了日本存在的根本问题。但是，若我们能看准未来，便可发现我们眼前也有各种各样的机遇。我们有必要正确地认识机遇、把握机遇。本章，我们将会探讨这些机遇。

据估计，虽然目前日本人口为1.28亿，但由于出生率低下，到2050年日本人口会降至9 100万，预测适龄劳动人口会由目前的6 590万降至4 700万左右(劳动力市场参与率低下案例)。据悉，在今后的十年内，日本人口将以每年0.7%的比例减少；之后会以每年1%的比例加速减少。

虽说经济规模是劳动力规模与人均劳动生产率之积，但日本经济已经过了工业化阶段，步入了服务产业经济化的阶段。而服务产业的生产率增长很慢，我们无法期待像过去那样的经济增长速度。即使产业的生产率增长能达到2%～3%，但由于人口减少，经济增长率也会降到1%～2%，甚至有可能出现21世纪初期的经济负增长现象。因此，作为一个投资对象，日本经济市场的吸引力自然会变低。

企业海外拓展不可避免

通过上述内容我们可以知道，日本国内经济市场正面临紧缩压力，但企业不能因此缩减。企业的营业额可以减少，但营业利润不能减少。因为企业的营业利润一旦减少，偿还利息就会变得困难，就无法继续借款。如果无法期待其收益，也就不会有人来投资。

因此，在国内经济市场低迷、持续紧缩的情况下，企业就不可避免地要向海外市场扩张。我们知道，世界经济的未来增长主要来自新兴市场国家的经济增长。因此，从整体上来说，日本企业还是有很大的经济增长空间的。据了解，虽然现在世界人口为70亿，但到2050年世界人口会增长到90亿。这样一来，日本企业便有机会利用海外拓展、海外事业来提高其收益。

事实上，一些有竞争力的全球化企业也在依靠直接投资或外资并购等方式，加快海外拓展的步伐，韩国的三星公司、芬兰的诺基亚等都是其中的代表。瑞典的宜家也在日本国内的船桥、横滨、神户、埼玉、福冈等主要城市开了七家大规模店铺。在国内市场规模偏小的国家，全球化企业都会靠拓展海外市场来赚取大部分的收益。即便是像美国这样的大国，也在中国等国积极地拓展海外市场。微软、谷歌、Facebook 等便是其典型代表。

解决方案带来附加价值战略

与此同时，日本企业的海外拓展一直都以出口为主，其重心也从基础设施出口转变到成套设备出口，再转变为以提供解决方案为主。

汽车、电器等产品的输出在发达国家已经达到饱和状态，而新兴国家出售的大众化产品的价格又格外低廉。这样一来，像日本产品这样的高成本产品自然有其局限性。

首先，我们来看基础设施出口的情况。新兴国家对基础设施的潜在需求很大，但是基础设施的出口又与出口国和进口国的国家战略有很大关系。公路、港口、铁路、网络通信等基础设施与对方国家的历史文化既得权也密切相关，因此日本的进出余地受到限制。

三年前，为了促使石油资金流向日本，基金投资、风险投资、中小新兴企业等大约 30 个公司都组建了专家组，来探讨投资计划。笔者也曾被任职为委员长，访问过沙特阿拉伯、阿布扎比、巴林等国。笔者有幸遇到了很多人，也有机会了解到很多情况。当时有各种各样的大工程正在建设中，比如建设智慧城市、创设海水淡化厂、金属精炼等，其权益由当地王室享有。只要遇到项目相关人员，旁边都有欧美人陪着，绝无例外。一打听才知道，这些欧美人在当地生活多年，经常和王室一起活动。这里从中世纪开始就与欧美有着文化、地缘政治方面的联系，但是和日本没有这种联系。如果日本人要来的话，若是来购买原油倒是很受欢迎，但是要想在这里滞留做生意，停留期最多也就两年，所以很难深入其权力中枢的内部。这也是日本基础设施出口难的原因之一。

那成套设备出口怎么样呢？城市计划、银行/证券制度、系统集成以及工厂和联合企业组织设计等，能否胜任这些工作都要取决于你的综合竞争力。当然，这对日本来说是一个很大的挑战，但现实远不止这么简单。这些年已变成了对成套设备的综合包装出口的竞争。以发电厂的建设为例。如今，建完发电厂后还要保证其后十年（甚至是三十年），发电厂都能运转、运营。如果是电力、铁路和高速公路等方面的项目，还要承担包括收取费用在内的全部工作。就拿韩国来说，韩国曾经和阿布扎比签过原子能发电的合同，在建成发电厂之后，韩国也长期承担着其全方位护理的工作。但是，日本的企业集团构成及政府扶植工作还不到位，不能承接这样的项目。这也是今后要解决的一个问题。当今时代是一个要拼金融、海关、外交能力等综合能力的时代。

那么，再往前展望又会有什么新的东西呢？笔者认为，“肉眼看不到”的解决方案领域有很大的潜在需求量。很明显，日本有相对优势的是中小型企业的竞争力。如果要将这些中小型企业的竞争力“可视化”，那就是提供解决方案。事实上，聚集起来的中小型企业的生产力和竞争力决定了大部分的经济、产业的竞争力。

那么，中小型企业的聚集效果是如何决定产业生产率的呢？一件商品从原料到最终成品要经历10道工序。也就是说，从金属薄板到金属成型这些工序中，我们可以使每一道工序的生产率都加倍，层层叠加后就可以产生很大的累加效果。第二次世界大战后日本经济高速增长期间，中小型企业集团膨胀，其多重性生产率的提高层层叠加，使日本经济跃居世界榜首。

这就是我们肉眼所看不到的竞争力。然而在国际化的时代中，我们有必要将其可视化，作为技术窍门提供给别人。英国很擅长这么做。他们在提高生产率方面开设了 ISO9000 质量管理体系，在资源环境方面又开设了 ISO14000 环境管理体系并取得收益。日本却从来没想过利用这些知识来取得利益。但我们可以明确，提供解决方案这条路也会是日本今后的生存方式之一。

比如，在中国、韩国、印度等国家，中小型企业集团的实力相对较弱。在亚洲各国、各地区中，只有台湾地区还算是拥有一定的中小型企业集团实力。日本虽然也有大型企业，但高度聚集的中小型企业却更为普遍。在印度、俄罗斯、越南、印度尼西亚等国家和伊斯兰教国家，由聚集起来的中小型企业所产生的竞争解决方案也备受关注。这些国家大兴由政府主导的中小型企业(SME)研究，还受到发达国家的研究支援，甚至在大学之间的交流中也成为热门议题。而日本最能做出贡献的领域也在于此。日本可以为这些国家的中小型企业提供解决方案，将其竞争力可视化，由此帮助其创造出附加价值。这大概也会成为日本的一大战略。

那具体怎样才算是中小型企业的解决方案呢？比如说，品质提高和成本削减的同时实现。在生产过程中需要很多机器设备同时运作，倘若其中某一部分发生故障，就会产生莫大的成本损失。但是，如果在故障发生之前就能检测到其微妙的征兆变化并及时修复，那么故障发生率就会急剧降低。一旦故障发生率降低，部件流通速度就会提高，残次品率也会降低。最终结果就是在降低成本的同时又做到了生产率的提高。这就叫"预防保全"(preventive maintenance)。如果不造出残次品，质量就得以提升，也能避免浪费，速度也会提高，成本也会减少，从而就能使竞争力有所提高。丰田就是靠这种方式灵活分包的。为此，我们必须重视现场工作，努力改善。我们还要将其翻译融合到各个国家的现场工作经营模式和文化中去，从而构建一个对他们来说品质提高和成本削减能同时实现的系统。

第二次世界大战以后，日本在经济复苏阶段学习了美国的生产率提高和质量管理方式。也就是所谓的"QC"(品质管理)。当时，美国是在进行高强度的品质统计管理。而日本不仅向美国学习，还另外造出了美国所没有的"QCC"(品质管理小组)。这是日本人现场工作所特有的整体感，是在美国或欧洲都不存在的东西。日本也因 QCC 在世界上做出了创新。无论是怎样的国家和社会，都会存在与此相对应的体制，并且需要一定的帮助。

此时，就有必要提供服务，而非物质。做到在分享的基础上，灵活运用我们"肉眼看不到"的解决方案去帮助他们。但问题的关键就在于，如何同这些国家构建工作现场上的信赖和信用关系。具体内容我们会在后面一些章节论述，但我们首先要明确，没有信赖和信用关系就不可能有全球化发展。全球化发展对日本来说，是一个关乎生死的重大挑战。而其中一个关键就是后文中提到的，人才教育问题。

2. 对日投资的建议

对内投资是经济的活化剂

对内直接投资不是指短期的金融资产投资，而是指对企业的生产活动及服务活动的长期投资，主要是对实物的投资。而投资也不仅是指资金方面，还指人才、技术、经营技法等很多生产性资源方面的投入。因此，接受对内直接投资对促进经济活性非常有用。

例如，20 世纪 80 年代，日本的汽车产业对美国进行大量直接投资，从此大大提高了美国汽车产业的活力。尤其值得一提的是丰田与 GM 的合并企业—NUMMI。NUMMI 是在加利福尼亚州发展起来的一个企业。GM 在当地所有的工厂差点由于工人罢工而倒闭，此时丰田将其收购合并，雇用 GM 的人来做公司干部，共同努力重建企业。在这个过程中，丰田也在美国的风土文化、工作作风中植入了丰田式生产模式。该尝试在两年内取得了很大的成功，NUMMI 成了全美质量最高的汽车生产工厂。GM 的企业顾问热心研究丰田的企业文化并将其传授给该公司的其他工厂。有一本书叫做《人性要素的经济学》(岩波书店，1988 年)，这本书详细地记载了 NUMMI 的案例。

但是，前面我已经讲过，现在日本经济闭塞的最大原因是日本的体制已经落伍了。日本自从在经济高速增长期获得成功之后就没有进步过，既得利益导致日本经济发展受阻。在这种时期，如果能够促进外国企业对日投资，就可以从技术、经营战略、经营模式、人才等方面给经济发展带来良性刺激。

例如，宜家家居也曾经历过撤出日本市场的痛苦，但经过对日本市场的不断研究，现在也取得了很大成功。其他有名的例子还有诺基亚、谷歌、亚马逊、基于云计算的 Salesforce（Salesforce 是指世界最大规模的 SFA“营业支援”、CRM“顾客管理”、给顾客服务的云计算平台）等。尤其是 Salesforce 还在日本大地震之后扶植了日本企业。日本必须积极地学习外国企业的这种活力。

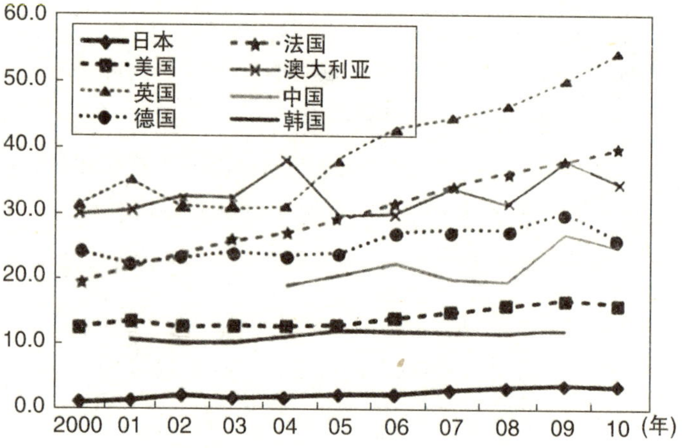

图 8－1　主要各国对内直接投资余额的 GDP 比率变化

出处：内阁府推算资料

注：1. 对内直接投资余额为账面价额。

2. 资料来源：日本是财务省“对外资产负债收入统计”，英国、德国、韩国是 IMF“International Financial Statiatics”，美国是“Survey of Current Business”，法国是“La Balance des Paiements et la Position Esterieure”，GDP 数据是 IMF、“International Financial Statiatics”。

日本对内投资的封闭现状

但是事实上，日本的对内投资完全是一种封闭状态。无论是与欧美发达国家相比，还是与中国等新兴国家相比，都相差甚远（以每年投资额的GDP比率为依据）。

这些年，日本的对内直接投资额有增长趋势，但是GDP比率在最近（2010年）依然停在3.7%。相比之下，美国为16.1%，澳大利亚为34.5%，英国为47.3%（欧盟以外的区域为21.7%），法国为37.4%（欧盟以外的区域为9.0%），德国为28.7%（欧盟以外的区域为6.7%）。欧洲各国在欧盟境内有投资协定，所以多数在境内投资，而与日本没有这种互惠关系，所以若对日投资也有不利。而在亚洲，中国为24.5%，韩国为12.3%。与日本活跃的对外投资相比，对内投资非常封闭。

笔者从1996年开始曾连续九年担任对日投资促进委员会的会议主席，一直致力于促进对日投资。从村山富市首相到小泉纯一郎首相，我都在做这份工作，然而对此最热心的还是小泉首相。他计划将当时1.3%的投资余额GDP比率在五年内实现翻一番，为此展开了87条法律的订正和改善，同时还从多种途径努力整备能够接纳投资的条件，最后在六年内达成了目标。后来，他又制定了一个五年计划，交给了后任的安倍内阁。

此外，还有SARS（重症急性呼吸综合征）和雷曼事件导致对日投资余额低迷，从2009年的3.9%（峰值）下降，现在还处于停滞不前的状态。

虽然有诸如此类的国际情势变化，但根本原因还是在于日本

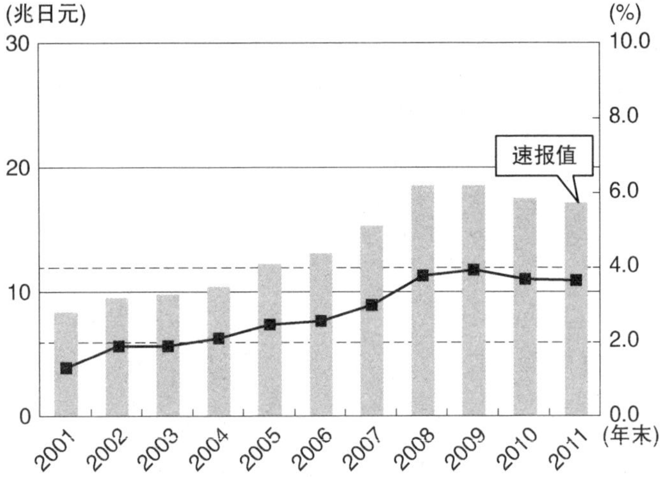

图 8－2　对日直接投资余额的增长(兆日元)

出处：财务省《对外资产负债余额统计》、内阁府《国民经济计算》

注：余额实际数额(柱状图)的单位(左边数轴与横状实线)为万亿日元，GDP 比率(折线图)的单位(右边数轴与横状虚线)为%。

的社会构造。日本产业界总是会对海外来的投资抱有疑虑和抵触心理。现在的日本仍然习惯性地把性质不同的竞争当做威胁来看待，如合并吸收等相关法律制度不够完善、缺乏值得信赖的市场信息等。现在的日本投资环境还处于比较恶劣的排外状态。

据国际收支统计，这些年，比起贸易交易，日本的资本交易反而有所增加。这主要是日本企业海外投资和并购的增加导致的，其结果就是国际收支不断盈余。

比如说，我们来比较一下日本、美国、英国的数据就会发现，美国和英国在过去的 30 年内，国际收支虽然有所波动，却都保持在 200 亿美元左右，而日本是几乎从零开始猛增到快要 1 000 亿美元了。

但是，这并不是可以放任不管的好事。这说明对内投资很匮乏。也就是说，有利的经济、经营资源还未充分引进到国内市场。如果对内投资有所增加，那么就必须向海外企业支付酬劳，同时，日本企业也会从海外获得收益。这样一抵销，大兴对内投资的国家，其收益出入也就会停在某一阶段而不会继续增长。但是现在，日本虽能从海外得到收益，对内投资却很少，因此日本就无从支付海外企业，国际收支只能不断盈余。换句话说，如果不能引进那些促进今后经济增长的经营资源、技术、经营模式、市场、人才等，日本就无法绘制出将来长期发展的蓝图。

应从根源上促进对日投资

对现在的日本来说，一个极为重要的命题就是从根本上促进对日投资。欧美各国的对外、对内投资处于相对平衡状态，并未出现像日本这样国际收支盈余不断增加的情况。这就说明一个事实，即欧美各国为了本国经济的发展，正积极引进有利资源。中国这些年的发展也与积极引进欧美和日本的直接投资有很大关系。

美国企业积极投资中国市场对促进中国市场的活力起到了很大的作用。比如说，微软大约在 16 年前就在北京的郊外创设了研究所。现在，该研究所已成为全世界的微软研究所中最有成果的一个。

多年前，经比尔·盖茨提议，亚洲教育会议在北京召开，笔者也被邀请去做发言人。当时，参加会议的北京市市长和中国的教育部部长的话让我印象深刻。他们说："中国虽然是发展中国家，但大学生有 2 500 万人，有好几万 IT 专业的博士生，这是很让人自豪的一点。”就是这样的人才在微软的研究所工作，做出了成绩。吸引投资着实对保持经济活力有帮助。日本步入了人口老龄化进程，人口不断减少，各方面制度由于既得利益而变得僵化。在经济全球化的今天，若要促进今后的经济增长及发展，一大紧迫任务便是吸纳世界中多样而有利的生产资源（资金、人才、技术、经营等）。

促进对日投资战略的软硬件问题

在促进对日投资的进程中，软件设施上也有要做的事。

第一是各种手续的简单化、效率化。日本的手续相对繁杂，常常出现私相授受、搁置不理的状况。要想抓住现在经济全球化的机遇，就必须要做好一条龙服务。

举个例子，我曾经被派去视察过一个叫“invest UK”的英国组织。要说这个组织，就是向当地就职于外国企业的人祝福说“恭喜”（Congratulations）。一探原因，他们认为“既然是远道而来，就必然有英国所不具有的一些优秀特质”。

表 8－1　表面实效税率的地域差异变化

	2000 年	2009 年
EU	35	27
OECD	34	26
亚洲	28	25
日本	42	40.7

出处：经济产业省《产业构造预测 2010》

注：(1)表面实效税率是指法人税（法人所得税和地方法人各类税收）与法人收入的比率。(2)单位为%。

当时，我强烈感受到英国在这方面要比日本先进 50 年。然后，我就接到小泉首相的指示，说要学习“invest UK”创建一个“invest JAPAN”。当时，海外对日本投资的手续繁杂，再加上排队顺延、搁置不管的情况甚多，对日投资是一件非常辛苦的事。了解到这种情况之后，我们就创办了一个可以提供一条龙服务的组织。所以，手续的简单化、效率化是促进对日投资的必要条件。

第二是日本的法人课税问题。各国的法人税率都在显著降低。这十年间，日本只从 42%降到了 40.7%，而欧盟却从 35%降到了 27%，经合组织也由 34%降到了 26%，亚洲从 28%降到了 25%。可见，世界上的法人税率降低竞争激烈。

这样看来，国家不同，法人税率也有很大不同。日本的法人税率水平相当高，即使下降了 5%也无法立刻起到改善竞争条件的作用。日本只有将法人税与投资税收优惠制度和多样的投资优惠措施相结合，才能使竞争条件达到平均水平，从而才能吸引海外有利的生产资源。

第三，在企业法制上，尤其是合并、吸收等企业重组方面，制度还不够完备。21 世纪初期，日本制定了公司法制度及三角并购法制化，从此，外国企业可以从制度上实现对日本企业的吸收合并。但是该制度在后来也没有被灵活运用，其原因不仅是相关细则上的障碍，还有企业重组所需的企业价值评估等相关信息基础还不够完备，从而导致不透明性、不确定性过高。

第四，信息公开化和规则明确化、透明化的落实力度还不够，尤其是与政府相关的信息公开化。以“无异议函”(no action letter)为例。所谓无异议函，是指对于外资企业等的咨询和要求，主管规制和政策的政府机关会在事前以书面形式表述其特定的投资行为等是否有违规违法之处的一道程序。而日本的信息提示大多不会采用这种明示且客观的方法，这样外国企业所属国的董事会就无法认定其为确凿证据。也就是说，在日本，政府机关的判断和解释并未“可视化”，因此缺乏透明性。本应广泛普及的无异议函，现在却极少在用，从而导致民间的市场信息也极为不完善，可信度低下，充满不确定性。这种问题必须要解决。

第五，运用多国语言的问题。由于日语适用范围太小，日本在国际交易上处于相对不利的地位，而能运用英语、中文的人才又太少。所以，现状就是日本在语言方面滞后于亚洲各大都市。但是也没有必要让公司职员都赶紧学中文。日本人不会外语不要紧，只要雇用外国人就好了。日本的外国人雇佣状况也非常滞后。我们必须要改变外国人的雇佣政策。

第六，住宅、教育、医疗等生活环境的完备。虽然日本的住宅情况每年都有进步，但与亚洲的主要城市相比还是滞后的。在教育方面，缺少国际教育机构；在医疗方面，外国员工很难享受到母语治疗服务。日本医师在欧美发达国家的留学、研修等非常活跃，因此日本人在欧美国家也很少会觉得不方便，但是日本很少有外国医师，这就会使外国人在就诊时感到不安。医师法虽然对以教育为目的来日医师持开放姿态，但对以业务为目的的来日医师有各种限制。因此，我们必须对海外人士开放医疗体制。

另外，从硬件设施上来讲，通信、航空、机场/港湾、国内交通（尤其是城市干道网）等方面也需要加紧建设。

通信在这些年倒是有所改善，但仍有很大的进步空间。

航空方面，虽然已经部分解禁，但最好还是能实施天空开放政策。空中政策还需更加自由化。

机场方面，日本现在已经没有任何一个大型骨干机场。日本需要一个中心辐射网。同时，还应充分考虑地方城市的便利性。从海外经由东京再去各个地方城市显得非常不便。

现在，日本的港湾效率尤为低下。周六仍然是休息日，这从世界趋势来看是非常滞后的。这些年，日本的港湾连韩国的港湾都比不上，明显缺乏便利性，其表现之一就是，最近世界各国的船只通常都会先去韩国再到日本。

而相对比较有优势的城市干道网，其现状也不容乐观。如果不克服诸如此类的硬件设施问题，想必也无法促进对日投资。

东京——亚洲总部特区的复活

要使对日投资市场更有活力，提高城市魅力也是重要课题之一。

民主党政权通过了七个国际战略综合特区（川崎、筑波等）的申请，东京也在亚洲“总部”的口号下申请了国际特区。

为使东京能成为国际战略综合特区，还特别召开了区域协商会议，同民间，尤其是同建筑商进行了信息、意见、资源的共享。笔者也有幸能作为该会会长积极参与解决问题。

东京曾经是亚洲的中心。但是，由于上述的种种缘由，在软硬件方面都存在很大程度的滞后，东京这些年的魅力、竞争力都严重下降。迄今为止，在东京的亚洲总部机制正不断地转向新加坡、上海等地。这也是一种“日本冲击”。时至今日，亚洲各国都在飞速发展。东京消费水平高，在亚洲的地位正急剧下降，从吸引对日投资这一方面来讲，这是一个致命损失。

但是，东京依然是日本最大的城市，这是不争的事实。那么，我们自然就希望它也能跻身亚洲最强之列。在这种认识下，我们就要在努力竞争的同时考虑上海、香港、新加坡、台北、首尔、吉隆坡等城市的竞争力。

吸引投资政策等软件方面的完备也很重要，但另一要紧任务是从根本上提升城市功能。这些年，世界重新关注的问题是一个城市的抗灾害能力。日本虽在千年不遇的日本大震灾中受到了很大的损害，但在受灾地仙台所建的较新一点的高楼却并没有受到那么大的损害。这些高楼甚至还可以自己发电，供灾民们避难，其技术可谓非常先进。因此，我们有必要把这种技术也应用到城市系统中去，构建高强的抗灾机制。

即便如此，日本还是明显很低效。比如，纽约在大的地区会建造高层建筑，而其周围空间却很宽阔。为使容积率变大、建筑面积率减小，他们才把建筑物向空中延伸。而东京的新宿等地虽也建了一部分高层大楼，但大部分地区还是较小型的密集住宅，道路也很狭窄，很多地方连消防车都无法通过，这方面跟世界其他国家相比也是落后的。

在日本，一般高楼林立的街区的容积率约为 700%，如果是六本木新城或东京都政府等地的话大约为 1 000%。如今，亚洲的主要城市容积率都超过了 2 000%。由于日本航空法限制了 300 米以上的建筑，东京都政府和六本木新城也都是 250 米的高度。现在，上海、台北、新加坡等地都有 500 米高的高楼，容积率达到 2 000%

甚至是3 000%，在减少建筑面积率的同时将高度限制设为600米，这样一来，高楼就可以建得更高。这样，有灾害发生时反而会比较安全。

向下开发是很值得讨论的一件事。地下楼层在地震之际由于和地面保持一体，因此晃动也会较少，还可以利用地下水，冬温夏凉，其环保效率也很高。因此，我们有理由这样综合利用资源。

如果可以实现上述设想，那么工作地和居住地就可以更近了，这就是一种生活方式的转型。在日本，有人上班单程要一个半小时，一天往返共3小时，这种事情非常常见。如果能把这3小时用在文化、运动、交流等方面，生活质量将会是质的提高。东京就可以变成这样的场所。当初森稔先生创立森大厦有限公司，致力于改善东京等大城市的功能及生活环境，并为此付出了很大心血。他就提倡这种理念，为后人留下很大启发。我由衷地期望森稔先生的理想能被后人继承并发扬光大。

为此，就需要大家达成一致，加倍努力，争取超过上海、新加坡和吉隆坡。现今，东京的问题是：这种构想能否有个整体规划？能否集结相关人员和机构？国家能否够给予理解和资助？

3. TPP是国际展开和内部改革的好时机

TPP问题的来龙去脉

接下来，我将详细探讨当下日本所面临的机遇。

其中之一是TPP(Trans-Pacific Partnership)。TPP是对今后日本来说至关重要的国际贸易投资组织。

首先,我们来探讨一下TPP问题的原委。2010年11月,日本举行了横滨APEC会议。在此会议上,总理大臣营直人表示要考虑参加TPP。同月,内阁会议通过了“经济合作基本方针”。但其后并未有任何组织性辅助工作。

很明显,美国是把TPP当作一个促使“亚太自由贸易圈”更宽领域发展的阶段,并且当时美国对日本参加一事也表现冷淡。

但是,2011年11月,野田内阁总理大臣明确表示要参与谈判TPP问题的协定,美国政府对此表示欢迎。但是,日本国内却反对声音高涨。经团联等赞成派也几乎无任何有力号召。虽然与相关各国的协定还在展开,但政府仍未明示是否加入TPP。

TPP是于2006年由4个成员国(新加坡、新西兰、智利、文莱)签订的自由贸易协定。2010年,美国、澳大利亚、越南、秘鲁、马来西亚相继加入,同时由于美国的加入迅速成为一个大动向。再加上2011年日本的动向,加拿大、墨西哥也开始就参加一事进行商讨。因此,TPP今后很可能会发展成一个大型自由贸易圈。

通过TPP,所有贸易商品都将即刻或阶段性实现自由化,甚至包括服务业、政府筹措、知识产权、劳动移动等。如果日本要参加,就需要参加各国的承认手续。因此,即使表明了参加意愿,真正加入进去也要再花上一到两年的时间。

2011年末开始,日本政府编制了一个特别小组,在与各国谈判的同时收集相关信息。据了解,很多国家都参加了TPP,并且也有很多战略主题讨论,课题可谓复杂多样,但谈判也因此迟迟没有进展。如果日本也能早日决定参加的话，就可以参与制定规则了。日本是否可以成为规则制定者，其结果有很大差异。

2012年3月，9个成员国在墨尔本召开了TPP第11轮谈判。会上由于各种复杂问题，成员国之间也产生了对立意见，但对日本，成员国一致希望日本能明确参与的态度。据悉，甚至有几个国家批判性地指出："日本一直处于悬而未决的状态，犹豫不决，这样是否能够参与较为大胆的战略课题？我们对此表示怀疑。"

2012年5月，野田内阁总理大臣与奥巴马总统进行了日美首脑会谈，但在该会谈上野田内阁总理大臣顾虑到国内的反对声音而未谈及TPP问题。

围绕参加TPP的议论

那么，围绕参加TPP到底有怎样的议论呢？

现在反对意见高涨，尤其是严重衰退的农业的从业者感到非常不安。他们认为日本参加TPP之后农业就会走向崩溃。另外，医疗业者也很担心，他们认为TPP以自由竞争为基础，如果参加，医疗会被划分为"优待有钱人的医疗"和"放弃穷人的医疗"。

另外，反对派也有很多荒诞不经的政治宣传。例如，农水省认为，若取消对外关税，农业生产额就会减少4.1万亿日元。现在的农业生产额是8万亿日元，也就是说会减少一半。但如果换个角度来看，即使完全自由化也仍然会有4万亿日元的生产额。这一部分蔬菜、果实、花卉便已足够应对全球化（也就是所谓的荷兰农业模式），日本的根本不会崩溃。（本间正义：《大米的国际竞争充满可能》，载《日本经济新闻》，2011年2月15日）

农水省强调，大米会削减九成，剩下的一成是新潟产的越光大米等。但由于大米的完全自由化，国内消费量800万吨的大米中会有700万吨都是进口米，这些进口米只需国产米价格的1/4，这个价格将会是中国产大米有史以来的最低价格。但是，中国目前并没有参加TPP的计划，因此可能增加大米出口量的会是TPP成员国之一的美国。假设我们从美国进口400万吨大米，而现在美国大米的出口量才400万吨，并且几乎全是长粒米，日本人通常吃的圆粒日本稻米只能生产30万吨，即使为日本增产，最多也不过100万吨（本间正义：《大米的国际竞争充满可能》，载《日本经济新闻》，2011年2月15日）。

农水省主张，如果实现农作物自由化，所得补偿就必须增长到3兆日元。但是日本的农林水产业的总产值为10兆日元，其中大米只占2兆日元。农水省预算每年给农民的补助金为2.3兆日元。农水省这么说无非是试图像过去一样保持小规模农户，再将其农户组织化，进而组成农协发展农村。通过他们的主张，我们就可以窥见其意图。

那么，赞成意见都是什么呢？他们普遍认为参加的益处多多，反而不参加的话会是莫大的损失。但是他们的呼声却没有那么高。

冈本ASSOCIATES的代表冈本行夫是一名曾参加过GATT东京大会的专家。他强调，如果现在不表明参加意愿，那么国家利益的损失将不可估量。他指出，一般情况下，在加入国际协定时都要争取成为创始成员国，一旦错失此机会，那么不但相关信息会缺失，而且还会被既定的条件所制约，无法争取本国利益。

日本曾经为加入 GATT 花费了三年时间，其结果便是要受到第 35 条适用条规的制约，只能作为准成员国享受差别待遇。这种例子在其他国家也有。中国加入 WTO 花了 15 年，俄罗斯则花了 18 年。因此，参加国际协定时不能犹豫不决，否则其中的损失永远也追不回来。

国际关系就如同人际交往，建立一种信赖关系需要花费数年时间。冈本先生担任 GATT 的交涉时，对外经济担当大臣牛场信彦与美国通商代表罗伯特·斯特劳斯展开了激烈的讨论，结果反而产生了信赖关系，意见达成一致后都致力于说服国内的声音。这样看来，首相明示加入是一大要务。首先要决定好担当大臣，必须使职责能得到集中。冈本先生还指出，国际关系是政府的专属事项，因此要做好条约被否决的准备并向国会提出申请。我很认同他的观点。

参加 TPP 的重要性

那么，参加 TPP 有什么好处呢？TPP 可以扩大贸易与投资，使区域内手续简单化、高效化（降低交易成本）。换句话说，不加入 TPP 抑或是延后加入的坏处就是从太平洋自由贸易组织中脱离出去。这种被孤立的损失极为严重。TPP 已经很有可能发展成为亚太自由贸易圈。如果被排除在外，其损失可想而知。如果参加过晚，就要遵守其既定规则，这样就毫无国家利益可言，也会处于不利地位。

政府（首相）应该尽早表明加入的意愿，成为成员国后致力于制定顺应国家利益的规则。如此，TPP 反而会变成改革的跳板。

衰退的农业和医疗业也应该以加入 TPP 为契机，从根本上实施内部改革，由此才会步入新的时代，使得自我再生成为可能。TPP 是起死回生的好时机，具体会在下一章有详细介绍。

4. 新时代国际人才培养的必要性

国际战略还有一重要条件，便是人才培养。接下来，我们将探讨人才问题。

支持国际战略最重要的资源就是能胜任国际性工作的人才。正如我所提到过的，日本市场正逐渐缩小，争取世界市场便不可避免。而且，这里不是指产品出口，而是指提供解决方案，其中最重要的就是确保各国相关人员之间的信赖和信用关系。信赖首先是从相互理解开始的。最要紧的就是培养出能够拥有理解、信赖、信用关系的人才。

现在的规范量产化的日本教育所培养出的人才最缺乏的就是独立思考、发现问题与独立解决问题的能力。

日本教育在培养发现问题、解决问题意愿及能力方面显得非常困难。学生完全处于被动学习的状态，在应用方面非常薄弱。最近，OECD 做了各国学生学习能力的测试。从其结果来看，我国学生学习能力差，仍要归结于我国经济高速增长时代的大规模生产型教育。比如，在回答“为什么会有环境问题”时，日本的小孩子都知道是因为温室气体增加了。这是因为他们在学校学过。但是，若问他们为什么会增加，他们便回答不上来了。但芬兰的孩子们被教育要注意观察、发现问题并自己解决问题，因此他们可以以现实为基点回答出有创造性的答案。日本的小孩子仅能记住教过的东西，但是由于没有思考能力，学到的知识便没有用武之地。

笔者曾任职某大学校长，由于学校是高考考场，便有机会多次观察高考学生。早上八点半一到，考生们就开始对着问题卷在答案卷上涂卡。全国50多万的年轻人有条不紊地做着同样的事情。学校老师或备考补习班的老师都曾教过大家这些问题都只有一个正确答案，大家也都相信这一点，拼命地答着题。但是，想必世界上根本就没有是只有唯一的正确答案的问题。国语、社会、理科都是如此，根本就没有所谓的“唯一正确答案”，数学题目更是有不同的解题方法。但是学生们都坚信只有一个正确答案。这样的人进入社会后毫无用处。

高偏差值的学生更是深受背诵型规格生产教育的迫害。为升入初中、高中和大学，这些学生们都会去备考补习班学习，而在补习班学到的无非是名校的历年真题。这些历年真题都是不知世事的大学老师出的题目，而且还是过去的东西。如果硬要记住这些东西，只会使脑子退化。学生们的脑子里塞满了毫无意义与用处的东西，完全就是当下教育体制的牺牲者。这就是追赶型、大批规格化生产型社会的教育。这种教育对今后的社会发展起不到任何作用。

但是，如果否定历年真题的做法，如今教育界“黑手党”们的权益就会受到侵害。由于教育和旅游业、医疗业等一样，都是发经验财，缺乏信息就无法了解其质量，经历过之后“黑手党”们才会就此了结。这里所谓的“教育黑手党”，指的就是以政府机关为首的教育相关人员、应试学校、学校教师等。教育界与其他业界并无两样，也是业界既得利益者的圣地。而日本最重要的战略课题就是打破这种圣地。

那么，今后我们所要追求的教育是怎样的呢？主要有四点：第一，教育要培养思考能力；第二，要培养发现问题的感性思维并善于提问；第三，要有解决问题的能力，要有动用自己全部资源去解决问题的智慧（人的魅力度）；第四，要有理解异文化的教养。

经过这样一番思考，我们就会发现，教育的方法不是死记硬背，而是讨论、提问、体验、经验、实践、解决问题的不断操练。迄今为止的追赶式教育在我们从落后国家发展到发达国家的阶段确实取得了重大的成果。但是，今后的教育是处在新的世界环境和国内制约下的，我们必须追求一种能提高日本价值、开拓日本未来可能性的教育方式。

那么，是什么样的背景使得我们需要这样的教育呢？我们应该认识到环境变化的三个方面：第一，多元化环境导致美国霸权地位变化（降低），新兴国家势力扩大；第二，多样化环境导致价值、文化、宗教、女性的力量不断加强；第三，能源、地球环境制约、人口爆发等地球制约因素导致边境消失。

正如“百年大计，教育为本”所说，教育是最大的国家战略。日本历史从江户、明治到昭和（战后），都毫无例外地因教育而发展起来。英国等国家也是，在全世界范围内普及英语，用帝国主义的教育将世界压制于英国式制约下的和平中。

另外，教育还是最大的品牌战略。战后，美国最有竞争力的是哈佛大学、普林斯顿大学等高等教育机构。中国也在世界 400 处地方创设了孔子学院，只要有教室，中国就会提供人才和教科书来教中文。实际上，中文传播了中国文化和中国思想。

新时代日本的教育要怎么做呢？有一个可行的方法是，在世界范围内通过教育来促进日本优点的共享。要说日本的优点，一个例子就是刚刚讲过的日本的智慧。中小企业的活力是日本竞争力的源泉。我想，将这种中小企业的智慧“可视化”是非常有效的方法。为此，就需要国际上的理解、信赖和搭档。我们必须培养既通晓文化学科和商务知识，又能将理论与实践相结合、能独立思考、懂得运用自己周围所有的资源、能独立解决问题的人才。迄今为止，日本还未付诸此类实践。

而这其中，国家只是指明方向，剩下的还要靠民间的创意、活力及灵活运用能力。然后，国家要来资助和培养民间的构想、努力和尝试。

比如，秋田县的国际教养大学等得到了秋田县的大力支持，高度发挥着其机能。这个学校的学生几乎都是外县来的。在现任校长中嶋岭雄和 Michael Lacktorin 教授等的共同努力下，该大学还与其他约 100 所大学的教学计划进行网络对接，实现学分兑换制。因此，全世界很多主要大学的教学计划都在秋田县得到了共享。

另外，东京的事业构想大学院（研究生院）开学，由野田一夫出任校长。这所学校的学生大多都是社会人士，该校以大学的形式全面支援学生们的事业构想并鼓励他们自主思考和解决问题。

这些学校虽然没按照日本的教育基本法则走，但这种教育也是有一定价值的。这种情况的出现也促使我们去支援民间活力。

再次重申，今后的教育基础，首先是独立思考的态度、发现问题的感性思维、解决问题的能力、动用各种资源的能力、理解异文化并实现互相理解的人际交往的能力。事实上，这也是成为国际型人才的条件。所谓国际型人才，就是指既能理解自己又能理解他人的人。因此，现在的教育制度还十分不完善，还有很多必须从根本上改变的教育制度。本章所讲的内容将会是新时代国际战略的基础。

9 第九章

战略农业之路

1. 自给率假象

粮食自给率的意义

日本政府叫嚣着“粮食自给率跌至40%”并提上议程。然而，“自给率40%”这一数字究竟意味着什么？实际上，这儿所说的自给率只计算了谷物类，并且是用卡路里热量单位计算出来的数字，而进口谷物的大部分用于家畜饲料。因此，国产粮食自给率当然会降低。

再仔细看，这一数字里面并未包括蔬菜、水果、畜产品。如果将这些也包含进去，用价格代替卡路里来计算，那么自给率就会大大提高。蔬菜基本上是100%自给，水果约九成自给，畜产品约七成自给，并且这些产品的市场价格也高。实际上，大米占农产品价值比率只有区区二成。

然而，日本农林水产省公布的自给率的计算中却有几个暗箱操作，使数字偏低。比如，因不合规格等理由而无法进入市场的农产品、农户自家食用的农产品被排除在自给率之外。这些产品据说实际上有三成左右。

畜产品中也同样存在这一现象。进口谷物喂养的家畜因为不是“国产”，所以被排除在自给率之外，由此计算出国内饲料喂养的畜产品的自给率为17%。这也是人为降低畜产品自给率。如果不分是否使用进口谷物，那么畜产品的自给率，以卡路里单位计算达到68%，以价格单位计算达到71%。也就是说，七成可以自给。单纯按生产值来计算总粮食自给率的话则达到66%，在世界主要国家中排列第三（浅川芳裕：《日本，世界第五农业大国》）。

“粮食自给率40%”的政治意义

日本是个名副其实的农业大国、粮食自给大国。尽管如此，为何日本政府还要刻意大肆渲染自给率降低？在“食品安全保障”这一口号之下，日本政府意图制造一种危机感。

这样做到底有何必要？如果我们深入探讨“食品安全保障”这一概念的话，就会发现其背后所隐含的“为了确保安全就必须增产粮食，而增产则意味着包括保护农业在内的高额预算”这一逻辑。

实际上，除了确保农业预算，另一个重要目的是要保护农林水产省以及农业相关人士和团体的权益。

进一步说，还有通过农业补助金来维持低生产率的小规模水稻种植农户的意图。尽管这从农业生产的角度来看是矛盾的，但为了选票而尽可能多地拉拢农村选民，此举也是可行的。日本战后所谓的“农政”，实际上并不是农业“政策”，而是农业“政治”。因此我们有必要认清在这一农业政治基本战略下自给率被欺瞒多年的事实。

自给率真相所暗示的日本农业的可能性

如上所述，日本农业在相当长的时间里被小觑实力。但反过来说，自给率的真相也向我们揭示了日本农业的巨大可能性。蔬菜、水果不仅实现了自给，并且商品价值高，甚至还可以出口。比如，冈山的桃子、青森的苹果在中国等国以高价大卖特卖。畜产品虽然饲料依赖进口，但基本达到自给。被称作“第六次产业”的农业、畜产加工食品则具有较高市场竞争力。因此，如果能提高水稻的生产率，日本的农业不仅能够自给，还有可能出口海外。

2. 水稻农业的特殊性

日本大米缘何高价？

那么，日本大米为什么如此之贵？800％的进口关税又是怎么来的？日本稻米的生产率过去只有世界的十分之一。如今，世界稻米价格上涨，但仍在四分之一左右。生产率低下的原因是日本政府宣称为保护农户而不进口一粒大米。以受保护的众多零散农户为分母进行除法运算后，导致农业生产率从表面上看异常之低。

像这样故意制造生产率低的假象，维持高昂的米价是出于何种目的？这主要是出自政治家的考虑，认为有必要维护这些生产率低的小规模农户的利益。因为规模越小，农协（日本农业合作组织）的成员就越多；农协成员越多，就越有可能发挥其政治力量，就是名副其实的“票田”。对于自民党的农林派来说，农协是一支可以利用的政治力量。因此高米价很大程度上是由政治因素决定的。米价越高，农户的收入就越多，放在农协的存款也就越多。

管理价格、调整粮食生产政策、加入限制

接下来想探讨的是管理价格。所谓管理价格，是指由政治判断来决定价格的“政治米价”以及前面叙述过的政治性意图的归结。近几年，由于大米的需求量减少，日本政府通过限制水稻种植面积来维持价格。

又由于排他性的农地制度限制竞争，生产率得不到提高。新加入的生产者受到限制，而政治利用依然存在，这进一步加速了农业的衰退。这与日本航空因受到政治利用而最终走向破产如出一辙。

就这样，日本在乌拉圭回合的农业谈判中承诺了最低进口义务。日本每年约消费800万吨大米，根据最低进口义务应进口8万吨，每年大约支出400亿日元。但是，这些进口的义务米基本上被用于饲料，没有被合理利用。这正是政府借农协之手进行政治利用的结果，我们应该认清这一现象背后的构造。

表 9-1　主业和副业(兼业)的农户数

	户数	其中水稻农户数
销售农户	196.3	165.7
主业农户	42.9	30.5
准主业农户	44.3	39.4
副业农户	109.1	95.8
主业以外	153.4	135.2

出处：农林水产省：《农业统计调查》，2005 年。
注释：单位为万户。

过度保护的日本农业的极限

如上所述，150 万户的零散农户降低了水稻农业的生产率。实际上，能证明这一点的相关数据一直没有得到公开。“农业统计调查(2005 年)”是比较新的数据，但从中依然找不到显示零散“兼业农户”情况的数据。

以前用“第一种兼业”“第二种兼业”加以区分，而现在只有“主业农户”“准主业农户”“副业农户”这样的分类。主业以外的农户，根据笔者的计算有 150 万户。

“主业农户”是指农业占其总收入五成以上的农户。“准主业农户”是指以农业收入为主，家中有人一年从事 60 天以上农活且年龄未满 65 岁。“副业农户”则指前两者以外的农户。可以说，除主业农户外的农户实际上都是副业农户。

“准主业”应该相当于从前的“第一种兼业”，然而定义被改变后，前后的统计数据已无法进行比较。而我们恰好可以从中窥探出日本农林水产省的意图。日本自给率低，需要巨大的预算支出，因此维持庞大的农协，同时赋予其金融业务，就可以使问题迎刃而解了。

另一方面，细看耕地面积的话，主业农户每户平均 1.78 公顷，销售农户 0.9 公顷，主业以外的农户按笔者计算的户数每户有 0.7 公顷。

从中我们可以看到，主业农户以外的 130～150 万的零散副业农户的存在极大地拉了生产率的后腿，阻碍了农业用地的流动性，妨碍了农业竞争力的提高。而且，这些零散农户已经年老且没有后继者。而 100 万户左右的副业农户可以说与大规模家庭菜园式的趣味农业并无区别。虽然自有其存在的意义，但是理应从产业农业的范畴中去除，排除在农业政策以及农业资助对象之外。这些农户大多在企业谋有职位或供职于农协，并不需要农业资助。

农林水产省的改革措施

面对近年持续减少的农户数和农业人口，农林水产省倍感危机，遂以提供补助金为筹码吸引年轻人参与农业。2011 年 8 月，政府公布了“实现食品与农林渔业再生会议”提案，旨在建立以 20～30 公顷农地的大规模农户为主的农业结构。为此，农林水产省计划将新加入的青年务农者由现在的每年 1 万人增加至 2 万人。因新晋务农者在投入的第一年无法获得收成，年收入只有 60 万日元左右，农林水产省每年支付包括事前研修在内的 150 万日元作为补助，最长可达 7 年。

现在，每年新加入的务农者有 5 万人，多数为退休后开始务农的公司职员，并且很多以前就是兼业农户。而最重要的年轻务农者（未满 40 岁）只有 1.3 万人，这其中能够坚持下来的仅 1 万人左右。政府试图将这一数字翻倍。土地利用型作物（稻米）耕地的八成（400 万公顷）由基干务农者（主要从事自营农业 15 岁以上的家庭成员）承担，按每人耕种 10 公顷计算，预计需 30 万人，蔬菜、果树预计需要 60 万人，总计需要 90 万基干务农者，由此得出每年需要新增年轻务农者 2 万人。

此外，要保证 20～30 公顷大规模经营的土地面积占农地利用八成，除了现有的经营规模外，还需 170 万公顷的土地在 5 年内进行流动聚集（每年 34 万公顷）。作为土地聚集合作金，政府预计每年按照面积支付给土地的出让者每户 30～70 万日元。

不为人知的农户经营真相

虽然农林水产省不惜投入巨额财政资金来增加农业人口，然而农户和农业人口的减少几乎可以说是经济发展的必然宿命。第二次世界大战结束时，日本的农业人口占总人口的一半，农户所持的投票数至少有 1 500 万。随后的经济发展带来了产业结构、就业结构的高速变化，使农业人口持续减少，到现在仅占总人口的 1.6%。尽管如此，和英国的 0.8%、美国的 0.9%、德国的 1.0%相比仍高出不少，而这些欧美国家并未将粮食自给率视为问题。日本的粮食自给率实际上是充足的，只是被政治利用了而已。这里面还有较大的提升效率的空间。

事实上，日本人的餐桌是靠少数精锐农户支撑起来的。约 200 万销售农户（面积 30 公亩以上且农产品年销售金额达 50 万日元以上)中，销售额1 000万日元以上的仅占7%，但正是这7%的14万农户生产了农业生产总值8兆日元中的六成，并且在过去5年间的收益增长率为130%。

进一步看，销售额1亿日元以上的农场或农业法人为5 000所，只占了销售农户总数的0.25%，但其生产值占到了15%，过去5年间的增长率为160%。也就是说，仅靠他们的经营努力，10年后的销售额达到3倍的话，那么这5 000家的从业者就可以承担起现在生产总值的一半，并不需要零散农户的生产。

另据日本农业法人协会的调查，从事从生产到销售、加工、体验型服务的业主，其增长率每年可高达400%(浅川芳裕：《日本，世界第五农业大国》)。

3. 面向战略农业的大转换

促进自由化与竞争

那么，日本农业具体该如何改革？首先，应彻底废除粮食生产调整政策。随着经济增长和人均收入的增加，日本人的饮食方式开始欧美化，开始大量摄取畜产品、果类、蔬菜，对大米的需求量反而减少了。经过经济高速增长期后，大米的需求量基本减半。同时，粮食管理政策开始松绑，大米的自由流通和价格自由化推进之后，米价急剧下跌，农户收入不可避免地减少。基于农户收入减少的担忧而带来的政治压力，1970年开始实施大规模的粮食生产调整政策，受影响的农户从政府那儿拿到了可观的补助金。在国家的政策指导和保护之下，农业土地利用率日益降低，大量土地被闲置荒废。

用限制产量来维持米价，农户的收入得以保障，农业部门和地区的政治力量得以保存。但是，限制产量的另一后果则是加速农业衰退。

民主党政权在竞选中公开承诺的农户所得补偿制度自 2010 年起以水稻农户为对象开始实施，2011 年开始将补偿对象扩大到小麦以及大豆的种植农户。这一制度以参与粮食生产调整为支付条件，所以 2012 年的粮食生产调整补助金达到了 6 900 亿日元（《日本经济新闻》，2012 年 5 月 2 日）。

这一制度进一步巩固了维持高成本、低生产率的粮食生产调整政策，在错误的道路上越走越远，因此首先应取消该制度。取消粮食生产调整政策能提高农业生产率，有利于高效率农户的成长和收入增加。另一方面，对于生产率低且老龄化严重的小规模农户并不是马上让其放弃生产，而是作为非产业农户将土地转租给主业农户和农业法人收取租金，同时让其选择适合社会需要的生存方式。这样在提高经济效率的同时也能提高农民的生活水平。

接下来再看农业主体的自由化和企业参与的自由化。日本政府于 2009 年修改农地法，为企业参与农业活动放宽限制。然而，2009 年至 2011 年间，新加入企业为 677 家，这些企业的耕地面积仅占全体的 0.2％（《日本经济新闻》，2012 年 2 月 11 日）。农业委员会在土地买卖中拥有强大的权限，这妨碍了农业土地的自由流动。另外，寻求扩大规模的农业法人和以众多小规模农户为政治票田的农协之间产生了矛盾。如果将土地买卖租赁委托给农协处理，那么势必阻碍其他行业加入农业活动。并且，普通企业给农业法人的投资被限制在50%以内，导致企业的创新、优化生产率战略很难被采用。企业虽然通过投资农业生产法人或租赁农业土地的方式参与到农业中来，但要想促进其进行稳定的长远投资抑或加强农户应对风险的能力，就有必要改革农地制度，认可其他企业取得农地的合法性(本间正义：《大米具备国际竞争的可能》，载《日本经济新闻》，2011年12月15日)。

尤为重要的是促进土地的集约化。农地法(1952年实施)中规定"耕作者拥有土地的所有权"。第二次世界大战后的农地解放旨在防止地主死灰复燃，只不过过度拘泥于"所有"二字，反而淡化了"利用"的观点。2011年，政府收集了希望转售和租赁土地的农户的信息，讨论开发一套面向购买者检索的中介系统。但是，如果被视为没有继续耕作的意愿，农户就不能再享用税收优惠，所以农户对于提供相关信息表现消极，系统开发就此搁浅(《日本经济新闻》，2012年2月11日)。

其实，更为根本的解决办法是借助民间的力量。由农林水产省和农业会议所等公开农地信息，如何配置农地供需则交给民营业者就行了。日本农地的弱点在于长期以来保护小农结构，即使有意进行规模化调整也还是易于分散。如果能集约化管理，那么生产效率将大为提高。东京大学教授本间正义的研究团队发现，如果土地能实现集约化，那么一个50公顷规模的经营者能将每60公斤的生产成本由现在的15 000日元降低至5 000日元。

出口农业——战略性运用 TPP

按照经济常识，生产率上升则价格降低，消费者受益，需求增加。然而，现在的米价并不便宜。如果米价能大幅降低，那么消费者就有能力去消费更多的大米。价格降低可以刺激需求增加。再者，世界粮食价格处于上涨趋势，日本米价如果下降的话，就可以提升其国际竞争力。换而言之，通过日本国内外消费需求的增加，可以促进生产率高的农户的发展。

即使实行大米贸易自由化，因全球粮食价格上升，关税也不会太高。另一方面，实行贸易自由化可以免去最低进口义务。也就是说，不进口一粒大米的代价是承受 400 亿日元的最低进口义务，而实行关税后，这一切都不存在了。而且原来那 8%的义务进口变为国内自给，自给率就能进一步提高。

对非水稻农业的奖励也非常重要。土地集约型农业大部分为蔬菜、畜产，这些作物的生产率高，市场竞争力也高。但是，这里面有一个对粮食自给率的误解。40%的卡路里热量自给率仅指谷物类，没有包括蔬菜。实际上，价格自给率是 66%，反映着蔬菜、畜产品等高附加值产品。也就是说，自给率下降的主要原因是饮食方式的变化(谷物摄取减少)，而不是农业自身的衰退。总之，除去产量可以忽略不计的那 150 万户，日本农业面目一新。今后日本农业的战略方向为加大振兴高附加值、高竞争力的蔬菜、水果和畜产品。通过推广蔬菜工厂、水耕栽培，彻底实行生产管理和土地集约化，农业就有进一步提升的空间。

农业技术开发和经营支持也变得重要起来，要进行市场分析，确立周密的销售战略，计划生产、出货的时机。例如，选择在淡季出货还是在旺季高峰前后两周左右的时间里出货？怎么在细节上抢占先机？当然，动用品牌战略、直接销售、第六次产业等各方努力的话，无疑会有很大的改变空间。

要通过这些方式达到振兴出口农业的目的，最大的契机当属TPP(跨太平洋伙伴关系协定)。只要参加TPP，就可以出口TPP区域内的市场。虽然有不少业内人士表示反对，但没有理由不进行战略上的利用。

严格区分产业农业和其他农业

既然要推行战略农业，那么首先就需要严格区分产业农业和其他农业。既然指定要发展具有竞争力的产业农业，那么就需要对其进行集中支援，依据生产率以及规模、经营质量来进行评价和区别。

同时也需要对农业土地集约化进行支援，具体包括停止对兼业农户的补助、促进兼业农户对主业农户的土地租赁、对主业农户进行土地集约费用支援和土地租金补助。通过这些举措，希望能促进大规模专业企业的发展。仅就大米而言，有数万户这样规模的经营者就足可以满足市场需求。

譬如，秋田小町生产者协会是秋田县大泻村的企业。其法人代表涌井彻从新潟移居至此，仅一年半的时间就将所持财产花费殆尽，最后不得不背水一战。在历经20年的艰辛之后，终于等到土地中的盐分降低至可以用于生产，又碰上农林水产省出台粮食生产调整政策。怒上心头的他干脆置之不理，继续专注于自己的事业。然而，秋田县在大泻村通往县中心的公路上设置警车进行道路封锁，最后多亏宅急便的运货车才得以突围。

秋田小町生产者协会从此开启产地直销的模式，在东京等地发展了6万家客户。在他们农业合作社的电话接听室里约有50名女职员负责接听订货电话。在几年前笔者到访时，他们的销售额为50亿日元，现今的销售额已达100亿日元。涌井表示，下一个目标是股票上市和海外出口。

涌井是农产品信息追溯管理领域的领头羊。大泻村的土壤和水质其实并不太理想，但是他们早在30年前就把稻米播种时的照片印在包装袋上，并附上耕作者、收割方式等信息。

现在，他们致力于大规模的高附加值农业生产，投入高性能设备进行大米的高精度精制，全自动化筛除不纯物和细微灰尘，不产生任何浪费，最后剩下的米糠卖给化妆品公司。

发芽糙米的技术开发也取得了惊人的进步。发芽糙米是通过温度和湿度管理使稻米处于刚刚发芽的状态。这个时候的稻米最具营养价值，甚至可以用于癌症治疗。超市卖出的发芽糙米的价格为每公斤一千数百日元。相较普通大米60公斤15 000日元的价格，发芽糙米的价格高达10万日元。通过这一个产品就可实现100亿日元的规模农业。现在已经有加卜吉等公司在从事这一领域，加起来总共有数千企业，单靠这些企业就可以撑起日本食品行业的半壁江山。

从工业制品到销售、品牌营销、市场调查、观光的多元化产业被称作第六次产业。食品加工是工业制品，但如果附加上工厂参观，就可以算作产业观光。在第六次产业中采用工厂直销，商品流通就不需经手农协。

今后的农业战略还要力争做到的一点是，为那些150万户的零散兼业农户创造丰富充实的生活条件，使他们作为非产业农户，不仅物质生活丰富，更要受到社会的接纳和尊重。

近年统计的副业农户的情况是：销售额未满1 000万日元的农户为180万户，达到农业人口的9成；销售额100万日元以下的农户也有120万户。因为是兼业，所以不能算作农业。农作物的销售额可以说只停留在零用钱的程度，其规模只占国内生产总值的5%，过去5年间的增长率为－130%，大部分是赤字。他们靠在企业和社会团体供职的收入补贴农业，即所谓的“大规模家庭菜园阶层”（浅川芳裕：《日本，世界第五农业大国》）。

而且，这些农户大部分都已年老且没有后继者。家中的子女一开始就对小规模农业不寄希望，在经济高速增长时期前往东京等大城市谋生。这些零散的小规模农户在这场农业战略转型中如何转换其社会角色并维持有一定社会地位的生活是改革者们需要面对的课题。简单而言就是利用并强化自家生产的社会意义，即除少量土地留作自家生产外，大部分土地出租给主业农户和企业以获取租金，并从事多种多样的具有社会意义的农业活动。这些人虽不属于产业农业、统计、农业政策、农业预算的对象，但也为社会作出了贡献，应予以鼓励。至于如何选择，全在农户自己手中。

福利农业、教育农业、环境农业、观光农业

举例来说，有福利农业、环境农业、教育农业、观光农业这些选择。

福利农业认为轻度的农业劳动能有效维持老年人身体健康。每天在田地里做农活是维持健康的秘诀，和去高尔夫俱乐部锻炼是同样的效果。高尔夫球场上，80 来岁的老年人上坡下坡、手拿高尔夫球棒在草地上走动，这和从事农业活动是一样的。对于小规模的零散老龄农户来说，可以在农业养老金上再追加费用。失去土地不再从事农活，在家中无所事事反而容易生病。搬进养老院居住则需花费 36 万日元。而农业追加养老金只需支付 3 万日元，就可以实现无病痛的老年生活。这样一来，本人幸福，家人也幸福，还可以造福社会，为社会节约医药费作出贡献。

教育农业也是一个很好的切入点。最近听闻不少城里的孩子在幼儿园摔倒骨折的例子，这是儿童的骨质疏松症。家长太忙，无暇做早饭，孩子每日以便利店里的食物为餐，久而久之导致营养失衡。教育农业针对这些孩子，让他们体验农村生活。家长每月支付 5 万日元左右的伙食费，将孩子寄放在农户家中，而农户接收 7～8 个孩子就可实现每月几十万日元的收入，孩子的父母也可以安心工作。当然，这一项目的最大的魅力是高质量的教育，让孩子们知道生命、自然的宝贵，可以悠然自在地健康生活。这正是培养孩子体育、知育、食育、德育的基本。

日本的著名教育家阴山英男过去曾在兵库县山区任教，他认为电视、游戏机有损孩子们的学习能力，那些远离电视、游戏机的在乡间快乐长大的孩子反而能具备考上东京大学的优秀学习能力。而且，应试准备只需在最后两年开始，不应长期进行。然而，如今的教育体系已无法培养出这样的孩子，所以农村、渔村可以填补这一教育空白。

那么，环境农业指的是什么呢？通过在山区、不规则农地和荒废土地上耕种来维持农地和自然之间的平衡。如果放任农地荒芜，将会杂草丛生、害虫入侵，进而危害邻近地区。人们进行一定的管理就可以防止这一现象发生。而且，耕种的田地有防止水土流失的作用。这一项应该作为环境政策给予补助金，而不是农户补偿政策。

此外，观光农业、体验农业、料理农业等都可以作为新兴服务产业。通过这些尝试努力，100万人的副业农户就可以找到新的发展方向，实现其社会价值。实际上，目前的农业补助金已达到2兆5 000亿日元，从中拿出数千亿日元来支援小规模副业农户的转型也不算多。

健康农业

近年来，食品安全和品质保障成为世人关注的重要课题。

日本人素来对食品安全和品质要求很高。日本是世界上少数几个不承认转基因食品的国家之一。现代社会人口激增，再加上水资源匮乏、农地荒芜严重，使用转基因技术可实现抗虫害，还可促成栽培农业，显得迫在眉睫。然而，日本社会对污染过度敏感。

另一个担忧是近年来日本人癌症患病率、死亡率都在升高。20年前，癌症死亡率为十分之一，现在增加到三分之一，与曾经的美国非常相似。美国近年的癌症死亡率有所降低，而日本却形成了过去美国的高热量饮食模式。再加上来自工作、社会的压力增大，都对基因产生不良影响。此外，农药、添加剂、防腐剂的污染也让人不安。

东日本大地震之后，有人提出有必要对农业用地进行污染清除，但日本自战后以来学习美式农业，完全依赖化肥来增加产量，由此积累起来的污染已经非常严重。假如真的想这么做，那么大可将污染清除改为进行自然农业。为了健康着想，当务之急就是恢复健康农地。正因为日本是极少数反对转基因的国家，更要从这一方面出发，发挥其自身优势。

日本在食品安全检查、信息追溯管理上处于领先地位。而现在又因为核辐射的问题，在检查链接和信息公开方面做得更为彻底。同时，无农药农业必须在健康土地上种植。健康食品对于维持健康非常重要，食用健康食品可以提高免疫力。

譬如说，加速癌症的有“三白”，分别是白米、白糖、白面包，这三者都是只有葡萄糖，对健康不利。葡萄糖不能单独存在于自然界中。例如，PET（正电子发射计算机断层显像）体检被用于发现癌症。PET 检查时将葡萄糖注入血管，进行持续的观察检测。当葡萄糖吸收达到一定的速度，组织颜色就会变红。这是因为癌细胞会强烈吸收葡萄糖的缘故。

古人食用自然界生长的食物，不会生病。近年来癌症的增加和精神压力、营养失调有关。因此，日本可以在健康产业领域力争成为最先进的国家，开发自然食品便是最好的武器。

自然食品中的植物化学成分（如米糠中的抗癌物质、海藻中的褐藻素、绿茶中的茶单宁）有助于增加抗体的免疫作用，可以杀死癌细胞。再比如，廉价的盐中只含有氯化钠，对健康不利。仅靠氯化钠结晶的食物在自然界中是不存在的。像自然界中的海盐、岩盐等都是混合盐分，加之人类的起源本来就是海洋生物，因此混合盐比单一氯化钠盐对人体有利。开发自然食品可以说是一项前途光明的选择。

同时,消费者的价值观也需要发生转变。日本有“Natural Foods”“Radish Boya”这样的企业在从事自然食品行业,但据说经营情况并不乐观。随着倡导感恩大自然、与自然共生、不违背自然规律的饮食价值观的传播,这样的企业将会获得更好的发展。今后,日本需要积极地向世界宣传、展示自身原有的优势和魅力。

10 第十章

把医疗建设成为强有力的增长产业

1. 落后的日本医疗

三大时代潮流

日本的医疗曾经十分引人注目，对那些发展中国家来说是成功的典范。但是，随后由于对大趋势判断失误，出现了各种各样的矛盾。现在的日本医疗政策对于增进国民健康和发展医疗产业来讲，甚至可以说是有害无利的。在本章中，我会先验证日本医疗政策的失误，并在此基础上给出医疗产业发展为成长型产业的可能性提几点建议。

首先，有三大时代潮流的变化。第一个是老龄化。随着老龄化的加剧，医疗费用必然会随之增加。从人均国民医疗费用的数据来看，70 岁以上的人均医疗费用为 76 万日元，而 20～24 岁的人均医疗费用为7.1万日元。也就是说，老年人与年轻人的人均医疗费用差了10.7倍之多(厚生劳动省：《平成20年度国民医疗费的概况》)。由于医疗费用较高的老龄人群会继续增加，巨额的医疗费用也会继续增加。

仅从过去的15年来看，1985年的国民医疗费用为16.0兆日元，占GDP的6.1%；2010年的最新数据显示，2010年的国民医疗费用为37.4兆日元，占GDP的比重上升为11%。特别是进入21世纪之后，10年间的国民医疗费用从30.1兆日元上升到37.4兆日元，以年平均6 000～7 000亿日元的速度增加。

另一方面，从人口构造方面来看，现役的劳动力群体正在相对减少，医疗费用的支付基础也相应缩小，以至于医疗财政正面临严峻的考验。

第二个时代潮流变化是医疗的先进化。随着医疗技术的进步，更高级的医疗正在普及，医疗费用的单价也在不断提高。以检查和诊断为例。一次X光检查需要400日元，而癌症检查需要4 000～5 000日元。CT和PET的标准费用为8～10万日元。医疗检查中的拍片数急剧增加，现在已经达到总额1兆日元、拍片人数10万人的规模。这其中很多不属于医疗保险的保险对象，因此使医疗费整体上更加庞大。医疗费单价的上涨造成了医疗费用的大幅度增加，这就是目前的现实问题。

第三大时代潮流是经济成长的迟钝化。也就是说，国民收入不断下降，以至于税收也较为低迷，从而严重地制约了财政。另一方面，随着社会保障费用的增加，医疗财政面临着给付和收入双方面的压力。

表 10－1　国民医疗费的增加趋势

	国民医疗费(兆日元)	占 GDP 比重(%)
1985	16.0	6.1
1990	20.6	6.0
1995	27.0	7.3
2000	30.1	8.1
2005	33.1	9.1
2009	36.0	10.6
2010	37.4	

出处：厚生劳动省资料，内阁府：《国民经济计算》。

政府的应对

前文所述的三大时代潮流的变化从大约 20 年前就开始出现加速的趋势，政府是如何应对这些变化的呢？由于财政来源越来越困难，政府加大了患者的负担，还提高了地方自治体和企业等的负担。关于保险方面，仍然没有改变依赖公共保险的公共保险依存主义，民间保险基本上没有得到有效的利用。

另一个不能忽视的问题是规制和统制主义的弊害。政府通过加强规制和统制，试图借此来抑制医疗费用的增加。但是，与当初的政策目的背道而驰，这一政策引起了医疗质量的恶化。也就是说，虽然大的时代背景发生了变化，但是政府仍然寄希望于人为的调控市场，导致矛盾不断扩大，最终带来了与当初的政策目的相反的效果。以下通过具体的事例来观察一下实际的情况。

价格统制：诊疗报酬制度

价格统制是统制的一种，其标志性制度就是诊疗报酬制度。根据池上直己的研究，所谓的诊疗报酬制度就是“国家规定的医疗服务和材料的费用表和请求条件”。政府试图通过诊疗报酬制度来降低医疗单价，从而减少医疗费用。但是，诊疗报酬制度的缺点就在于人为地设定医疗行为的单价，忽视了对医疗行为的目的（也就是治疗效果和治疗成本）的评价，最终导致了医疗质量的恶化。

其中一个例子就是对于提高医疗质量的逆向刺激，也就是促使医疗质量朝着恶化的方向发展。比如，有的医生治疗患者非常努力，为了提高治疗效果，在治疗中花费了比其他医生更多的时间和材料，投入了更多的热情。但是，对于医院来说，这些超出了规定的诊疗报酬给医院带来了负担，所以医院对这种行为是不鼓励的。这样的医生由于不利于医院的经营，会被扣罚金。于是，医疗质量逐渐恶化了。

另一个例子是过度医疗和过度投药的问题。根据医疗报酬制度，如果进行更多的规定以内的诊疗报酬行为，医疗机构就会有更多的医疗报酬收入。因此，为了得到更高的医疗报酬，医生会给病人进行过度的医疗投入和诊断，并为病人开过多的药物。

另外还有长期住院增加的问题。诊疗的报酬跟住院的天数成正比，住院的时间越久，医疗机构就越容易获得更多报酬。这造成了资源浪费和患者负担的增加，最终导致医疗质量的恶化。根据厚生劳动省的《医院报告》和经济合作与发展组织（OECD）的《健康数据（2008 年）》（Health Data 2008），日本的平均住院天数为 35

天,而德国为15天,法国为6天,英国为8天,美国仅为5天。而不论哪个国家,住院天数越长,管理单位病床的医务职员人数就越少,它们之间是负相关的关系。

数量统制

对于医院床位数目的控制、日本特有的DPC制度(规定每天住院的标准医疗费用的制度)和控制医生和护士比例的制度不仅对节约医疗费用总额没有任何作用,反而造成了医疗质量的恶化以及医疗系统的混乱。接下来给大家举三个例子。

第一个例子是,政府在2001年到2003年间对医院的床位数进行限制,规定急性病期的床位数由当时的150万张减掉一半,最后,病床数的确减少了,但是长期住院的患者不得不每过几个月就更换医院,产生了所谓的"交迭"现象。在没有配备足够的护理设施的情况下,长期住院的患者在住院过程中需要被转移到其他医院,这引起了那些患有慢性疾病患者,特别是老年患者对于住院治疗感到不安,这也导致了医疗质量的恶化。

第二个例子是关于DPC制度的例子。DPC制度也被称为日本版的总括性标准费制度。该制度参照在美国普及的DRG-PPS(Diagnostic Related Group-Prospective Payment System),在2003年被率先导入日本的82个大学特定功能医院,现在已经普及到了包括一般医院在内的1 500多所医院。将预备医院算入在内的话,该制度已经覆盖了全国一般病床数总数的一半左右。

从美国发展起来的DRG指的是在治疗疾病方面需要花费多少成本的总括性标准费。比如,由于患了某种疾病而需要住院接受治疗并且接受后期护理，美国政府将这些费用全部考虑在内，计算出总共需要多少费用。如果在治疗过程中花费的费用超过了标准费，那么多余的部分就不能通过保险报销，需要自己承担。该制度鼓励在标准费以内进行治疗。相反，如果在标准费以内进行的治疗造成治疗质量下降的话，医院的"成果数据"（评价医疗机构成绩的数据）就会被公开，从而影响医院的评价，患者在看病的时候就会避开这些评价较低的医院，最终影响到医院的经营。这一制度鼓励医院在标准医疗费以内进行最好的治疗，是非常有效的。

该制度的基础是需要解析全国数百万的病例数据，需要计算出哪些地区有哪些患者患了哪些疾病，花费了多少费用，在计算出所有这些数据的基础上决定标准的医疗费用，而最优的治疗和标准医疗费之间的比例经常要根据实际情况来改变。

日本曾经也想导入该制度，但是没有实现。没有实现的原因在于缺乏信息，数据库没有建立起来。于是，根据日本的实际情况实行了日本版的"DRG"，也就是日本的 DPC。由于没有相关数据，就把每个医院的患者每天支付了多少费用作为标准费用，如果超过了该标准费用就不能通过保险报销。但是，日本的医院并没有实行"成果数据"的公开化，所以治疗费用变低后即便医疗成果变差，大家也不知道。不得不说日本的这个制度是半途而废、虎头蛇尾的。

DPC 制度是为了在不影响医疗质量的情况下控制医疗费用的膨胀。日本的 DPC 制度和美国的 DRG-PPS 制度不同，它是以每个医院住院一天的总括性标准治疗费用为基础，而不是像美国那样以每种疾病的总括性标准治疗费为基础的。在导入该制度之前，相关部门计算了日本各个医院医疗费的调整系数，所以治疗费用并没有大的变化，并不能说该制度的导入达到了节省医疗费用的目的。

其次，DPC 数据只对该医院、厚生劳动省、支付基金以及特定的研究者公开，并没有发挥促进国民选择医院和加快形成医院间竞争机制的作用。日本的 DPC 制度没能采用美国的 DRG-PPS 的原因，我们已经在前面论述过了，即没有每种疾病的实际治疗费用的数据，IT 导入落后，从而难以构筑数据库。关于医疗 IT 化以及构筑 IT 基础的重要性，我将会在后面进行阐述。

第三个例子是规定医生和护士比例的问题。为了提高医疗质量，政府在 2006 年设定了每个医生配备 7 个护士的比例，不满足该比例的医院将被削减医疗报酬。因此，担心被削减报酬的医院开始急切地招聘护士。东大医院也是如此。各个医院在全国范围内急聘护士，实力较强的医院虽然可以确保必要的护士数量，但是中小型医院却很难保证配备足够的护士，这也导致了医疗混乱。

如果不彻底解决政府的这些错误规制和统制，就难以实现“增长战略”中的“健康立国”方针。

信息的欠缺和不充分以及信息基础设施不完备

接下来来阐述一下信息这个重要的因素。在提高医疗质量方面，信息起着极其重要的作用。在医疗界，医生和患者之间的信息差别很大。接受医疗服务的患者无法恰当地选择提供医疗服务的医生和医院，信息的不对称性是其根本原因。因为信息的不足或欠缺以及信息基础设施的不完备，医疗的需求和供给之间出现了巨大的不对称，这不仅导致了医疗质量的恶化，同时也助长了珍贵的医疗资源的浪费。

我们来看一个实例，看看医疗成果信息欠缺会产生什么样的危害。由于患者不知道哪家医院的哪位医生比较出色，就无法选择合适的医生或医院，有时候甚至会因此而耽误自己的病情，深受劣质医疗之害。其中，所谓的“癌症难民问题”就是一个典型的例子。日本的医疗行政一直实行的是通过统制和规制来管理和分配医疗资源，也就是所谓的计划经济型运营方式。在计划经济中，促进信息的提供以及需求者的选择是阻碍计划开展的主要因素。因此，政府不希望医生或医疗机构公开提供医院的成果评价，强行对国民进行数量规制。这引起了资源分配的不均衡，增加了国民的不满，从这个角度来讲也可以说加剧了医疗质量的恶化。

我们再来看一个信息基础设施不完备的例子。完善信息基础设施可以促进提供医疗质量等信息，帮助患者选择合适的医院和医生，促进医疗机构进行良性的竞争，是提高医疗质量的重要条件。另一方面，要恰当地推算总括性标准费用就需要有大量的治疗实际成绩的信息作为基础。也就是说，如果不能得到数百万甚至是数千万的医疗行为和医疗结果的话，就无法建设完备的数据库。尽管如此，政府仍然没有在推进信息基础建设方面真正下功夫。

日本政府在2004年设定了“医疗 IT 推进项目”，在诊疗报酬中开设“电子病历”，设定了到2006年实现400个床位以上的医院达到60%以上的 IT 化的目标。但是，该项计划的进展并不顺利。实际上，IT 化并没有像预想的那样开展开来。顺便提一下，卢泰愚任韩国总统时设定了同样的目标，并且只用了三年时间就完成了计划。日本在这方面的落后是显而易见的，日本国民无法享受信息化带来的各种好处。如果不解决这个问题，很难让日本的医疗朝着好的方向发展。

医疗检查的恶劣条件

若是对疾病的治疗不及时或医药费巨大，不管是对患者还是对社会经济都会带来极大的弊害。相反，不生病或生病后早发现、早治疗，就可以提高人们的生活质量，也可以减轻社会经济的负担。

要保证疾病预防和早发现、早治疗的关键在于医疗检查。如果医疗检查的设施极度不完备或条件极端恶劣的话，就可能会造成整体医疗质量的恶化。

在此，我将举例进行说明。

在日本，针对医疗有医疗法和医师法，针对药物有药事法和药剂师法，这些都是保证医疗质量的法律基础。但是，日本却没有规定医疗检查的法律。另外，医疗法规定，只要对于医疗没有严重的影响，医疗检查是可以委托给外部机构的。也就是说，医疗检查在法律层面上属于边缘服务，和洗衣服、打扫卫生差不多。于是，很多不具备专业素质的机构进入了医疗检查行业。他们为了争取更多的客户而降低检查的单价，进行恶性竞争。例如，有些机构为了降低成本而稀释药物浓度，有些机构在同一培养皿中多次进行细菌的繁殖试验，从而导致细菌之间相互混杂，难以得到正确的实验结果。

另外，医疗检查费用包括实施费用和判断费用，都在保险范围内。但实际上，由于恶性竞争，由医生和医疗机构支付判断费用的检查机构逐渐增加，医疗检查的质量也就越来越差了。

缺乏基本的法律制度，造成了恶性竞争的加剧和服务质量的恶化。为了达到疾病预防和早发现、早治疗的目的，改善医疗检查的条件成为提高医疗质量的前提，也是目前的当务之急。

以上是关于日本医疗行政的一些本质问题。总结起来说，日本政府为了控制急剧膨胀的医疗费用，加强了价格规制和数量规制，但对于信息不对称现象置之不理，从而阻碍了健全的市场功能的发挥，顽固坚持公共保险依存主义使民间产业无法发挥活力，执着于旧体制回避了由于时代变化而产生的问题。

像这样的医疗行政，在老龄化加剧的当今日本明显正在接近极限。换句话说，如果对以前的行政体制和政策进行改革，发挥市场竞争等机制，实行促进创新的新的政策组合的话，日本的医疗产业就有可能成为具有极强实力的领导型产业。为此，我在下一节中提出了几点意见和建议。

2. 解决方案：把医疗产业建设成为强有力的成长产业

四个基本的思考方式

（1）利用市场机能

至今为止，政府的医疗政策都是轻视或无视市场机能的，阻碍市场发挥作用。这样的医疗政策不能达到控制医疗费用的目的，反而造成了医疗资源的浪费，同时也引起了医疗质量的恶化，抑制了日本医疗产业原本具有的发展潜力。因此，政府需要改变政策方向，重视市场机能，加强对医疗相关单位的激励，促进创新。为了实现这一转变，需要政府完善信息基础等基本的市场基础设施，进行劳有所得的政策设计和政策引导。我稍后会对此进行详细的论述。

（2）活用民间资源

在此之前的医疗政策一直奉行的是公共保险万能主义。现在应该改变这种依赖公共保险的做法，积极地引导民间资源进入该领域。随着人口老龄化的加剧，公共保险的来源将面临非常严峻的考验。由于医疗费用的支出已经超过了公共保险费的收入，因此如何抑制和削减不断增加的医疗费用将成为一个最为关键的问题。政府担心医疗费用的增加也是因为该费用是从公共保险中支出的，如果利用民间保险的话就没有这样的制约因素了。

由于人口老龄化的加剧，医疗费用的膨胀成为必然。按照经济原理，膨胀的医疗费用实际上意味着需求的大幅增长，从经济原则的角度上讲应该是非常受欢迎的。但是，对于政府来说却并不是这样的。政府应该摆脱“医疗费的增加会加重国民和财政的负担”这样的负面思维，应该充分利用民间市场的活力，使民间市场成为医疗产业的强有力的基础，这样的话，民间市场将有可能使医疗费用的增加变成积极的推动力。通过灵活利用市场机能和民间保险，可以加大自由诊疗的幅度，也可以在选择医疗机构和保险机构等方面扩大国民的可选择对象。促进自由医疗，扩大保险和服务的选择范围，才有可能充分发挥民间的创新活力。

(3) 重视医疗成果的政策引导

以前的日本医疗政策和现行的诊疗报酬制度一样,严格限制了价格和数量,并且不存在对于医疗成果与实际的医疗成本的评价,因此造成了能力主义的浪费、无视成果和医疗质量的下降。今后应该采取重视成果的思维方式,将其作为制定医疗政策和医疗制度的基础,支持和引导医疗行为朝着提高成果的方向发展。

(4) 修正过度的平等主义

保障国民能够享有最基本的医疗水平是十分重要的,最基本的医疗保障的财源应该来自公共保险。但是,除此之外的其他服务应该由市场自由提供,其财源也应该由国民自己选择的民间保险来负担。如今,老龄化逐渐加剧,医疗的先进化和医疗费用的不断上涨已经成为一个大趋势。在此背景下,要保障所有国民平等地享有高度的医疗水平本身就是不可能的。只有采取通过公共保险保障国民最基本的医疗水平,然后让国民基于个人情况自由选择其他更高级的医疗,利用民间保险来负担该部分医疗费用的支出,才能保证医疗系统的可持续发展。如果过分拘泥于平等主义的话,就永远不可能实现医疗的新发展。

信息公开和信息基础设施的完善

下面,我们来探讨一下信息公开和信息基础设施的整备问题。

(1) 充实评价信息以及信息的公开

现在,对于医生和医疗机构的医疗成果信息的公开和完善是十分必要的。也就是说,要使国民随时随地都可以在电脑或智能手机上检索和阅览医疗成果的相关信息,来选择适合自己的医生、医疗机构以及医疗方法，这也有助于提高医疗质量。

（2）IT 信息基础设施的完善

扩充电子病历(Electronic Medical Record)也成为这个时代的需要。电子病历就是所有医疗机构将患者的治疗内容和消费记录通过 ICT 上传分享的信息整备基础性设施。如果所有的医疗机构可以将其所有的医疗信息整理出来并通过网络进行分享的话，就可以像前文所述的美国 DRG-PPS 制度那样推算出每种疾病所需要的总体治疗标准费用。由于日本目前没有这样的信息基础设施，所以无法推算每种疾病的治疗标准费用。

将基本的保险内的医疗费用作为标准医疗费用，就可以衡量单个医生或医疗机构以同样的医疗支出所得到的医疗成果，从而促进他们提高医疗效率，在单位医疗成本的基础上保障医疗的质量，使医疗资源得到节约。

要实现医疗的 ICT 化转变，不能仅仅采用过去那种在医疗报酬的基础上制作电子明细这种不痛不痒的方法，而应该采取一些强有力的措施，例如对在一定时间内达不到一定水准的 ICT 化的医疗机构进行不认证处罚等。这在有着极强的自上而下的行政权力的总统制国家中是有可能在短时间内实现的，韩国就是这样的。医疗的 ICT 化并不是单个医疗机构的问题，而是整个社会的医疗基础设施的问题，是必要的社会公共财产。因此，我认为可以通过强制手段来实现，就像强制征税一样。所以，可以把医疗机构反对 ICT 化的行为看作是一种反社会的行为。

根据ICER的思维方式来实现医疗的最优化

只有在生病的时候医,疗才会加重本人和社会的负担。如果合理配置医疗资源,确保国民不生病或少生病,就可以提高国民生活的质量,也可以减轻国民和国家的负担。医疗产业今后应该朝着这个方向发展。

所谓的ICER(Incremental Cost Effective Ratio)是一项医疗经济学指标。比较降低预防疾病的成本和降低通过预防而带来的重病患者的延长寿命的边际成本与降低罹患疾病本身的成本所能带来的益处(节约成本的可能性),这将成为达成长期医疗资源配置最优化的一个重要线索。

这是可以通过计算用数值来展现的。例如,假设从现在开始预防一些疾病的话需要花费10万日元,但是如果不做预防,将来患了重病的话将要支付200万日元的治疗费用。为了将来不花费200万日元的治疗费,那么现在花在预防疾病上的费用应该增加到30万日元才比较妥当。这就是ICER的思维方式,也就是说预防就是一切。

不论是个人还是社会,都应该把ICER作为基础来推进医疗和健康的管理战略。具体来说就是将预防和预防之后的诊断和增进健康策略作为保险的对象,将资源进行战略性分配。

在《健康保险法》中,如果没有重要的疾病就不能使用保险,而预防、预防之后的诊断和增进健康的诊疗大部分都不属于主要的疾病范围。由于预防的时候还没有生病,所以不能使用保险。

日本新的《健康增进法》规定,根据特定健康诊断产生的特定保健指导(即代谢综合征检查)由保险者负担,同时认为《健康保险法》的规定应该改为以 ICER 为基础。也就是说,新的《健康增进法》认为应该将预防和预防之后的诊断以及增进健康的诊疗作为保险的适用范围。这样的话,去泡温泉也可以被视为医疗手段或是有促进健康效果的诊疗,就可以适用于保险了。实际上,德国就是这样的。比起去其他护理场所,泡温泉对治疗和预防疾病的效果更好。弹性思维和活用保险的做法可以提高国民的医疗质量,促进医疗效率的提高,从而控制医疗费用的增加。

医药品落后、医疗器械落后和医疗服务落后的解决

日本医疗市场的开放较为落后。日本的医疗市场上有很多没有必要的规制,并且相当严格,这样的市场环境不利于医疗创业型公司的活跃。因此,世界上最新、最优质的医药品、医疗器械以及医疗服务很难进入日本市场,日本国民也很难享受到世界医疗的进步成果。

根据表 10-2,世界上大约有 11 种先进的新药,其中进入日本市场的不到三分之一。

图表 10-2　海外承认的主要生物医药品在日本的认可状况

品名	适用疾病	海外承认的年份	日本的认可状态
Campath	白血病	2001	未认可
Humira	风湿	2002	落后 6 年
Zevalin	恶性淋巴瘤	2002	落后 6 年
Bexxar	恶性淋巴瘤	2003	未认可

续 表

品名	适用疾病	海外承认的年份	日本的认可状态
Avastin	大肠癌	2004	落后 3 年
Erbitux	大肠癌	2004	落后 4 年
Xotair	哮喘	2003	落后 6 年
Vectibix	大肠癌	2006	落后 4 年
Lucentis	加龄黄斑变性症	2006	落后 3 年
Cimzia	克罗恩病	2008	未认可
Provenge	前列腺癌	2010	未认可

出处：中田敏博：《医疗锁国》，文春新书，第 18 页。
注：这是医药品落后的一个例子。

因此，有必要改善医药品和医疗器械审查的基础设施，进行政策引导和规制缓和，让世界上最新的医药品、医疗器械、医疗服务能够迅速地、低成本地进入日本市场。

另外，有必要进行制度方面的调整，让在日本居住的外国人可以享受到本国医生提供的医疗服务。没有日本医师执照的人是不能提供医疗服务的，这一现状应该得到改变。同时，应该创建相应的市场环境、制定相应的政策，以鼓励和支持医疗创业企业的发展。

混合诊疗的解禁

日本现在仍然禁止适用公共医疗的诊疗和自由诊疗并用的混合诊疗。这在世界上都是少有的，并且极大地限制了国民自由选择医疗的余地。这一政策阻碍了医疗质量的提高和国民生活质量的提高，是非常消极的政策。

禁止混合医疗的理由有难以保障医疗安全和有碍所有国民公平地享受医疗。但是，保障医疗安全的关键在于是否能够做到彻底的监督，跟混合医疗没有太大的关系。并且，无视各个阶层的国民的支付能力和意愿的强制性公平本身就是对国民愿望和能力的轻视，这成为阻碍日本医疗产业发展的重大障碍。

政府只在一定范围内许可高度先进医疗。实际上，高度先进医疗只占医疗费用整体的 0.02%。现行的许可范围跟国民的实际需求相差甚远。即使假设以现行的高度先进医疗或评价疗养制度为前提，由于这些制度在运用方面只有两到三年的医疗和疗养评价期间，所以无法准确地评价其效果。至少将评价期间定为 10 年以上，才能够准确评价其效果，也能够促进先进医疗的普及。

混合诊疗的一般性解禁可以解除和缓解这些制约因素和障碍，从而极大地促进日本医疗产业的发展，为提高日本国民的生活质量和医疗质量作出杰出的贡献。

灵活运用民间保险

在公共保险万能主义的背景下，日本政府严格地限制了民间保险的进入，而公共保险万能主义正是国民医疗费用的过度削减政策的基本背景。在老龄化不断加剧的当今社会，只要政府偏重公共保险，就会不可避免地造成医疗财政走向破产。灵活运用民间保险才能突破这一制约，因此灵活运用民间保险是当今的一个重要战略。

具体来说，根据《保险法》修定（2010 年实施）中关于“障碍疾病保险契约规定”的叙述，不同疾病领域所支付的民间医疗保险（癌症保险等民间保险）只占市场的极小一部分，有必要将现在的只由公共医疗保险者（国民健康保险、协会掌管保险、工会保险以及共济保险）支付的形式更改为由保险公司直接支付给医疗机构的形式。

通过这一改变，将会有更多的国民可以更加自由地选择多样的医疗，国民的生活质量也可以得到提高。同时，国民可以自由地选择民间保险，民间保险的需求量就会出现增长。随着民间保险作用的增大，就有希望扩大医疗财政来源。

发展健康产业

以前，日本人都是在得病之后才进行治疗，属于“治疗型医疗”。但是，前面所讲述的ICER的思维方式是进行“预防型医疗”，也就是尽量使人不得病。进一步发展预防型医疗的思维方式，就是“健康增进法”的思维，也就是持续终身的健康管理，提高健康水平，通过预防疾病和预防后的护理等综合医疗来增进健康的医疗方式。

进一步来说，让健康的人和患者都过上更加快乐和充实的生活，这样的医疗才是舒适畅快的医学本质。从多个方面综合推进国民生活质量的提高，使国民过上舒适畅快的生活，建立这样的健康产业是非常重要的。

健康产业的建立可以分为四个阶段。第一阶段是治疗医学。这在传统医学中指的是对于生病受伤以及疾病的治疗，包括通过救死扶伤以及使病人从伤病中恢复等，其收益较高。保险医疗费中仅保险治疗费就达到 34 兆日元，至少有 30 兆日元以上的收益。

第二阶段是预防医学。所谓的预防医学，就是通过适当的预防来减少治疗费用。预防的收益非常大，跟刚才讨论的 ICER 的思维方式相同。预防医学中，早发现、早治疗是非常重要的。例如，如果癌症发现得早的话，即使是蹩脚的庸医也可以治好；如果发现晚了，即使是名医也无能为力。

预防医学很重视改善人的习惯，其中最重要的就是禁烟。吸烟对于身体健康来说是众恶之源。其次是改善饮食习惯，多糖和多盐的食物以及脂肪多的食物都对身体不好。另外，睡眠和放松也是很重要的。

在预防医学中，收集健康数据（personal health record）是最基础的。整理个人的健康履历，在社会中使用，可以提高疾病预防的效果。通过观察血压等数值的变化，可以发现生病的征兆。将这些数据进行分享并且和医疗机构一起合作，就可以系统地推进健康对策。个人获得自己的健康信息和医疗专家们的建议，将这些健康数据灵活运用到自身的健康管理中，这在预防医学领域是非常重要的。

另外，关于对 DNA 的解析，10 年前已经在美国进入实行阶段。通过解析一生中大部分疾病的患病概率，可以为早期医疗提供线索，这一方法也颇受关注。关于 DNA 的解析，美国前总统布什宣布，截至 2010 年将对全体国民进行解析，由此可见美国的这一技术已经相当先进。

第三个阶段就是健康医学，指的是通过对健康进行投资来提高健康水平，从而延长人的健康寿命。日本人的平均寿命，男性为79岁，女性为86岁，可以健康地度过去世前5年的相对较少。所以，日本男性的健康寿命为74岁左右，此后的时间多为卧病在床或接受护理。这样的生活基本上没有任何意义，所以要努力将人的健康寿命延长到去世之前。这一市场需求是非常巨大的，市场规模也特别大。

要延长健康寿命需要做到哪些呢？生活态度比较积极的人会通过打高尔夫、网球、游泳等运动来保持健康的体魄，因此健身的市场需求急剧增加。慢跑、散步、郊游、爬山等运动在中老年人中十分流行。对于老年人来说，最重要的是锻炼肌肉。老年人摔倒骨折后卧床不起的例子有很多。要预防摔倒的话，锻炼肌肉就是必不可少的。

因此，运动医学也是非常重要的。接受体力以及健康管理专家的建议，理解这些建议，掌握这方面的知识并形成习惯，就会提高健康的觉悟，促进健康水平的提高，对自身也是很有好处的。

体育运动本身就具有巨大的市场价值。通过体育锻炼，老年人可以维持健康的体魄，不但可以减轻护理的负担，还可以极大地节约社会成本。

最高层次的是第四阶段的舒适畅快的医学。用一句话来概括就是对人生的投资。能让人快乐地生活并保持心情舒畅的所有活动都可以被称为是舒适畅快的医学。人是一种精神动物，心情愉快的话就会分泌肾上腺激素，就会更加活跃和积极，不但能提高人体的免疫能力，也可以达到预防疾病的效果。

福泽谕吉先生在150年前曾说，坐在喜欢的人旁边的时候会

“感觉风都是香的”。这就是舒适畅快的医学的典范。

英语中有一个词叫“amenity medicine”，我认为翻译成“治疗生活习惯病的药”是不合适的。“amenity”是“舒适畅快”的意思，“medicine”虽然有“药”的意思，但是在这里翻译成“医学”更恰当。旅行、休闲、看电影、看话剧、看体育比赛等都是令人舒适畅快的产业。这样一来，经济活动中有一半左右都属于令人舒适畅快的产业。应该更加推进“快适医学”和“快适产业”的发展，健康产业将是一个巨大的成长型产业。

护理问题是老龄化社会的一个严重问题。据说，65岁以上人口中有三成需要护理。也就是说，身体状况恶化的老年人是一个巨大的社会问题和经济问题。我们应该如何帮助他们？由谁来负担这些费用？如何负担这些费用？这些都是极其严重的问题。

在这样的超老龄化社会中，治疗医学实际上并不能解决问题。最大的问题是，社会应该如何应对如此庞大的需要护理的老年人口。应该如何建立一个体系来支持这些在运动能力和思考能力等方面的社会机能都退化的人群？如何给他们提供相应的人力和财力？针对这些问题，现在的护理设施和费用都极度不充足，以前的社会保障体系恐怕已经无法再满足现在的需求。在家庭中进行老人对老人的护理将成为一种必然选择，也有可能需要建立大规模的集团性护理设施，来解决严重的护理不足问题。

正如我反复强调的那样，积极的预防措施指的是提高人们对自身健康状况的认识、提高个人的自觉性以及相应的健康知识。实际上，现在会进行肌肉锻炼的老年人并不多。由于没有进行积极的健康管理，很多人都需要护理。因此，最重要的是呼吁大家努力保持健康，只有这样才有可能减轻超老龄化社会带来的严重问题。虽然对老年人来说人生所剩下的时光不多了，但是健康医学以及快适医学对于解决这些重要的社会问题具有战略性的价值和意义。

11 第十一章

住宅产业的巨大可能性

住宅是国民最大的资产

根据日本总务省的《住宅和土地统计调查》，截至 2008 年，日本的住宅总储量为 5 758 万户，预计价值（住宅和土地）大约为 1 000兆日元。但是，居住住宅共有 4 960 万户，而无人居住的住宅达到 799 万户，其中空置房屋达到 757 万户。

另外，根据日本国立社会保障・人口问题研究所的"关于未来的日本家庭数量的推测"的研究报告，2010 年的 5 029 万个家庭中，核心家庭占 2 863 万个（只有夫妻双方的家庭为 1 009 万个，夫妻双方加上小孩的家庭有 1 570 万个），而只有一个人的家庭有 1 571万个。

住宅是生活、安心以及健康的基础。对于住宅资产的保障、灵活运用、增值是非常重要的。这不仅对国民个人的生活来说具有十分重要的意义，同时也是国家经济增长的源泉。接近 1 000 兆日元的住宅资产对于国民来说，可以说是最大的资产。

日本住宅的问题

对于国民来说，住宅是一项很大的资产，但是住宅也存在不可忽视的问题。其中一个问题就是住宅无法形成个人的资产。从住宅的耐用年数来考虑，英国住宅的耐用年数为77年，美国住宅的耐用年数为55年，而日本住宅的耐用年数只有30年。我在担任小泉内阁的特任顾问的时候就指出了住宅的重要性。小泉首相接受了我的意见，下达指令在国土交通省设立住宅研究会。因此，我开始主持住宅市场研究会和推动一系列改善日本住宅的项目。

在旧建设省时代，我发现了住宅业界的减价表，上面的图表记载着木造住宅的价值为25年，非木造住宅的价值为30年。但是，日本岐阜县白川乡的民居已经有四五百年的历史了，正仓院有1 300年的历史。日本拥有大量的世界上最古老的木造建筑，但仍然规定木造建筑的价值为25年，一定有其特殊的意图。

也就是说，我们可以推断，规定木造建筑的价值为25年是有其背景和原因的。这一规定并不是基于市场价值，而是基于经济高速增长时期的政策思想，即拆除现有建筑之后新建建筑的拆建政策（“scrap and build”）。第二次世界大战后，日本人认为房屋不能长期居住，因此也不能成为个人资产。

另一个问题就是住宅很难买新换旧。由于市场没有统一标准，高价买入、低价卖出的情况很常见。在买卖住宅的时候还有与不动产商家签订专任专属合约的惯例，使住宅市场失去了其市场性。这种惯例是指在想要卖出住宅的时候很难从多家不动产商家获得价格信息，而是一旦交给某一个不动产商家的话就要最终跟该商家签订合约，这一惯例是日本独有的。如果不能对比多家商家的价格的话，消费者就难以掌握市场价格。因此，住宅不能随意交易，买新换旧的消费也很难实现。

日本住宅的价格跟欧美的相比，同等面积的住宅价格是欧美的数倍(3～5倍)，还需要支付居住期间的住宅维护费、电热费、税收和单元房的修缮费等生命周期费用。在日本，对商业用途的建筑物和工厂等会计算其生命周期费用，而住宅几乎不计算该费用。实际上，住宅的生命周期维护费用是购买住宅的费用的1.5～2倍之多。也就是说，如果购入5 000万日元的住宅，其生命周期维护费用为7 000万日元至1亿日元。如果大学生的终生收入为4亿日元，其中三分之一以上都花在了住宅上面。

日本的住宅储量不能转化为社会资本是由于购买二手住宅的人很少(跟欧美相比)，住宅的流通性非常低。根据2008年各国的统计显示，日本的二手住宅流通率为13.5%，而美国的二手住宅流通率为77.6%，英国的二手住宅流通率为88.8%，法国为66.7%。日本住宅的流通量只占欧美流通量的五分之一到六分之一左右，这一数据也显示出日本的住宅流通市场并没有发挥作用。

日本的住宅流通市场不发达的理由有以下几点：(1)信息量不足；(2)消费者对二手住宅的信赖性较低，存在不安心理；(3)二手住宅的买卖惯例仍然不成熟。住宅无法快速流通，寿命很短，因此作为社会资本难以积蓄。

以前，日本社会是存在二手住宅的流通市场的。现在的二手住宅流通市场不发达，是和日本经济的高速增长有关的。经济高速增长时期的成功反而成为阻碍现在日本发展的障碍。在经济高速增长时期结束之后，以前发挥过巨大作用的制度成了现在国民需要解决和克服的问题。

和前一章所述的医疗政策的失败一样，从经济高速增长到低速增长，从人口增加到人口减少、老龄化严重，时代的大趋势发生了巨大的变化，但是国家的政策并没有与时俱进，跟上这一时代的变化。这就是住宅政策、住宅市场、住宅产业的失败。

日本过去的住宅情况

日本在短时间内从第二次世界大战后的废墟上建起了住宅，使国民都有了自己的住房。在日本复兴的过程中，公营住宅也起到了一定的作用。随着经济的发展，民间的住宅建设急速增长。在战后第 23 年，也就是 1968 年，住宅总量就达到了 2 560 万户，超过了家庭总数 2 530 万个。这可以称得上是世界史上的一个奇迹了。到了 1972 年，日本所有都道府县的住宅总量都超过了家庭总数。

在第二次世界大战后的废墟上，日本超过六成的国民都拥有自己的住宅，这可以跟当时个人拥有住宅的大国美国相媲美。根据 2008 年的统计，日本的个人拥有住宅比例达到 61.1%，美国为 67.5%。日本在战争结束后半个世纪内实现了仅次于美国的个人拥有住宅比例。

在经济高速增长时期，日本的住宅总量是按照如下的机制急速增长的。首先，人口都集中在大都市里，这就导致了地价飙高，即使面积很小的土地，其担保价值也急剧增加。以此为担保，民间金融机构和住宅金融机构扩大了住房贷款的融资，开始了住宅建设的横向竞争。在经济高速增长时期，国民的工资收入会定期增加，导致出现通货膨胀并刺激了借款增加。不管借多少钱，由于通货膨胀和工资上涨，借款数额都会相应变小。因此，日本实现了“一亿国民都为中产阶级”的目标，大家都拥有了自己的住房。

随着这样的经济发展，住宅产业出现了飞跃性的发展。为了应对急速增加的需求，出现了预制装配式房屋制造厂商。所谓的预制装配式房屋制造厂商，就是在工厂中完成建筑物一半左右的建造。于是，住宅产业快速成长。

日本型住宅产业的发展有一个显著的特征，就是营业费和管理费很高。虽然住宅的价格和开销成本很高，但是由于经济增长以及通货膨胀的原因，不论住宅价格和开销成本多高都可以被吸收。当时，国民自身也感觉生活富裕，住宅产业快速发展，经济整体增长迅速。

政府利用住宅产业来促进经济发展。由于住宅建设的动向会非常敏感地反映住宅的利息，政府就通过行政指导干预利息，使利息下降，造成住宅建设急速增加。产业关联的波及效果是非常巨大的。

在第二次世界大战后，为了刺激经济发展，住宅建设的利息被政府压低，因此在经济高速增长时期出现了住宅储量过剩。住宅的价格虽然很高，但是市场缺乏流通性，从而很难形成资产积蓄，最终造成 5 800 万户住宅中有接近 800 万户住宅成为空置房屋。

经济大趋势的变化和住宅问题矛盾的呈现

由于经济大趋势发生了变化，住宅问题呈现出一些矛盾。所谓的经济大趋势的变化，指的是经济增长不断变缓并且趋向于零增长。同时，年轻阶层的人口逐渐减少，社会趋向老龄化。由于这些大环境的变化，使经济高速增长时期建立的住宅产业模式逐渐趋向崩溃。在经济发展和通货膨胀的背景下扩大的住房贷款负担在新的形势下逐渐变得过重，拥有自己的住宅的风险越来越大。在经济增长放缓的背景下，国民的所得难以增长，如果不能支付住房贷款就会破产。20 世纪 90 年代中期到 2005 年，住房贷款的利息为 2%左右，但是在通货紧缩时期，政府通过政策压低了住房贷款的利息，甚至出现了 30 年保证超低利息的住房贷款商品。但是，随着经济发展的变化，利息自然也会发生变化。如果金融机构一直维持较低的固定利息，金融机构就会有破产的风险。低利息住房贷款虽然是金融机构主推的商品，但实际上在其他部分提高了利息，并且有附带条件(超过一定年限将提高利息，需重新办理贷款等)。随着市场利息的上升，金融机构也提高了住房贷款的利息。那些原本因利息诱人而办理住房贷款的消费者的负担越来越大，面临破产。

随着经济大趋势发生变化，日本型房地产公司的经营模式也陷入困境。由于市场需求缩小，这些公司无法负担较高的固定费用，大多数公司面临破产。对于这些房地产公司来说，如果卖掉 2 000 万日元的住宅，将会产生 1 000 万日元的附带成本。要卖掉一户住宅就需要一个营业人员。大约有数十万人在房地产公司工作，营业人员的人力成本就达到数百万日元。另外，日本的住宅贩卖方式一般都是由房地产商设置住宅展示厅，其成本也是极其高昂的，需要支付广告费用、雇佣营业人员。即便是节假日，营业人员也要常驻展示厅，还要一户一户地上门拜访客户。因此，我们买房子的时候，其中有一半的费用都属于营业成本和贩卖促销成本。如果没有这些成本，日本的住宅可以更便宜。但是，在经济高速增长时期形成的经营模式现在仍然盛行。由于企业对营业人员实行终身雇佣制度，使这一问题成为一种构造性问题。

另外，政府通过住宅建设来刺激经济的政策也难以为继。住宅出现总量过剩，公营住宅的经营难以继续，首要的问题是布局问题。在人口急速增长的时期，年轻人大多居住在新建的住宅中，而如今，随着老龄化的加剧，没了新增需求，以前的那些住宅很多都变成了“鬼城”。而且，以前的住宅区是为年轻的劳动阶层而建的，现在，居住者的年龄大了，这些住宅区的社会机能逐渐变低，难以应对老年人护理的需求，所以逐渐无人再乐于居住，从而成了社会公共部门的不良资产。因此，随着时代的变迁，逐渐出现了个人破产、房地产商破产以及政府公共部门的破产。

在此基础上，由于缺乏流通市场，住宅的供需不匹配，空置房屋越来越多。这一现象是由于经济高速增长时期的反复拆建以及没有二手房地产市场所造成的。也就是说，日本房地产行业陷入了这样的逻辑思维：如果要买房，首先想到的就是拆除原有住宅，然后建造新房子、购买新房子。

家庭的结构也发生了变化。老龄化不断加剧，单身阶层的比重逐渐增加。从1960年到2010年的大约半个世纪里，单身阶层从16％增加到31％。他们的居住地域和人口的地域分布也发生了变化。年轻人逐渐集中于城市，随着他们年纪的增长，今后城市将成为老龄化最严重的地区。如果这样的话，以前建造的集体住宅、公共住宅以及住宅区都将无法适应老年人的需求，这些住宅几乎都将成为恶性资产。

由于二手房市场不发达，难以应对更换住宅的市场需求，从而造成供需不平衡，进而造成800万户住宅空置，这一数量是瑞典住宅数的两倍。日本的经济高速增长时代的模式已经完全不能适应如今的时代需求，因此必须要对其进行改革。

市场需要的新的住宅思维和住宅政策

现在，拥有自己的住宅是十分危险的，生活成本和借贷成本会不断膨胀。由于国债的大量发行，国债价格也会有很大的下跌的风险。由于国债价格和利息是反相关的，所以国债价格下跌就会造成贷款利息上升，其他的一般利息也会随之上升。在经济处于低增长的状态下，贷款利息的上升将会使维持住宅贷款变得困难。并且，住宅的生命周期费用也很庞大。随着未来贷款利息的不断上升，收入却不断减少，人们将很难承受这样的负担。

另一方面，人的寿命变长，家庭结构也发生了变化。假设在三十多岁的时候买了房，和妻子、两个孩子一起生活在郊外。随着孩子长大，逐渐变成夫妻二人生活，之后可能会变成一个人独居。由于在郊外，开车去买东西很不方便，附近也没有医院，所以生病了也无人护理。现在，医院和护理对于老年人来说是必需品。如果是这种情况的话，就必须考虑搬家。但是，现在日本的住宅市场上，二手房不容易卖掉。

例如，在比较花5 000万日元买房和每个月花50万日元租房哪个更有利的时候，很多人即便经济上有困难也愿意贷款买房。

假设在 35 岁之后买房，该房子能够发挥作用的时间也就只有最初的 20 年，之后就只剩下夫妻二人。考虑到生病护理等问题，很多人不得不考虑将房子转卖掉。但是，即便这样，很多人也不考虑之后的事情，而是直接选择买房。自己的住宅虽然可以被认为是资产，却很难卖出去。另外，这样的房屋供给市场是过剩的，因此今后还是不要买房比较明智。

租房就比较容易应对各种变化。在工作能力旺盛的时期、养育孩子的时期、中年时期、老年时期等不同的时期都可以根据不同的生活需求来改变租住的地方，就会比较便利。

但是，支持住宅租赁的金融制度和税收制度却十分不完善，其中最大的问题就是不存在支援房屋租赁的金融体系。例如，建造公寓大概需要 8 个月的时间，房地产商通常向分期付款的购买者首先收取 10%的首付金，然后等房子建好后再收取剩余的所有余款。如果是比较抢手的公寓，基本上两周之内不交首付的话就会被其他人抢先买走。由于在 8 个月内可以全额收到所有款项，所以房地产商比较容易从银行贷款，金融机构也会争着去贷款给这样的房地产商。

与此相反，租赁住宅的资金回收通常需要 10～20 年，有时甚至需要 30 年之久。而一些质量粗劣的住宅，例如每个月租金 3 万日元左右的学生宿舍大概 3 年左右就能收回成本，因此在发展中国家，这样质量粗劣的住宅反而最能赚钱。这样的金融体系很难培养出优质的租赁住房产业。

因此，现在必须要整顿面向回收周期比较长的租赁住宅的金融制度。民间的金融机构倾向于贷款给 8 个月就可以收回全款的房地产商，而出于风险考虑不贷款给回收周期为20年的房地产商。要改变这样的情况，就需要国家通过导入优惠的利息以及负债担保等制度来支援，并且有意识地利用政策来培养该市场。现在已经迎来了这样的时代，如果不这么做的话，牺牲的就是国民的利益。

另外，还应该导入租赁住宅的房租的所得扣除和税额扣除等制度，这对租赁方和承租方都是有利的。因此，至少应该将税制的优惠政策规定为跟购房贷款一致，也就是说从一定程度上通过减轻税收负担来减轻租赁住宅的房租负担。

最重要的是促进住宅的流通，这一点需要从历史中吸取经验。日本百姓在第二次世界大战前一般都居住在类似大杂院的长屋中。战前的数百年间，国民拥有住宅的比例是很低的。二战前，在关西的都市中，国民拥有住宅的比例为10%，全国也只有20%。拥有自己住宅的多为农民，住在城市里的人几乎都是租房的。

关东和关西建造房屋的技巧也不相同。关东建造房屋采用的是“芯芯”的方法，在关西则采用“内径”的方式。建造房子的时候，如果横宽3间房，纵深5间房的话，按照“芯芯”的方法，要建造8寸角的立柱。在8寸角的立柱的情况下，从一个立柱的中心到另一个立柱的中心来计算，每个立柱都会有4寸的折损。这样的话，榻榻米的尺寸就不能按照3尺和6寸，而需要按照5尺8寸5分或者2尺9寸7分来调整。居住面积的大小不同，榻榻米的尺寸也会不同，于是就需要去特别定制榻榻米，换个房子就不能用了。

与此相反，关西是按照内径计算，不管什么住宅，榻榻米的尺寸都是6尺乘3尺，跟立柱的粗细没有关系，因此榻榻米的利用率就高了。实际上,在京都和大阪,从室町时代开始就一直有租赁家具的老店,连格窗等物件都可以在这些店中租到。

这样比较一下的话,关西的做法是比较明智的、可持续的。古人的智慧也可以用来整顿二手房流通市场。对房屋进行性能评价是建立二手房流通市场的基础,需要提供值得信赖的评价和信息。

美国前总统克林顿一家在希拉里出任参议院议员时搬到纽约,他们最初居住的房子是已有 150 年历史的老房子,而他们入住时只是重新粉刷了一下。如果在日本,住这么老的房子恐怕是不可能的,大家都想要住新房,因为没有关于房屋质量的性能评价。没有值得信赖的评价和信息,二手房就很难在市场上实现流通。

2000 年制定了《品质确保法》,性能评价公司可以对新建的住宅进行评价。随后,在 2002 年,国土交通省设定了评价二手住宅性能的检查和评价制度。

在制定这些制度之前,对于住宅的评价都是由地方自治体进行的,特别是区政府的税务主管部门会数一下住宅的立柱,将其作为计算固定资产税的依据。但是,仅靠公务员来做这一工作是不够的。从行政改革的观点来看,有必要削减公务员数量,因此需要民间的住宅检查公司来进行评价。有些公司会在施工上偷工减料,贩卖不良的住宅,因此有人认为让民营的检查公司来评价住宅不太好。但是,问题并不在于民营本身,而在于专门负责检查的公司不了解建筑物的建筑构造,无法看出建筑公司偷工减料之处,而且体制也不利于他们。总之,住房市场需要严格缜密的检查,这也是住房市场的一项重要的基础建设。

另外很重要的一点是住宅的标准化。如果没有住宅的标准化，二手住宅就无法流通。美国曾经普及过小木屋，近年来木材的尺寸变为2英寸和4英寸的倍数，这样一来自己都可以根据需要制作。其中，窗框和门框是最重要的部分，这些部分的标准化有着极大的意义。

但是，日本在这些地方都没有进行标准化。日本的窗框等部件是由很多不同的公司提供给房地产商的。虽然标准化的实现很简单，但是窗框公司为了争取更多的用户，都只考虑自身的利益，所以无法形成统一的市场。窗框等的尺寸不统一，政府又不能强制推行标准化。说到底，这不是政府能够干涉的事情，应该行业内自行解决。

另一方面，税制的问题也亟待解决。在日本，很难在死亡之前进行赠与。生前赠与的方法虽然有很多，但是由于税务局很难掌握，因此基本上都是通过人死亡之后征收继承税来把握的，因为死亡的时候税务局容易调查。这样的体制造成七八十岁的父母无法把财产赠与四五十岁的孩子。而且，一年中可以赠与的最高额度是50万日元，所以像住宅这样高额的财产是无法赠与的，结果就造成这样的资产无法流动。为了解决这一问题，有必要扩大生前赠与的非课税额度。

2010年，国土交通大臣前原诚司在任的时候实行的赠与税制改革是十分恰当的。我出任住宅市场研究会的委员长的时候也提倡减轻生前赠与的税收。自民党政权时期将住宅相关的生前赠与限额从50万提高到了500万日元。前原诚司大臣在位时期，将生前赠与的限额从500万日元(2009年)提高到了1 500万日元(2010年)，之后又将该数额提高到2 000万日元(2011年)。历年的非课税额度从 110 万日元提高到 1 610 万日元。继承精算课税和非课税额度由 2 500 万日元变为 4 000 万日元，有了较大的改变，生前赠与的课税即便缓和 1 亿日元也应该是可行的。如果生前赠与制度被灵活运用，住宅就可以从父母一代传给孩子，这样住宅资产就可以得到充分的流通。这种制度改革也是非常重要的。

另外，抵押的思维方式也很重要。拥有住宅但是收入低微的老年人可以把自己的住宅作为担保抵押给地方政府，从而获得相应的生活费。这一“武藏野方式”曾经在武藏野市推行，但遗憾的是，由于后来发生了通货紧缩，住宅的市场价值变低，该方式并没有稳定地发展下去。但是，如果加入应对经济变动的条款，也不是不可能实现加速住宅资产流动的。

其次，重新平衡住宅贷款的风险负担也是值得考虑的。也就是说，将该风险从住宅债务者向债权者转移。现在日本的住房贷款的债务者承担的风险太大了。假设一个上班族贷款 3 000 万日元购买住房，那么贷款数额就会保持 3 000 万日元不变。但是一旦出现通货紧缩，资产贬值，房子可能只能卖 1 000 万日元，即便卖掉了住房，也无法偿还贷款。

在美国，只要将住房归还，住房贷款也随之一笔勾销。日本也有必要建立该制度，但首先要有严格的住房品质评价制度。如果正确地评价住房品质，就可以了解其市场价值。为了使住房不被不恰当地贬值，需要尽早整顿品质检查制度。

还有一点是关于建造管理的体制问题。日本的住房价格形成机制是不透明的，没有竞争，存在“半价，在半价的基础上半额，在前面的基础上打八折”这样的交易惯例。例如，按照上面的交易惯例，价值 1 000 万日元的住宅，半价就是 500 万日元，在半价的基础上半额就是 250 万日元，再打八折就是 200 万日元。像这样差额巨大的交易在日本是非常正常的现象。住房是人生最大的投资，但是既没有价格市场又没有耐久性，因此住宅难以流通。

阻碍市场竞争的最大原因是日本建筑行业自上而下的体制。日本有大型综合建设公司，在这些公司下面又设有多重承包公司，遍布全国。大型综合建设公司与其承包公司在合作时组成团队，因此在现场工作的工匠基本上不会有任何变动，这就产生了市场价格不透明的问题。如果大型综合建设公司的系统改变或者在不同的地域，建筑的单价甚至会成倍增长。

相比之下，建造管理在美国等国家非常盛行，也就是在建材市场和住宅市场中选择最合理的组合方式，使信息透明化，形成开放的竞争市场。

美国有建造管理方面的专家，他们知道某个房地产商在某个地区购买建材需要花费多少钱，可以对这些数据进行最优组合，也可以根据房地产商的成绩随时更换团队。有竞争市场就自然会趋向于成本最低化，也就可以实现在质量不打折的情况下选择最低的施工成本。

要做到这些就必须有透明的信息、开放的市场竞争环境以及选择最优和成本最低的能力。日本的 CIP 社长须藤桂一等人正在试图建立和美国同样的建造管理体系。例如，若修缮 20 亿日元的公寓需要 2 亿日元的修缮费用，如果有 50 家企业参与进来，把 50 种职能分给 10 家或 20 家企业，就能在关东周围收集到所有的数据。在这些数据中，排除最便宜的报价，按照倒数第三位左右的报价来组合，成本就可以便宜两到三成，也可以提高效率。今后，日本应该积极推进这样的建造管理制度。

新住宅

日本还应该考虑建设新型住宅。福田内阁曾在“100年住宅计划”的基础上提出了“200年长寿住宅”。不论是“100年住宅”还是“200年住宅”，都是构造（skeleton）结实、装修（infill）实用的住宅。“skeleton”的意思是“建筑物的骨架”，“infill”的意思是内部装饰。

假设一座高50层的摩天大楼的结构已经搭建好了，剩下的就是内部装潢了。搭建结构的是专门的公司或者地方自治体。搭建能够维持100年或200年的建筑结构其实和建设城市基础设施的要求是一样的。将住宅的构造建造和内部装潢分离开来，使其结构可以连续使用100年以上，而内部装潢则根据需要来进行改造。如果有租赁公司的话，内部装潢是很容易改变的。如果家庭结构发生变化，有人生病或有其他变故，也只需要重新装修就可以了。这样一来，住宅结构变成了社会资本，内部装潢则根据入住者的需要随时更改，这将形成新的所有关系。

要实施这样的改革，就需要对所有权下新的定义。现在日本的住宅所有权规定，为了不造成仅拥有内部装修就可以持有住宅的现实，不承认外部构造所有权和内部装修所有权分离的住宅。

大约40年前诞生了《区分所有法》，该法律约束了关于公寓所有权的争论。在此之前，如果转卖公寓，公寓的所有者就是其建筑商。这样一来，公寓的建筑商就无法建设新的住宅。《区分所有法》首次规定了拥有公寓专有部分的人即为所有者。对这个法律进行修改，根据公寓结构的状况，将入住者作为所有者，制定“结构·内装所有法”。

与此相关联，有必要探讨一下面向长期持有建筑物的金融体系。现在并没有面向100年住宅的金融系统。公共建筑是和建设国债相对应的，但是建设国债最多只有60年期限。民间企业进行公共建设投资时，最多投资30～40年的公共建筑，更长年限的建筑风险太高，民间企业一般不进行投资。但是，“100年住宅”或“200年住宅”就跟道路等公共基础设施一样，如果没有金融系统的支援就无法建成，因此需要尽早进行制度设计。

另外，应该尽量把高层住宅建在商务区附近，这样可以更加有效地利用东京等大城市的空间。在东京工作的大部分上班族平均花在上下班路上的时间是单程1.5个小时。如果他们能住到市中心的话，就可以节省每天往返3个小时的上下班时间，将这个时间用来发展音乐、美术、体育锻炼等方面的兴趣爱好，也可以进行一些对社会有益的活动，或是参加社交活动，来充实自己、提高生活质量。如果住在市中心的人增多的话，可以缓解交通拥堵，也可以提高经济效率。

森大厦的会长森稔先生就十分提倡这一想法。如果可以提高都市空间的利用率，就可以增进国民的文化生活、健康生活和社会活动。这是也是一个需要尽早解决的问题。

比较一下巴黎、纽约、东京的建筑物，就会发现纽约曼哈顿的建筑物的平均高度为40层左右，巴黎在拿破仑三世时就统一规定建筑均为6层(因为当时没有电梯，所以6层对于人们来说是一个极限)，而东京都内的建筑基本上都是两三层，两层高的房子占大多数。

通过航拍照片和立体模型图也可以看出，东京到处都是很低的建筑，这跟同在亚洲的新加坡相比也是很落后的。其原因在于土地所有权难以区分以及原本就不存在高层设计思想等。结果，上班族不得不每天忍受从郊外坐着无比拥挤的电车到市中心上班的痛苦，并且每天都要浪费3小时左右，人们的生活质量降低也就理所当然了。

现在东京都中心的容积率为700%，而上海、台北、香港、新加坡、吉隆坡等其他亚洲主要大城市的容积率均为1 500%～2 000%。增大容积率，减小建筑面积，建筑楼层就会变高，就可以在其周围铺设绿地。刚才谈到的森稔先生的想法，就是想通过提高城市空间的利用率来让人们过上更高质量的生活。

日本最高的建筑物是东京都政府和六本木之丘，它们高约250米左右。日本的航空法规定建筑物的高度不能超过300米。“东京天空树”高634米，这是由于东京都的高度限制是带状的，“天空树”所在的地点不在规制范围内。但是，世界上其他主要城市的高层建筑物的高度限制一般都是600米，因此东京也应该建造更多的像“天空树”那样的高层建筑，这样人们才能在都市里过上轻松愉快的生活。

高层建筑的耐震性较强在东日本大地震中得到了验证。在阪神淡路大地震中，七层的旧神户市市政府大楼的中间几层被破坏，建筑物整体不能继续使用，而新的市政府大楼是像铅笔一样的40层高的摩天大楼，采用近代工法，耐震性完全没有问题。新的建筑物都符合抗震标准和防震基准，耐震性相对较高。

如前所述，大深度地下都市也值得探讨。也就是说，在地下建造二三十层的建筑。地震时所感受到的晃动是建筑物本身的晃动，而地盘本身不会有大的晃动。如果在地下足够深的地方建造建筑的话，其本身就具有防震功能。另外，地下的大深度建筑受地下水温度的影响，冬暖夏凉，也可以减少能源消耗成本。多建造这样的地上建筑和地下建筑，大家就可以在都市中过上快乐的生活，这也是人们对新型都市的期待。

要提高大城市空间的利用率，就需要对高度有所限制，对容积率和建筑面积利用率进行规制改革。另外，还需要消除日照权的想法。那些日照时间长的房屋是非常危险的，会造成家具的老化。此外，通风效果好的房屋的能源利用率较低。不通风和日照短的房屋是最理想的房屋。现代的住宅已经可以实现有利于健康的空气流通循环，不需要人为通风。

此外，还需要制定综合性的未来志向型都市计划。现在，东京都根据民主党政权所提出的国际综合特区的指示，正在为建设成为亚洲总部特区的目标努力。近年来，亚洲的其他主要城市发展十分迅速，东京已经不再是亚洲中心城市了。为了改变这种局面，民主党提出了将东京建设成为国际综合特区的目标。这是为了在新的时代让亚洲的人才和商业资源汇聚到东京，以实现卓越的自我革新。我正是这项计划的地区协议会委员长。

与此同时，我们不能忽视健康住宅的建设。住宅对于健康来说是十分重要的环境条件。现在，过敏等问题已成了社会问题。

北海道的实业家山口昭先生创设了“木之城重要社”，在北海道建造了 19 000 栋三层的木建筑。在寒冷的北海道，一个俄式取暖装备就能使全部建筑物都能保持适当的温度。这种建筑的密封性特别好，使用的是高密度的木材，其隔热性也非常强。这些建筑的窗户是四层的，用一根小拇指就可以移动。

山口昭先生所使用的建筑材料是不包含化学制品的自然材料，使用的木材是北海道的树木，实现了当地生产当地消耗。由于运送原材料会造成巨大的成本，所以即便北海道的树木都比较细，并且短而弯曲，还是决定使用，只不过将其切成小碎片，用黏着剂将其制成集成材料。比较自然材料和集成材料，当然是集成材料成本较低。另外，在北海道，冬去春来之时，积雪融化的速度很慢，这样的住宅也省去了除雪这一辛苦的劳动。这是通过将近十年的反复实验而建造成的住宅。

但是，在耐震伪装事件发生后，国家对现存住宅的标准进行严格控制。而且国土交通省没有建设高密度健康房屋的想法，在将近半年的时间内都没有对该种类型的住宅下发建筑许可。因此，山口昭先生的“木之城重要社”倒闭了。但是，该公司建设的19 000栋房屋直到现在仍然能很好地发挥作用。完全不使用化学制品的住宅是很利于健康的。

环保住宅的密封性和空气流通也是十分重要的。日照条件好、通风好的住宅已经成为过去，现在的住宅没有双层玻璃或三层玻璃，外部隔热、外部处理下水等功能也已经普及。一般情况下，房屋的水循环安装在墙壁中间，如果水管老化，房子就有可能被腐蚀。为了消除这种可能性，应该将房屋的水循环设置在屋外，这样就可以更换容易老化的水管了。在北欧国家和德国，住宅的水循环都是设置在房屋外部的，出现问题就可以随时修理，这样也可以延长房屋的使用时间。

为了提高房屋的密闭性和使自家发电成为可能，政府现在正在制定这方面的政策，例如建造热泵和智能计量表、安装太阳能发电设备等。我认为这种政策应该更加强化。

日本需要重新改造房屋这项国民最大的资产，将其改造成为可以居住一二百年的长寿住宅、高层住宅、健康住宅和环保型住宅。同时，整顿流通市场，形成更具有耐久性的、更健康的、更有效率的、具有更高价值的住宅资产。现存的住宅中大约有五成左右需要根据新的住宅概念进行翻新和改造，这样的潜在市场需求大约有数百兆日元，是一个相当巨大的增长产业。

政府也应该反省以前政策中的失败，根据新的经济社会的发展趋势，果断地实行新的住宅政策。在形成优良的住宅区域这个课题上，需要官民共同努力去实现。

12 第十二章

旅游产业的跃进

世界处于大旅游时代

全球化、信息、交通的发展以及新兴国家飞速的经济增长，刺激了新的旅游需求的产生。世界各国纷纷将旅游业定位为战略产业，并设立旅游机构、旅游大臣等，从国家战略高度开展旅游战略。各国如此拼尽全力争夺旅游市场，全因旅游产业能带来巨大的经济效益和社会效益。

那么旅游产业的现状究竟如何？让我们看看现在各国的外国游客入境人数：法国约 7 680 万人，美国约 5 975 万人。相比之下，日本的外国游客入境人数只有区区 861 万人，甚至逊色于韩国(980 万人)。

表 12－1　外国游客入境人数

国家或地区	外国游客入境人数	国家或地区	外国游客入境人数
法国	76 800	美国	59 745

续表

国家或地区	外国游客入境人数	国家或地区	外国游客入境人数
中国香港	20 085	加拿大	16 095
中国	55 665	泰国	15 842
西班牙	52 677	希腊	15 007
意大利	43 626	波兰	12 470
英国	28 133	澳门	11 926
土耳其	27 000	摩洛哥	9 288
德国	26 874	新加坡	9 161
马来西亚	24 577	韩国	9 798
墨西哥	22 395	日本	8 611
澳大利亚	22 004	叙利亚	8 548
俄罗斯	20 271		

出处：日本国家旅游局资料

注释：1. 单位为 1 000 人。

2. 各国原始资料来自世界旅游机构(UNWTO)以及各国政府旅游局。

3. 2010 年数据。

4. 日本入境游客数量居世界第 30 位、亚洲第 8 位。

最大的服务产业——旅游业

旅游产业的特点之一是和平产业。而且，旅游产业对劳动力雇佣的溢出效应很大。旅游产业的另一个巨大优势是旅游经济活动可以实现本国货币结算，不是出口产业，因此不受游客国家购买力的影响。此外，外国游客到访本国，可以提升国民对本国文化的自豪感、认同感。

笔者在小泉内阁时期被任命为旅游特命顾问。当时，笔者曾邀请东京大学名誉教授木村尚三郎担任旅游战略会议的名誉会长。木村将旅游战略会议报告书的副标题定为“打造宜居宜游国家”。这一句如画龙点睛般道出了旅游的真谛。连当地居民都不热爱的土地，游客自然不会到访。看到当地居民快乐享受着自家文化、街市、生活，世界各地的人们也会饶有兴趣地想来亲自感受一番。这就是旅游的本质。

例如，意大利的威尼斯是一级旅游城市。然而，威尼斯是个浸在水里的城市，并且地盘下沉，供水不足。但是，为什么大家都认为威尼斯是个有魅力的地方呢？那是因为威尼斯人看上去都很快乐。世界各地的人们被这些威尼斯人所展现出来的快乐所吸引，纷纷来此一游。威尼斯居民对家乡的历史文化引以为豪并享受这种自豪感带来的愉悦，正因为如此才使得大家都想来感受一下威尼斯的魅力。

再比如巴黎这个巨大的旅游城市，其特点在于它那自由的氛围。邓小平、胡志明、霍梅尼等革命先驱在年轻时都在巴黎留过学。画家、音乐家、文学家都为巴黎的自由空气所倾心而踏足于此，那么 8 000 万游客更是不在话下了。

反之，国人节衣缩食，却对外国人热烈欢迎，这就违反了旅游的本意了。旅游成立的前提是宜居。旅游产业最基本的一点是国人要对自己国家的文化、历史、生活感到骄傲自豪。从这个意义上来说，旅游可谓是一项了不起的产业。

旅游带来的经济效益也是巨大的，其产业链包括航空、交通、汽车、市场、酒店、旅馆、食品、娱乐等众多行业，对经济能产生约一成的溢出效应，更别说还有文化效应、社会效应以及国民的认同感、自豪感。如此完美的产业恐怕再也找不出第二个。所以，世界各国都将旅游产业定位为战略产业，加大力度推进。

日本政府的旅游战略

在过去很长时间里，日本政府对旅游业的重视度不够。进入2000年以后，为政府的旅游战略，小泉内阁设立了“旅游战略会议”。这是小泉政权的一个招牌战略。2001年赴日的游客只有470万人，而到韩游客已经达到了500多万人。当时提出的目标是到2010年访日游客人数增至1 000万人。笔者主要负责旅游战略会议的战略企划和运营等。

政府在2006年启动了“赴日旅游推进计划”。笔者向小泉首相提议在全日本甄选“旅游魅力人物”，奖励那些为促进旅游产业作出努力贡献的人，限定100名，颁发“魅力人物”评定证书。这一评选活动旨在鼓励他们继续为旅游事业贡献力量。可以说，这样的活动在日本国土交通省里面是成本最低但成效最为显著的活动。

另一方面，从世界各地招徕游客的活动也在逐步进行。赴日外国游客从2001年的470万人增加至2006年的733万人、2007年的834万人。原本预期2010年会达到1 000万人，但受金融危机和禽流感的影响，2009年骤减至679万人，然后在2010年回升至861万人，可又因为东日本大地震再次跌至621万人。

现在，民主党政权制定了“赴日外国游客3 000万人计划”的旅游战略。第一期是到2013年为止增加至1 500万人，第二期是到2016年为止增加至2 000万人，第三期是到2019年为止增加至2 500万人。

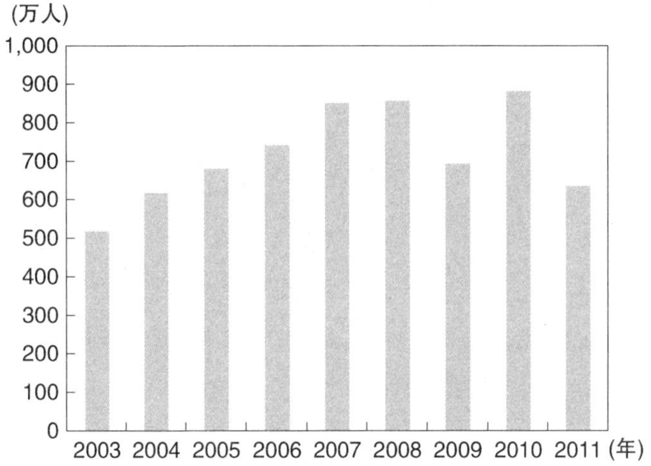

图 12－2　赴日外国游客人数量变化趋势

出处：日本国家旅游局赴日外国游客统计
注释：1. 2011 年的数据为暂定值。
2. 2003 年小泉内阁启动“赴日旅游推进计划”。笔者作为小泉内阁的特命顾问从 2002 至 2006 年负责旅游战略的策划推进。

为此，通过市场调研和客观指标分析（关键绩效指标）等方法制定出最合适的推广战略，包括以到访游客最多的东亚地区为重点进行大力推广、面向当地消费者展开宣传攻势、面向当地旅游公司开展活动以及结合“酷日本”的日本文化推出的旅游宣传活动等，这些都被列为政府的行动目标。

政府的战略将旅游视为地域振兴的切入点，计划到 2020 年来日游客增至 2 500 万人，并最终达到 3 000 万人的规模。2 500 万游客带来的经济溢出效应预计达到 10 兆日元，新增加就业人数 56 万人。政府还计划设置地区性节假日来分散旅游高峰。

东日本大地震和福岛核电站泄漏事故发生后，对日本核污染的担忧使得外国游客数量锐减。但是时任旅游厅长官的沟田宏力挽狂澜，在世界各地开展了“日本安全宣传活动”，最终赢得了外国游客的信任，使游客数量的回升。沟田宏功不可没。

但是，民主党政府的旅游战略只是将理想目标罗列出来，并没有针对目前日本旅游产业的根本性问题提出解决方案。

从现象来看，日本的 GDP 规模位居世界第三，人口排名世界第十，但为何赴日外国游客数仅排在世界第 33 位？论旅游资源来说，日本国内市场也不小，四季分明的气候变化、美丽的自然风光、丰富的历史遗迹、深厚的文化积淀、诱人的美食、周到的服务都堪称优质的旅游资源，但为何赴日游客数落后于新加坡、泰国、澳门、摩洛哥、韩国？

究其原因，日本的旅游服务平淡无奇、缺少亮点，所以国内外游客无法充分享受日本的魅力，更谈不上有国际竞争力。

日本的旅游产业的问题

要解答日本旅游产业的问题，我们有必要先了解其发展历史。

首先，日本的旅游产业以温泉胜地的大型旅游酒店为依托，以团体旅游为主。

典型的旅游场景大抵如此：下午 4 点，大批团体游客乘坐大型旅游巴士陆续抵达温泉胜地的酒店，身着和服的女服务员们在酒店门口列队迎接。接下来，游客们全都换上日式浴衣，被带到大浴场泡温泉。

泡完温泉后，游客们来到大厅享用晚餐。晚餐为每份 10～20 碟的套餐，大部分是冷菜。菜色种类多是因为统一配餐需要做到平均一致，而且如果达不到一定数量的餐碟数，旅行社可以取消客源，因此即便亏本也要凑齐餐碟数。但是，游客以中老年女性居多，她们往往怕食物热量过高，控制饮食，很多食物碰都不碰，十分浪费。到了晚上，游客们的活动无非就是卡拉OK、游戏、温泉。因为游客们都穿浴衣，所以夜间没有人会迈出酒店大门。酒店内灯火通明，而酒店外一片寂静。这种旅游形式的问题就在于太统一，没有个性，连选择的余地也没有。

笔者曾投宿某家酒店，来到浴室，结果发现大家都穿着同样的浴衣，唯一不同的是腰带上标记着各自的编号，不禁感叹这完全像是监狱里的囚犯。事实上，浴衣就是不折不扣的囚犯服。客人所需要的所有服务都可以在酒店内找到，目的是尽可能地使客人在酒店内消费。结果，酒店外的世界一片惨淡，连街灯也没有存在的必要了。

高昂的餐饮费也是一大问题。比如，住宿一晚带早晚两餐的费用是16 000日元，其中晚餐就占去了10 000日元。菜色种类繁多，确实是花费心力烹制的，然而大部分菜肴最后都被浪费了，厨师们的辛苦都白费了。

游客们通常只住宿一晚，次日搭乘10点的巴士离开，去附近的主题公园，然后便踏上归途。这是因为日本没有在同一个地方连续住宿的习惯。即便连续住宿两晚，第二天还是同样的晚餐。也就是说，整个行业都是“一泊二食的规范化大量生产”。

为什么会变成这样？日本的旅游业是在第二次世界大战后迅速发展起来的。战后重建时期，日本经济贫乏，人们疲于养家糊口。到了经济增长时期，人们的生活质量得到提高，旅游的需求也随之产生。但是，刚从经济困境中走出来的人们一下子也不知道要去哪儿玩才好，于是团体旅游就应运而生了。

旅行社不仅负责收集各类旅游信息，而且价格低廉。亲民的价格加上专业的旅游策划，使团体旅游市场如火如荼，农协旅游、公司旅游大受欢迎。以知名的温泉胜地为代表的各大旅游目的地成了旅游热点，能接待 2 000 人的超级旅游酒店也随之诞生。经济高速增长时期，游客们通常以现金支付，所以旅游产业被称为赚钱的“美味产业”。

然而随着时代的推进，矛盾也开始涌现。人们的信息增加，收入增加，过上了物质丰富的生活。时代潮流发生变化，人们的兴趣爱好也开始趋于多样化。随着生活丰富起来，对应的各类信息也开始增多，团体旅游已不再是人们的心头好，大型旅游酒店逐渐失去人气。人们需要更多的个性化选择。

尽管如此，旅游产业的模式依然没有改变。大型旅游酒店依然依靠旅行社输送客源。大型旅游酒店属于大规模装备产业，运作效率低下就会导致经营危机。由于酒店过于依赖旅行社的客源，当旅行社要求减价时，酒店就不得不让步，但这反而加深了酒店自身的危机。

虽然时代在变，但整个产业依然沉浸在过去的辉煌里走不出来，导致今日的旅游体验变得索然无趣。

那么要如何改变旅游产业呢？

答案其实很简单，就是提供拥有丰富的个性化选择的旅游服务。日本人旅游时停留时间短，大都为一晚，大家都习惯性地归因于日本人休假少、劳动时间过长。但这一说法完全没有根据。事实上，日本国民的节假日在世界主要国家中最长。日本人全年实际工作日绝对不算多。

同样的，说日本人是工蜂的观点也毫无根据。打个比方，东京都内的年轻夫妇如果去日本国内景点旅游，待上两天一晚就会打道回府；如果是去夏威夷、百慕大、维也纳这种地方，就会待上一个星期左右。所以问题不在于日本人的劳动时间长短。

那么，什么是妙趣横生的旅游呢？婆罗洲上有一个叫亚庇的旅游胜地。星罗棋布的小木屋伫立于海面，丰富多彩的各式体验令人应接不暇。今天乘快艇，明天冲浪，还有潜水、高尔夫、骑马、骑自行车等，七八天的时间一晃就过去了。这就是旅游的妙趣所在，而日本缺少这样的旅游。

地中海的快艇旅游也同样值得推荐。两个星期的包价旅游，每天晚上都可享受歌舞剧、音乐、舞会，让人流连忘返。穿过地中海，去希腊可以参观帕特农神庙，去土耳其可以参观《圣经·旧约》中所描绘的古代城市的遗址，还可以在岸边一边临海凭风一边享受土耳其美食。这样的行程两个星期都不够。共有50艘这样的高级游艇来往于地中海之上，也就不难理解为什么全世界的人都蜂拥而至了。

如果是去纽约，那又是一番不同的旅行体验。从世界各地汇聚于此的各项文艺娱乐活动时刻刺激着人的感官。百老汇里每天都有世界顶级剧团上演音乐会、歌剧，感兴趣的人待上一个月也不会厌倦。如果再去美术馆游览一番，则可尽情饱览世界名画。

而反观日本旅游，类似这种引人入胜的内容太少。

可能性与课题

但是，日本有优秀的旅游资源。日本四季分明，自然风光优美，国土纵贯南北，有海有山有森林，还有悠久的历史。比如，福井县是除京都以外唯一诞生过天皇（继体天皇）的地方，到了中世纪还是武家朝仓氏城池所在地、文化中心，江户时代又归德川家族统治。所以古代、中世纪、近世的历史都汇聚在30分钟车程的范围内。像这样历史积淀深厚的地方却不太为人所知。

所以，日本的旅游产业还有潜力，还有许多待开发的旅游景点。拥有悠久的文化、健康自然的饮食、无微不至的服务、稳定的社会治安等所有物质的国家并不多。既然如此，为何比起韩国的旅游产业，日本的旅游产业还是望尘莫及呢？

简单来说，这是错误的旅游商业模式导致的。经济高速增长时期，团体旅游模式能迅速带来丰厚的现金收入，日本的旅游产业长期坐享其成，其结果是缺失个性化魅力和选择余地。

日本的旅游产业是大旅行社进行大量生产的产物，又称为“募集型企划旅游商品”，而基于地域视角开发的旅游商品基本上不存在。无论在哪个景点，都是由中间的大旅游公司负责策划，与航空公司、铁路公司联手推出旅游商品，个体的意见基本上看不到。再说，日本的旅游产业在互联网应用上是“后进生”，没有跟上时代的步伐。

时至今日，日本的旅游产业依然没有摆脱循规蹈矩的惯性。笔者曾在前往北海道滑雪的途中在飞机上和邻座的女孩攀谈。女孩笑着说此行是去二世谷滑雪，费用只要“298(29 800日元)”。笔者不禁吃了一惊。笔者的往返机票就要 50 000 日元，29 800 日元究竟是如何运作的？这正是大旅游公司与航空公司合作推出的薄利多销产品。与此相比，个人旅游显得黯然失色。去冲绳旅游也面临同样的问题。日本的旅游产业被这种扭曲的市场扼杀了个性，已毫无乐趣可言。

另一方面，旅游目的地自行设计旅游产品，根据游客的兴趣爱好来为游客量身定做旅游产品，这叫做“定制型企划旅游商品”。现在应该做的就是从原来的募集型向定制型转变，按照单个客户的需求来设计商品。

旅游公司“冲绳观光客”就是个很好的例子。这家公司是日本在第二次世界大战后最早开始从事海外旅游业务的公司，早在1972 年之前就已成立，曾是包括 JTB 在内的各大旅行社争相学习的榜样。冲绳并不大，所以“冲绳观光客”在日本各个主要城市设置事务所招徕游客。这种做法被称作“入境营销”。

在日本，几大主要旅游公司面向国内市场开发旅游产品，而海外游客寥寥无几。这样的做法直到现在也依然没有什么改变。

日本现在每年出境游人数大概在 1 700 万人到 1 800 万人之间。但是，日本的入境游客人数仅为出境游的一半以下，约 800 万人。在过去的外汇困难时期，这一比例是相反的，入境者远远多于出境者。开始出现逆转是在经济高速增长时期的末期。这个时候，日本的出口产业蓬勃发展，甚至出现需要减少外汇的情况，因此促进海外旅游是被作为当时的国家政策来推行的。

日本长期以来推行的是出境游营销战略，导致现在外国入境游客人数徘徊不前。要实现入境游客数量增长，日本的旅游公司必须在世界各地开展业务，系统地推销日本旅游。但是，目前在这方面还看不到旅游公司有什么行动。

现在，海外入境的游客都是参加海外旅游公司制定的行程来日本的，就连韩国、中国的游客也是由他们本国的旅游公司组织来日本的。日本的旅游公司充其量也就扮演个接线员的小角色，从中并没有赚到什么钱。本来应该反过来，由日本的旅游公司来组织游客来日本。日本的旅游公司在这方面太过迟钝。

举其中一例可以说明。笔者前往冲绳时，往返机票为 7 万日元，在当地停留 10 天则另需住宿费 15 万日元左右，共计花费约 20 万日元。这对年轻人来说有点不能承受。但是，如果选择旅行社的包价旅游，冲绳的往返机票只需不到 2 万日元。这是因为航空公司以团队价给团体游客。可是，为什么散客无法买到便宜机票？如果有面向散客的由冲绳本地策划的旅游产品，毫无疑问将大受欢迎。然而现实情况是，只要有打折机票出来，瞬间就被大旅行社买断，旅游目的地的小型旅行社也无法提供个性化服务。各个旅游目的地没有积极对外实行入境营销，这是产业结构上出了问题。

还有一点是“食宿分离”。打个比方，16 000 日元价位的温泉旅馆，其中餐费就超过 10 000 日元。换句话说，餐饮费决定了旅游价格，使可选择的余地大大缩小。如前所述，虽然配菜多样，但能全部吃完的人寥寥无几。还有那如同囚服一般的浴衣，也是食宿不分造成的悲剧。

那么，有没有可能换一种方式？比如 15 000～16 000 日元价位的温泉旅馆，如果不带餐食的话 4 000 日元左右即可。并不是所有人都需要旅馆提供餐食，而且不同年龄层次的人对餐食的需求也不同。与其由旅馆提供统一的餐食，不如让游客们自己走出旅馆，去外面的餐馆享受各自喜好的口味，或者为了照顾囊中羞涩的年轻人，可以让其自带餐食入住。关键是迄今为止没有进行食宿分离，所以游客的选择极为有限。

如果旅馆以提供住宿为主，那其余的服务都可以让渡给其他行业来提供。这样，游客们可以走出旅馆消费，从而带动地方经济的发展。重点在于实行食宿分离，让游客自由选择。

在笔者的记忆中，伊豆某著名温泉旅馆竟然建有十处澡堂。有些人对泡澡感兴趣，会泡 10 次澡，但也有人对此并不感冒。有人出得起 6 万日元，但也有人只能出得起 4 000 日元。所以，让不同的人能够各取所需就可以皆大欢喜，并且对提供服务的旅馆来说也可以节省大量成本。

接下来是出行和住宿的"行宿分离"。前面提到包价旅游中的廉价机票是由酒店和航空公司共同合作提供的。同样的，换成个人也应该可以实现。

但现状是，当游客抵达目的地、坐上旅游大巴，便被导游带到土特产购物店。游客本想此行节省开销，却不料在土特产店不知不觉中花了 5 万日元。销售额的一半以上作为回扣又回到导游手中。这种情况已经成为业界约定俗成的规则。

如果实行行宿分离的话，无论对游客还是对旅行社都有好处。对游客来说，可选择的余地增大，旅游的魅力提高；对旅行社来说，可以大大降低成本。

再举一个例子。冲绳某家旅游公司尝试引入租车服务。冲绳具有旅游价值的景点多达 100 处。但是，如果在比较偏僻的海边岬角开餐厅就会门可罗雀，而在首里城这样的热门旅游地，礼品店鳞次栉比，旅游大巴挤得水泄不通。在首里城这样的景区聚集了大量旅游礼品店，旅游大巴纷纷将客源带至这些店铺，就可以拿到较高的回扣。这样的运作模式使冲绳拥有百处景点的旅游资源优势无法发挥，游客的移动范围仅限于回扣高的那五六处景点。

但是，如果将交通工具由旅游大巴改为租车会怎样？游客可以根据自己的兴趣和爱好选择想去的景点，自己探寻冲绳的魅力。有些游客会自行驱车来到海边岬角。这样一来，旅游目的地更能树立以游客为重的服务意识，更能彰显活力个性。这便是行宿分离带来的好处。当然，这不仅限于冲绳，任何旅游目的地皆可通用。

能推动这一转变的最大动力是什么？是竞争。只有竞争才能促进改革。旅游公司、大巴公司、租车公司、酒店、旅馆各自展开激烈的竞争。为实现自由竞争，须防止任何特定团体垄断市场，这十分重要。

促进竞争的方法之一是分散节假日。星野度假村社长星野佳路的这一主张是完全正确的。日本旅游市场的高峰期集中在5月初黄金周、盂兰盆节、年末和夏休。除此以外的时间里，大部分旅游目的地少有人问津。

日本企业有带薪休假，但是让学校（尤其是小学）放假有很大难度。本来，教育权应该在父母手里，但是不知为何却被学校掌控。笔者在美国的时候经常带孩子一起外出旅游，学校老师也对此表示赞成。父母对孩子的教育决定权受到尊重，这给笔者留下了很深的印象。

日本学校不允许学生休假，据说是因为近年来很多家长在请假后要求学校另择时间补课。日本家长对学校如此依赖，这确实让人震惊。但不管怎样，日本学校难以请假确属事实。

鉴于种种情况，星野提出要分散节假日，也就是将黄金周、盂兰盆节、年末、夏休各往前后推移几日。实际上，德国已经在实践这一做法。在德国，夏季休假时人们多前往地中海旅行。为了避免回程高速公路上大堵车，各个州制定了不同的开学时间。

每个地方实行不同的休假时间是个不错的办法。极端点说，废除国民节假日更能刺激旅游业的发展，因为这样一来人们就可以按照各自喜欢的方式去旅游了。

国民节假日不但造成交通堵塞严重，旅馆、酒店、旅游景区也是人头攒动。这样一来，不管旅游行业的从业者努力与否，仍然有客流量。休假过于集中导致失去竞争意义。而在假期以外的时间，无论从业者如何努力也不会有游客。既然不能改变结果，改革自然失去动力，这也是日本的旅游产业远远落后于其他国家的原因。

当然也有尝试新模式的成功者。HIS 的创始人泽田秀雄就是个很好的例子。泽田创办 HIS，打破了大旅行社一统天下的局面。他主打廉价机票，改变了日本旅游业的现状。如今，HIS 的名字已经超越老牌大旅行社，为世人所知，赢得广大客户的青睐。

泽田最近成功挽救了持续赤字 18 年的长崎豪斯登堡。豪斯登堡是由神近义邦创立的荷兰风格主题公园，是一个环境闲适的高级休闲胜地。经济泡沫破灭后，这个主题公园的财务状况恶化，濒临破产。之后，长崎佐世保市以及相关人士找到泽田，恳请其接手豪斯登堡的重建。泽田仅用了一年时间就扭转亏损局面，实现赢利。

实现赢利的重要一环就是成功使豪斯登堡转型为富有趣味旅游目的地。荷兰度假村时代的豪斯登堡呈现的是闲适宁静的欧洲上流社会氛围，而结果证明这条路走不通。现在的豪斯登堡已变身为时刻充满新意、活力四射的主题公园。尽管地理位置和周边市场并不理想，但这并不妨碍它赢得游客的芳心，获得高回头率。正因为坚信朝趣味化方向发展就一定会有客源，豪斯登堡成功转型。

豪斯登堡的服务人员的精神面貌也发生了翻天覆地的转变。面对经营赤字，经营者频繁更换，服务人员也意志消沉。这时，泽田不断激励员工“每个人担起职责，努力的话一定可以改变现状”，并亲自骑着自行车奔走于豪斯登堡的各个景点，唤起员工们的干劲。由此，员工们也开始从失败的心境中走出来，尝到了胜利的喜悦。付出的努力开始收效，企业开始良性循环，不久就实现了赢利。现在，豪斯登堡还开辟了与上海之间的定期航线，瞄准了中国的旅游市场。此外，豪斯登堡开展国际人才素养培训等，不断推陈出新。

另一个例子是前面提及的星野度假村的社长星野佳路。星野是长野轻井泽星野温泉的继任者，其父辈第一批开发轻井泽旅游业的慧眼识珠之人。但是，20世纪70年代初期经济高速增长期结束后，轻井泽作为旅游目的地开始衰退。于是，星野佳路开始重振轻井泽。

轻井泽以别墅胜地闻名全国，主要的客源是别墅族。但是，别墅一般在太太们眼中并不受待见。因为别墅管理开销大，招待亲朋好友的话必须提前打扫清洁，离开时又要收拾干净，这都是重体力活儿。

星野察觉到了这一点，开始了星野温泉的别墅供餐服务。当然，这项服务费用不菲，但对于在轻井泽拥有别墅的人来说钱不是问题，问题是事前事后的打扫整理工作太麻烦。于是诞生了这项新服务。使用供餐服务就可以在别墅中尽情享受贵族般的生活。太太们可以呼朋唤友来享受高尔夫度假。只要能让太太们多来别墅，先生们自然也会一起跟过来。星野温泉从此生意兴隆起来。

还有一个案例是福岛县的磐梯山滑雪场。这个滑雪场由第三方机构创办，共有 20 条雪道，是个大型滑雪场。因连续赤字经营，这个滑雪场最终陷入破产境地，重建的工作交到了星野手中。星野首先进行了全面的调查，了解到顾客的评价有“食物不可口”“会滑的人能够玩得好，可是对于不会滑的人就没什么意思”。于是，星野召集全体员工，动员大家“每个人尽自己的职责，努力改变现状”。

星野只安排了一两个心腹员工前去工作，其余的全部是当地招聘的员工。通过反复的讨论，收到了各种提案，有“餐厅提供最美味的咖喱，如果顾客不满意，为其免餐”“成立滑雪教练队”等。不久，滑雪场开始发生变化，扭转了亏损的局面。此外，星野也在着手山梨县小渊泽某大型度假村的重建工作。这一切足以证明日本的旅游产业只要用心做就能够做好。

星野的主张用一句话概括就是重视竞争。如果没有竞争，无论多优秀，付出也得不到应有的回报，所以必须创造一个自由的竞争环境。通过竞争，劳者多得，不劳者不得，只有这样的市场机制才能促进旅游产业的发展。星野凭借这些主张参加了民主党政权的旅游战略委员会，致力于分散节假日的实施。

最后一个事例是关于度假村信托的。度假村信托是一家在全日本开展酒店和高尔夫球场业务的公司。采用会员制的度假村俱乐部实属罕见，但在日本却是一家独大。购置别墅的话，建造阶段要花费数千万甚至一两个亿日元，建成后的维护费用也不菲，而一年的使用频率可能只有几次而已。成为度假村信托的会员的话，虽然需要支付数千万日元的会费，但可以享受日本各地的酒店、高尔夫球场，包括世界各地合作酒店的分时度假服务。支付高额会费的会员还可以优先选择日期。

美国正流行分时度假模式的旅游。尽管像希尔顿这样的大酒店在日本开有多家分店，但度假村信托之所以能更胜一筹是因为其与各家餐厅、高尔夫球场开展合作，实现资源共享，使游客无论身在日本何处都可以住最好的酒店、吃最好的美食。这些附加服务也颇受游客好评。现在人气最旺的是轻井泽、箱根、有马温泉、台场等，这几个地方都获得了巨大的成功。

时代在变，条件也在变。度假村信托这种新型运作模式比购置别墅便宜，并且可以随时随地自由享受服务。与美国相比，日本本土的度假村信托增加了高级餐厅以及高尔夫球场服务，由此获得了极高的人气。

这些案例告诉我们，条条道路通罗马。乐趣和魅力给日本的旅游产业带来无限的机会。日本的国土南北跨越狭长，同一时间既可以去北海道滑雪又可以去冲绳潜水。这样的国家在世界上并不多。再加上2 000年的历史文化传统和善良热情的国民，都为其旅游业增色不少。

有这么好的旅游资源，为何日本的游客数不及韩国？经济高速增长时期建立起来的大型旅游酒店运作模式逐渐僵化，完全跟不上时代的发展。只要准确把握住顾客的需求，调整经营策略，今后旅游产业依然有足够的发展空间。

另外，政府的第一要务是创造良好的环境。来自政府的最大支持就是鼓励竞争，打破旅游业墨守成规的现状。比如，前面提及的分散节假日，特别是在大城市设置地区性节假日，还有打破业界平均主义、多劳多得等。其次，在交通基础建设方面，正如第八章“应从根源上促进对日投资”中谈到的航空基础设施、机场网络等方便海外游客的硬件设施建设必不可少。尤其是近年来中国游客激增，放宽中国游客赴日手续值得一议。

随着全球化、信息、交通的发展以及新兴国家经济的飞速增长，衍生出了新的旅游需求。要抓住这一时代机遇，在激烈的竞争中胜出，就必须在提高旅游的乐趣和魅力方面下功夫，还要建立一个良性激励机制，实现多劳多酬。这样才能推动旅游产业的变革转型，吸引世界各国的游客，从而获得巨大的经济效应和社会效应。

参考文献

第一章　内外巨变的经济环境

岩田规久男:《欧元危机和超高日元恐慌》,日本经济新闻社高级系列,2012年。
岩田规久男:《世界经济的不景气》,筑摩新书,2009年。
白川浩道:《世界主权泡沫冲击的剧本》,朝日新闻出版,2011年。
瑞穗综合研究所:《索维林危机——欧洲金融危机》,日本经济新闻出版社,2012年。
白井小百合:《欧洲激震——经济危机蔓延到哪里?》,日本经济新闻出版社,2010年。
水野和夫:《永无止境的危机——你看到全球化真相了吗?》,日本经济新闻出版社,2011年。
水野和夫:《世界经济的大潮流——颠覆经济学常识的资本主义大转换》,太田出版,2012年。
水野和夫:《历史危机与后全球化——21世纪的利率革命》,岛田塾演讲资料,2012年2月2日。
中谷严:《资本主义之后的世界——日本能否主导"文明的转换"?》,德间书店,2012年。
小宫山宏:《日本再创造——"白金社会"的实现》,东洋经济新报社,2011年。
小宫山宏、松岛克守:《白金社会手册》,日经BP社,2012年。
小宫山宏:《日本再创造——"白金社会"的实现》,岛田塾演讲资料,2011年12月12日。
田幡直树:《欧元危机和世界经济——财政·金融政策的方向和对日本的影响》,岛田塾演讲资料,2011年10月26日。

第二章 复兴日本——政府的措施

岛田晴雄:《日本的崩溃之声——现在的话,还来得及!》,朝日新闻出版,2010年。

《新成长战略——健康日本复活的剧本》,2010年6月18日。

《新成长战略——辉煌的日本》,2009年12月30日。

《日本再生的基本战略——克服危机和对新天地的挑战》,2011年12月24日。

内阁府:《经济财政的中长期估算》,2012年1月24日。

财务省:《平成24年度预算对后年度收入/支出的影响估算》,2012年1月。

执政党社会保障改革本部:《社会保障及税一体改革草案》,2012年1月6日。

第三章 日本的顽疾——日积月累的负遗产

若田部昌澄:《"日本银行通货紧缩"不景气——失格精英们统治日本的悲剧》,讲谈社,2010年。

山本幸三:《日本银行倒闭的日本经济——自民党惨败是因日本银行的金融政策失败》,一垒出版,2010年。

岩田规久男:《把不安变成希望的经济学》,PHP研究所,2010年。

藻谷浩介:《通货紧缩的原形——经济随人口波动而动》,角川书店(一主题21),2010年。

山崎养世:《日本冲击——由国债暴跌而起的世界恐慌》,祥传社新书,2010年。

山田昌弘:《希望差距社会——失败组的绝望感撕裂日本》,筑摩书房,2004年。

第四章 发展停滞的日本型体制

经济产业省编:《产业结构愿景2010—将来我们今后靠什么挣钱、靠什么就业?》,经济产业省,2010年。

吉川尚弘:《加拉帕戈斯化的日本——就这样的话日本衰退吗?》,讲谈社现代新书,2010年。

矢野真和:《已患"习惯病"的日本之大学》,日本图书中心,2011年。

安次郎:《使日本变好的股票投资》,岛田塾演讲资料,2011年5月。

第五章 大地震的考验

岛田晴雄:《歧路——3·11和日本的再生》,NTT出版,2011年。

泽田哲生:《谁都没写的福岛核电站的真实》,wakku,2012年。

村井嘉浩:《为复兴而拼命》,PHP研究所,2012年。

大鹿靖明:《炉心溶融——实录福岛第一核电站事故》,讲谈社,2012年。

第六章 给国民安心和希望

岛田晴雄:《日本的雇佣》,筑摩新书,2000年。

岛田晴雄:《劳动经济学》,岩波书店,1986年。

驹村康平:《养老金如何应对?——家庭与雇佣变化的时代》,岩波书店,2003年。

驹村康平:《大贫困社会》,角川书店SSC新书,2009年。

驹村康平编:《最低所得保障》,岩波书店,2010年。

铃木亘:《养老金真的获得的?》,筑摩新书,2010年。

铃木亘:《不被欺骗的养老金、医疗、护理入门》,东洋经济新报社,2009年。

铃木亘:《社会保障难以忽视的真相——用经济学思考的育儿、医疗及养老金》,日本经济新闻出版社,2010年。

小黑一正:《2020年,日本破产日——摆脱危机的再生计划》,日本经济新闻出版社高级系列,2011年。

八代尚弘:《劳动力市场改革的经济学——正式员工"保护主义"的终结》,东洋经济新报社,2009年。

山田昌弘:《工薪穷人时代——重新构筑彻底的社会安全网》,文艺春秋,2009年。

NHK采访组:《工薪穷人——侵蚀日本之病》,白杨社,2007年。

橘木俊詔:《无缘社会的原形——地缘、血缘、公司缘是如何崩溃的》,PHP研究所,2011年。

山田久:《工作福利制——从雇佣劣化/阶层社会的摆脱》,东洋经济新报社,2007年。

山田久:《雇佣再生》,日本经济新闻出版社,2009年。

清家笃:《活在年龄无限制社会》,NTT出版,2006年。

太田聪一:《青年就业的经济学》,日本经济新闻出版社,2010年。

H. 宫本、Y. 高桥:《生产率增长,求职与失业》,载《金融经济学期刊》,第58卷,2011年6—8期。

第七章 新能源战略

橘川武郎:《东京电力·失败的本质》,东洋经济新报社,2011年。

奥村宏:《东电解体——巨大株式会社的终结》,东洋经济新报社,2011年。

经济产业省资源能源厅编:《基本计划》,2010年。

河野太郎:《核电站和日本将成为这样》,讲谈社,2011年。

佐高信:《电力和国家》,集英社新书,2011年。

竹森俊平:《国策民营的陷阱——原子能政策中隐藏的战斗》,日本经济新闻出版社,2011年。

儿玉龙彦:《去除污染,马上行动》,载《文艺春秋》,2011年10月。

馆野淳:《废炉时代开始了——核电站不需要》,领导人笔记新书,2011 年。
黑岩祐治:《原地产与消的能源革命——核电站已无需依赖》,PHP 新书,2011 年。
村沢义久:《日本经济的取胜方法——太阳能革命》,文春新书,2009 年。
竹村真一:《地球的视线——环境文明的日本愿景》,PHP 新书,2008 年。
藤原洋:《科学技术和企业家精神——为了新产业革命》,岩波书店,2009 年。
藤原洋:《第四次产业革命》,岩波书店,2010 年。
饭田哲也:《311 后的能源战略方向性》(环境能源政策研究所),岛田塾演讲资料、2011 年 11 月 22 日。
吉原洋(太阳经济会):《岛田讨论资料》,2011 年 2 月 4 日。
太田俊昭:《给大坝湖以环保太阳能发电,给海上以超级混合动力发电》,《月刊 sekitsuu》2008 年 9 月 20 日。
畑(福田)良辅:《在灾区建设大型太阳能发电农场,适用于用固定价格买进制度、长期支援灾区与灾民的提案》,2011 年 4 月 4 日。

第八章　新时代国际战略

冈本行夫:《日本盛衰的歧路——快速做出 TPP 交涉参加的决断》,载《中央公论》,2012 年 5 月号。
岛田晴雄:《人文软件的经济学》,岩波书店,1988 年。
中野刚志:《TPP 亡国论》,集英社新书,2011 年。

第九章　战略农业之路

山下一仁:《“亡国农政”的终结》,最佳新书,2009 年。
山下一仁:《农业大爆炸的经济学——为了真正的粮食安全保障》,日本经济新闻出版社,2010 年。
浅川芳裕:《日本是世界第 5 位农业大国——满嘴谎言的粮食自给率》,讲谈社+α新书,2010 年。
本间正义:《稻米的国际竞争,十分可能——TPP 参加与日本的未来(中)》,《日本经济新闻》,2010 年 12 月 15 日。
生源寺真一:《日本农业的真相》,筑摩新书,2011 年。
本间正义:《现代日本农业的政策过程》,庆应义塾大学出版社,2010 年。
八田达夫、高田真:《日本农林水产业——对成长产业的战略愿景》,日本经济新闻出版社,2010 年。
川岛博之:《“制作过剩”败坏了日本农业》,日本经济新闻出版社,2011 年
日本经济新闻社编:《日本的“农力”——强大现场孕育出的丰富和未来》,日本经济新闻出版社,2011 年。

第十章　把医疗建设成为强有力的增长产业

长坂健二郎:《日本的医疗制度——其病理和处方笺》,东洋经济新报社,2010年。

中田敏博:《医疗锁国——为什么在日本癌新药不能使用》,文春新书,2011年。

Akiyosikawa:《日本人不知道的日本医疗的真实》,幻冬舍,2010年。

新村拓:《全民保险的时代——1960,70年代生活和医疗》,法政大学出版局,2011年。

田岛知郎:《挑选医院之前应该知道的事——从医疗崩溃到面向再生》,中央公论新社,2010年。

池上直克:《基础医疗问题(第四版)》,日经文库,2010年。

Edgewater Club:《Edgewater Club活动报告书》,2009年2月。

田泽裕光:《公共医疗的规模和范围,以及其财源应有的样式》,载《日本医疗政策机构"医疗政策峰会2010报告书"》。

第十一章　住宅产业的巨大可能性

岛田晴雄与住宅市场研究会研究组:《住宅市场改革》,东洋经济新报社,2003年。

须藤桂一(共):《企事业大楼的成本管理实务资料》,综合UNICOM,2002年。

森稔:《Hills——挑战都市》,朝日新书,2010年。

山口昭:《太可惜了——对常识的谋叛》,钻石社,1994年(讲谈社+α文库,2003年)。